光明社科文库
GUANGMING DAILY PRESS:
A SOCIAL SCIENCE SERIES

·法律与社会书系·

城市空间

——社会创新与城市竞争力研究

李桂平 | 著

光明日报出版社

图书在版编目（CIP）数据

城市空间：社会创新与城市竞争力研究 / 李桂平著
. -- 北京：光明日报出版社，2021.6
ISBN 978 - 7 - 5194 - 6094 - 5

Ⅰ.①城… Ⅱ.①李… Ⅲ.①城市经济—经济发展—
研究—中国 Ⅳ.①F299.21

中国版本图书馆 CIP 数据核字（2021）第 086271 号

城市空间：社会创新与城市竞争力研究
CHENGSHI KONGJIAN：
SHEHUI CHUANGXIN YU CHENGSHI JINGZHENGLI YANJIU

著　　者：李桂平

责任编辑：曹美娜　　　　　　　　　责任校对：傅泉泽
封面设计：中联华文　　　　　　　　责任印制：曹　净

出版发行：光明日报出版社
地　　址：北京市西城区永安路 106 号，100050
电　　话：010 - 63169890（咨询），63131930（邮购）
传　　真：010 - 63131930
网　　址：http://book. gmw. cn
E - mail：caomeina@ gmw. cn
法律顾问：北京德恒律师事务所龚柳方律师

印　　刷：三河市华东印刷有限公司
装　　订：三河市华东印刷有限公司
本书如有破损、缺页、装订错误，请与本社联系调换，电话：010 - 63131930

开　　本：170mm×240mm
字　　数：332 千字　　　　　　　　印　　张：18.5
版　　次：2021 年 6 月第 1 版　　　印　　次：2021 年 6 月第 1 次印刷
书　　号：ISBN 978 - 7 - 5194 - 6094 - 5
定　　价：98.00 元

序

城市创造繁荣和风险，城市改变我们的生活。随着城市的发展，城市议题不断，人口增长、环境污染、交通拥堵、经济发展、能源、社会整合和对高质量生活的向往。人类也赋予城市想象力，改变着城市。

城市竞争与城市创新是不同学科共同关注的一个问题，城镇化进入高速发展时期，人口转移、空间扩张、社会转型和角色转变的过程重塑城市经济和生活，也助长了不均衡不公平。而城镇化过程与全球化、工业化、现代化、信息化、农村现代化之间的协同影响城市的质量。城市在各种慢性压力和急性冲击下生存、恢复、适应和不断发展的能力，应急管理能力和医疗资源影响疫情下居民的安危及城市的发展。空间、创新与竞争是政治范畴抑或是经济范畴、科技范畴还是社会范畴？城市空间的生产和再生产，不同视角看到不一样的风景和解说。

本研究尝试从管理科学与工程、经济学、社会学，跨学科、从城市空间的整体性视角对城市空间和城镇化中的创新与竞争的诸多要素及实践策略，以及由此而引发的结构、行为、关系变动问题进行理论和经验研究。

通过城市发展、新型城镇化所引发的空间生产的时空演变及经验研究，希望从经验层面为创新和竞争的跨学科理论范式和整体性理论建构提供经验支撑。

通过吸收和借鉴西方关于社会空间理论、创新理论、竞争力理论的成果，希望有助于中国城市竞争和创新研究与社会空间研究的理论发展和政策研究。

研究发现：

1. 在城市创新和竞争力的理论分析框架和方法论基础上，空间提供了一种思路和策略。动态与静态相结合，聚集与极化相结合，时空压缩与时空扩展相结合，网络与现实结合，知识管理与学习结合，空间的社会创新具有建构意义。城市空间生产包括空间实践、空间表征和表征空间。城市空间是竞争的空间，是社会创新的空间。城市竞争和城市创新如同格兰诺维特所认为的，经济行动是社会行动的一种特定类型；经济行动具有社会性的定位；经济制度是一种社会性的建构。城市的创新与竞争有一个社会过程，有一个社会动员的过程，有一个制度建构的过程。

2. 城市发展及新型城镇化是在全球化、现代化、市场化、工业化、信息化的宏观背景下和中国社会转型、社会变迁的结构行为关系变动中讨论的相关议题，城市创新和竞争也要超出城市本身的地理空间，从高一层次例如从国家角度，从城市群、城市带角度，从历史和文化情境中考察。

3. 城市竞争和创新也应该置于中观层面的制度环境、社区、家庭等层面理解。城市竞争和创新的基础在社区、在个人、在家庭。智慧城市、网格化社会治理、社区营造、乡村振兴是城镇化、城市技术—社会治理现代化的基础。

4. 不同的城市空间生产策略性行为伴随着不同系统的逻辑行为；国家的逻辑还是市场的逻辑，或者是社会的逻辑，每一种逻辑都有不同的社会机制、实践的形式和实践的过程。

目 录
CONTENTS

第一章

绪　论

第一节　问题的提出

自从 18 世纪 60 年代英国工业革命以来，人类社会近 300 年的发展是城市加速发展的历史，城市社会取代农业社会带来的是社会整体变迁意义上的进步（马克思、恩格斯，1971）。需求、技术和制度不断改变着城市的经济、人口及空间，城市发展决定着世界和人类文明形态的变化[①]。在全球范围内，居住在城市地区的人口 1950 年占世界人口的 30%，2018 年占世界人口的 55%，展望2050 年可能占 68%。据联合国经济和社会事务部人口司发布的《2018 年版世界城镇化展望》数据显示，至 2050 年，全球城市人口总量将增加 25 亿，其中中国将新增 2.55 亿。经过自工业革命以来近 300 年的发展，全世界已经步入城市化社会。无论是西方社会还是东方社会，其中最深刻、最有意义的变化莫过于城市化带来的制度变迁和制度改革。工业社会转变为后工业社会，计划经济转变为市场经济，包括随之在行为方式、生活方式和思维方式等各种社会层面上发生的变化[②]。理论认识从城市是不同社区竞争和演替的场所、城市是阶级斗争的舞台；到城市的性别维度、全球化维度、城市政治与治理维度、基于行动者网络理论（actor - network theory）和集群理论（assemblage theory）的方法维度都受到关注，城市的概念框架、问题和方法论不同，得到的认识不同，城市多元的特征在不同时空下产生形式与功能上的多种变化。而中国正处在迈向现

---

① 中国社会科学院（财经院）与联合国人居署. 全球城市竞争力报告（2019～2020）：跨入城市的世界 300 年变局 [R/OL]. 中国经济网，2019 - 11 - 14.
② 刘少杰. 制度研究在社会学中的兴衰与重建 [J]. 江苏社会科学，2006（3）：88 - 92.

代化的关键时期，城市兴衰存在着极大的不确定性①。中国面临城镇化后期和城乡一体化发展的风险与机会，城市空间的竞争和秩序影响着中国未来的可持续发展。

在中国城市发展和快速城镇化进程实践中，城市扩张、城市更新、旧城改造等城市地域空间演变与都市重构使城市空间问题日益成为关注焦点。新型城镇化的深度发展中常常涉及多重制度变迁逻辑和变迁过程，包括国家对资源的控制逻辑、市场逻辑和利益相关者的行动逻辑，体现了多重制度变迁逻辑之间的相互作用②。需要以新型城镇化和包容性发展为现代化行动框架，推动新型工业化、信息化、城镇化、农业现代化的发展实现城乡一体化，通过社区建设构建有利于城市空间正义的市场纽带机制、服务机制和组织模式，培育城市发展强大的竞争力。对城市竞争力和创新的理论和经验性研究既是转型期我国城市发展的迫切需要，也是整合地理学、城市规划、经济学、社会学、政治学、管理学和人口学等学科交叉研究的内在要求。当前随着社会经济各方面的急速转型，城市空间发展背景下的社会创新和竞争力成为世界各国共同的需要，基于城市空间视角，从城市空间与社会创新、竞争力的内在关系出发，聚焦城市现代性的空间本质及空间生产逻辑，把握城市空间变迁的规律，应对诸多城市发展问题，研究和总结城市社会创新和竞争力提升的理论和实践具有重要意义。

一、城镇化是伴随中国和世界现代化发展的重要态势

（一）城镇化是经济发展、劳动分工、集聚经济、专业化、商业贸易等相互作用的结果

城市形成了生产和人类生活的集聚，而这种集聚是在相互作用的土地利用、区位和制度安排之下展开的。城镇化过程中经济活动空间追求利润最大化，城市的形成和发展是一个集聚和极化的动态过程③。聚集和扩散带来经济活动的集中，经济活动的集中导致经济活动综合体的形成，经济活动综合体又带动人口的聚集，最终在空间上形成城市，因此人口的城镇化——非农产业的集中——生活空间的转换——城市生活方式扩散是城镇化的内涵和历史过程。历

---

① 中国社会科学院财经院. 中国城市竞争力第 17 次报告［R/OL］. 中国经济网, 2019 - 06 - 24.

② 潘泽泉. 新型城镇化的政治过程：制度变迁的多重逻辑与中国实践［J］. 福建论坛 (人文社会科学版), 2015 (2)：169 - 177.

③ Scott, A. J. & Storper, M. The nature of cities: the scope and limits of urban theory［J］. International Journal of Urban & Regional Research, 2014, 39 (1)：1 - 15.

史上现代城市的形态经历了 Hamlet（小村）、Village（村庄）、Town（镇）、City（城市）、Metropolis（都市）的演变，城镇化形态表现为农村的城镇化、大都市圈、城市群几个层次。

（二）城镇化的共性是人的城镇化

城镇化是一个过程，其社会空间尺度是多形态的、可变的、动态的，而城市往往人口规模大、人口密度高和人口异质程度高。城镇化包括物的城镇化、人的城镇化、土地城镇化，关键是人的城镇化。我国城镇化使用了常住人口城镇化与户籍人口城镇化两个指标①。1996 年，鉴于世界城市人口的快速增长，联合国人居署宣告"城市时代"的来临。《联合国世界城市化展望》2001 年修改版，109 个成员国家使用行政标准作为城市定义的唯一基础；98 个成员国使用人口规模作为主要城市划分标准。

英国学者范登堡在《欧洲城市兴衰研究》提出城镇化划分为三个阶段的观点，城市化的第一阶段，城市化集中、快速发展；第二阶段是市郊化阶段，城市进入巩固期，交通工具的机动化是城市空间布局变化的决定因素；第三阶段是反城市化与内域的分散阶段，以自然环境的破坏和肥沃耕地的减少为代价，这种发展趋势会危及城市生存②（高珮义，2004）。1975 年，美国地理学家纳瑟姆通过对各个国家城市人口占总人口比重的变化研究发现，城市化进程呈现一条 S 形曲线的过程，并且具有阶段性的规律：当城市人口超过 10% 以后，进入城市化的初期阶段，城市人口增长缓慢，初期（城市化率在 30% 以下）城市化水平低，农业占主导地位；当城市人口超过 30% 以后，进入城市化加速阶段，城市化进程逐渐加快，城市人口迅猛增长；中期（城市化率在 30% ~ 70%），工业成为国民经济主导，服务业比重上升；当城市人口超过 70% 以后，进入城市化后期阶段，城市化进程停滞或略有下降趋势，城乡差别越来越小，农业人口比例很低③（Ray M. Northam，1975）。

按人口流动的主导方向，城市化进程有四个阶段：第一阶段从农村进入城市。城市人口低于 50% 的时候，人口迁移以农村人口迁入城市为主。第二阶段从小城市进入大城市化。城市人口超过 50% 之后，人口迁移以城市之间的相互移动为主，城市进入规模结构优化时期。这一阶段小城市是全国城市的主要形式，人口迁移以小城市人口迁入大城市为主，农村人口向城市迁移为辅。农村

---

① 李强. 推进我国多元城镇化战略模式研究［M］. 北京：社会科学文献出版社，2013.

② 高珮义. 中外城市化比较研究［M］. 天津：南开大学出版社，2004.

③ Ray M. Northam. Urban Geography［J］. New York：John Wiley & Sons，1975：65 - 67.

人口一方面填补小城市人口迁出留下的空白，另一方面直接迁入大城市寻找就业机会。第三阶段大城市郊区化。城市人口超过 70%之后，大城市成为全国城市的主要形式，人口迁移以大城市城区人口迁入大城市郊区为主，大城市郊区人口逐渐超过城区人口。事实上，早在城市人口超过 50%的时候，小城市占主导地位的时候，少数大城市就已经开始了郊区化进程。但是在这一阶段，大城市占主导地位，人口由大城市城区向郊区迁移成为一个普遍的趋势，而且规模巨大。第四阶段郊区城市化，形成大都市圈阶段。这一阶段人口继续向郊区迁移，郊区功能由居住扩展至工商业，郊区演变为中小型城市。这些中小型城市与原来的城市城区形成功能互补，相互促进的大都市圈，随着通勤成本进一步下降，城市与农村相互融合，进而形成所谓的"大都市圈"。最终，人口迁移在农村、小城市、大城市中心城区和郊区之间的迁移趋于稳定。城市和农村相互融合。

美国的城市化进程经历的时间较长。自 1840 年美国城市人口超过 10%，到 1960 年美国城市化率达到 70%，美国城市化率每年提高 0.5%，沿着 S 形曲线阶段性上升。人口流动的主导方向符合四个阶段，纽约大都市圈的发展充分展示了人类城市化的演进。

战后日本创造了一个城市化发展纪录：1947 年到 1965 年，仅仅 18 年的时间，日本城市化率由 33.1%提高到 68.1%，年均提高 1.94 个百分点，其中 1947 年到 1955 年，城市化率每年提高 2.9 个百分点。日本的城市化高度集中，主要围绕三大都市圈极其周边区域展开。从可观测的数据来看，1961 年到 1973 年是日本实际人均 GDP 上升最快的时期，日本城市化率由 1960 年的 63.5%上升1970 年的 72.2%，年均提高幅度达到了 0.89%。日本在人均 GDP 上升最快的时期，将城市化率由 30%提高到 70%左右的水平，所用的时间约 20 年，这说明了工业化水平与城市化之间的互动关系非常强烈。

韩国的城市化进程同样具有借鉴意义。20 世纪 60 年代初，韩国经济开始腾飞，城市化进程加速，到 1990 年，韩国城市化率突破了 70%，达到 74.4%。首尔都市圈和釜山都市圈的发展历史就是韩国城市化的历史。

（三）城镇化与经济增长循环影响

城市为持续的经济增长提供坚实的基础，实证研究表明，一个国家的城镇化水平往往与人均 GDP 呈正相关。据估计，世界国内生产总值的 80%都来自城市，投资和就业机会的集中是城市化的重要动力。城市化是由工业化引起的经济发展和人口向城市聚集和分化的过程。工业化是城市化的长期驱动机制，工业化和城市聚集效应共同决定了城市化的规模结构。农业现代化是城市化的推动力，信息技术革命成为城市化的后续动力。

在国家的层面上，城市化水平同人均收入联系在一起。城市化程度较高的国家的人均收入也普遍处于较高水平，经济也较为稳定，政治机构也较为稳固。发达国家的城市化与工业化是同步发展的。城市化改变了经济发展的空间方向和基本方式，促进了经济增长和经济结构调整升级。对于世界上任何国家而言，国家的繁荣和经济增长直接与城市地区的繁荣和经济增长相关，有活力的城市已经成为经济增长的发动机①。

现代化意味着促进城市化、工业化、市场化的互动，城市化与经济增长正相关，国内外学者对此进行了大量的研究，得出的结论也基本相同。美国经济学家钱纳里和赛尔奎研究得出结论，工业化水平越高城市化水平越高。钱纳里等人认为城市化以导致工业化的贸易和需求变化为开端，以农村劳动力向城市就业的平缓移动为结果。1981 年瑞诺在对 111 个国家进行分析后，发现一国经济发展与城市化水平紧密相关：当人均 GDP 从 250 美元上升到 1500 美元时，城市化水平一般会从 25% 上升到 50%，当人均 GDP 达到 5000 美元时，城市化水平会上升到 75% 以上。美国经济学家兰帕德（Lampard）在 1955 年《经济发达地区城市发展历史》一文中指出：近百年来，美国城市发展与经济增长之间呈现出一种非常明显的正相关，经济发展程度与城市化阶段之间有很大的一致性。1965 年美国地理学家布莱恩·贝利选用了 95 个国家的 43 个变量进行主成分分析，证明了城市化与经济发展之间具有正相关关系。1979 年诺沁（Northam）认为城市化水平与人均收入水平之间存在着一种粗略的线性相关，即人均收入水平越高，城市化水平也越高；反之亦然。1981 年瑞诺（Renaud）根据对 111 个国家的资料进行分析，也得出一国的人均收入与城市人口比重之间存在正相关。城市经济学家维农·亨德森（Vernon Henderson）还计算出世界各国城市化率与人均 GDP（对数）之间的相关系数为 0.85。加拿大学者马歇尔在《城市体系的结构》一书中将 134 个国家或地区的城市化水平和国民生活水平用一个方框图表示出来，显示两者正相关非常密切。并且研究结果表明在城市化加速期，日本年均提高第三产业增加值 1.7 个百分点，韩国年均提高第三产业增加值 1.5 个百分点。

国内许多学者也对城市化与经济发展之间的关系作了实证分析，也得出了

---

① The World Bank Development Report 1999/2000：Entering the 21 Century ［M］. NewYork：Oxford University Press，2000：125 – 138.

相同的结论。周一星对1977年世界137个国家或地区的资料进行分析，发现两种水平之间是一种十分明显的对数曲线关系，其相关系数为0.96，标准差为9.8。许学强根据1981年美国人口咨询局的资料，对151个国家进行分析，绘制出了城市化水平与人均GNP之间的对数曲线相关图，从而认为城市化水平随人均GNP的增长而提高，但提高的速度又随人均GNP的增长而趋缓。知识积累（knowledge accumulation）的理论也认为，高度密集与互动的地区中，知识不断被交换，创新不断被激发，技能也越来越熟练，因此城市成为经济不断增长的来源。中国工程院的一项研究表明，1978年至2002年，中国城市化率与工业增加值线性相关系数为93.7%，与第三产业增加值相关系数为98%。中国城镇人口占全国人口的比例1970年为17.38%，2000年人口普查为36.22%，2019年年末常住人口城镇化率为60.60%，户籍人口城镇化率为44.38%[①]。

常住人口城镇化率如图1-1所示。

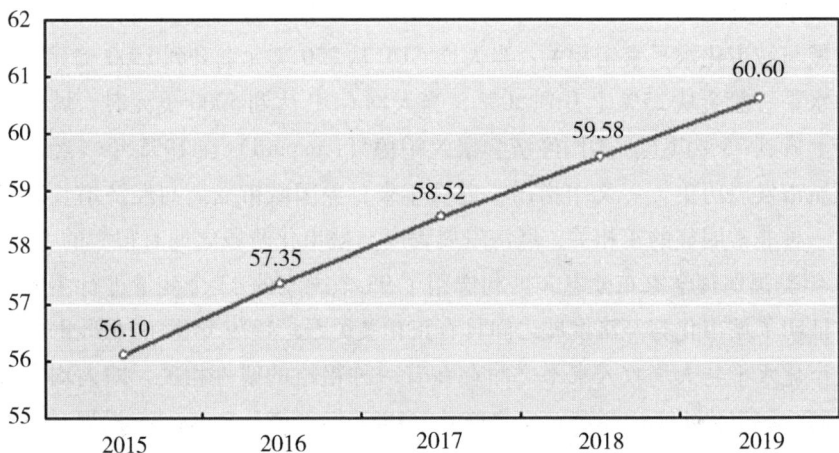

图1-1　2015-2019年常住人口城镇化率

根据国际城市化发展的经验，中国城市化处于加速发展阶段，城市化总体每年将继续快速提高；人口流动由农村进入城市为主导阶段即将结束，未来将依次经历以小城市进入大城市为主导阶段、以大城市郊区化为主导阶段和以都市圈为主导阶段；城市化战略已经打造出京津冀环渤海、长三角、珠三角三大城市群，厦泉漳闽南三角地带城市群、山东半岛城市群、辽中南城市群、中原城市群、长江中游城市群、海峡西岸城市群、川渝城市群和关中城市群也开始

---

① 中国统计年鉴和2019年国民经济和社会发展统计公报.

崛起；未来三大城市群的核心城市会有更大的发展潜力。中国城市化将是未来区域经济增长的引擎，是财富聚集的战略平台。城市化是城市空间的不断重构，各国城市化有着不同的特点和组织过程，不同时期城市化有着不同的动力机制，城市化的不同阶段也有不同的城市竞争力。① 因此可持续发展的挑战日益集中于城市，尤其是处于快速城镇化发展的国家，改善城市和农村居民生活需要更为综合的视角和政策。科尔尼发布 2019 年全球城市指数报告，指出决定城市竞争力的最大差异化因素是人，即吸引并留住人力资本能够使城市处于领先地位，并加速其成功。这样中国面临的理论和现实问题是：现代化包含着城市化与工业化、市场化的互动，世界各国的城市化有着不同的演进模式，中国现阶段怎样借鉴各国城市化来寻找城市化的动因以及如何把动因转化为提升城市可持续发展的竞争力。②

二、城市空间在全球化和知识经济背景下更具战略地位

城市化不仅是城镇体系（urban system）方面发生巨大变化，还会在城镇之间引起土地利用模式改变，社会生态（social ecology）改变，建筑环境改变和城镇生活的本质变化（保罗·诺克斯等，2011）。开放是经济发展的重要驱动力，城市也在转型升级。城市作为一种空间、一种生活方式在扩张，对全球经济、政治、生态有着深远的影响。现代城市在全球、国家和区域中，它不仅是土地、劳动力、文化和资本等资源要素相互作用的枢纽；而且是一个无限可能和不确定性的市场；它还是新经济的基础和创新基地；它也是先进的生产方式、经营方式、管理方式和生活方式的诞生地和传播源。③ 全球化、知识经济、世界城市化的交互发展给城市带来了深刻的变化，城市成为全球经济的关键性枢纽，城市空间作为竞争和社会创新的场域，公共、私人和非营利部门的合作重塑定位与分层④。

（一）全球化促使城市上升为竞争和社会创新的重要主体。

国家和政府在国际竞争和创新体系中一直理所当然地占据着中心地位。各国政府在不同时期发挥着不同的作用。市场经济下，政府能弥补市场失灵，在

① 张鸿雁. 城市竞争力的"原动力因"——市民精神的整体构建与创新［J］. 南京社会科学，2002（06）：88-90.
② 张鸿雁. 城市定位的本土化回归与创新："找回失去100年的自我"［J］. 社会科学，2008（08）：66-73，191.
③ 丁健. 现代城市经济［M］. 上海：同济大学出版社，2001：19-20.
④ 张鸿雁. 中国城市现代化的本土化路径［J］. 城市问题，2012（12）：2-11.

解决垄断、外部性、公平分配、提供公共产品方面发挥作用；另一方面市场经济下政府也存在失灵。亚当·斯密在《国富论》中提出政府在市场经济中的职能包括：保护社会，使其不受其他独立社会的侵略；尽可能保护社会各个人，使其不受社会任何其他人的侵略或压迫，设立严正的司法机关；建设并维持某些公共事业及公共设施。韦伯在《经济通史》中提出政治是理性资本主义制度结构的关键要素，国家通过理性化的可计算的普遍性法律的运用，为一个可靠的金融、投资、产权、契约体系提供了基础。李斯特的《政治经济的国家体系》（1848）和波特的《国家竞争优势》都有过政府职能的经典论述。政府对市场经济的建构包括政府对生产性财产的控制，规定重复发生的经济关系中的责任与义务，提供统一的偿付手段以及管理本国领土上的经济事务等（Block，1994）。市场经济促进贸易自由化的进程中，国家和政府在政策协商及提高国际竞争力方面一直占据中心地位。

但是在 20 世纪的最后 20 年里，伴随着区域一体化组织的出现，国家和政府的角色受到了限制，国家一级政府对经济的保护能力在降低，次一级政府、城市、企业作为竞争主体和创新主体的地位在不断上升。全球层面上的 GATT 到 WTO，区域层面上的北美自由贸易条约（NAFTA）和欧洲共同体（EU）等，这些都使得中央、地方和城市政府在经济和贸易活动中的关系重新调整，国家边界的作用或是地位正在逐步削弱，国家和政府干预本国经济的能力要接受世界贸易组织等的限制，有关关税、补贴以及其他非关税壁垒等条约使得每一个相关国家和政府对国内产业、区域等的作用相对下降，而国家的下层主体——区域或者城市，尤其是城市地位上升。

全球化是一个不可逆转的过程，它使全球城市再一次分工和重新定位，这个过程必将形成若干枢纽型节点城市。经济全球化要求节点城市增强在全球市场上寻找、配置、管理和利用资源和信息的能力，形成具备竞争力的价值链。全球化形成了包括资本网络、金融网络、信息网络、技术网络、交通网络等的网络体系，区域城市和国家成为网络体系上的重要节点。各个城市之间通过空间网络的连接和生产要素的流动，组成一个全球化的城市网络体系。城市超越区域和国家的界限，成为世界性、国际性城市开放体系中的一个基本元素。全球竞争的加剧，使世界进一步缩小，同时不断统一了竞争场地和规则，城市的工业贸易和金融、港口和交通枢纽、高等教育、科研、医学、文化和艺术等获得更多的发展。不仅是企业和国家，而且包括地区、城市、个人以及各种正式和非正式的组织都成了竞争主体和创新主体，以各种复杂的方式进行着全球资源、市场、生存空间和发展机会的争夺和较量，竞争主体和创新主体出现了多元化，城市在新的全球秩序和竞争中扮演着更加重要的角色。经济全球化使控制与管理经济因素的功能日益集中在国际城市。霍尔在《城市文明：文化、科技和城市秩序》中提出，城市是国家竞争的重要部分，是竞争企业的载体，并为企业提供环境条件，是人们生活的主要场所，城市成为竞争和创新的主体①。国与国、企业与企业之间的竞争成败更多地取决于城市竞争力。国与国之间的竞争更多地表现为重大节点城市间的竞争，城市竞争地位变得越来越重要。城市竞争力更多地取决于资源、制度、创新的整合和协同能力。区域或者城市在未来的战略规划、基础设施规划等的制定方面，对新企业形成的支撑、中小企业的健康发展方面以及促进官产学研的有效技术交流方面肩负重任，在国家无法有效发挥作用的地方具有应对全球化更为灵活的形式。②

（二）知识经济强化了城市作为竞争与创新的主角地位

知识经济影响着世界的运行方式。知识经济是以知识产业为基础的经济，包括知识生产业、知识传播业、知识型服务业。狭义知识经济是以知识产业为基础的经济，广义知识经济是知识密集型经济。人们对这种新经济的名称有种种争议，如"信息经济""新经济""数字化经济""网络经济""学习经济"等。

20世纪70年代以来在工业社会基础上形成了一个崭新的社会形态。丹尼尔·贝尔称之为后工业社会；吉登斯和贝克称之为风险社会；鲍德里亚称之为消费社会；卡斯特称之为网络社会；列斐伏尔认为，人类社会已经进入了空间生产和空间革命的时代③；福柯甚至认为，人类已经进入了以空间关系为主的时代④。它们是从不同侧面来看知识经济⑤。知识经济下科学技术的研究与开发日益成为经济发展的基础，信息和通信技术在经济发展过程中处于中心地位，提供知识和信息服务的行业在经济生活中扮演了主要角色，知识和人力资本成为关键的生产要素，知识和创新成为经济增长的主要动力，网络成为发展平台。

首先，知识经济是经济增长的源泉。1996年，经济合作与发展组织（OECD）提出三个经济增长的关键因素：知识传播，特别是网络和学习所扮演的角色；雇佣制度，这主要源于对高技能工人的需求的增长；科研体系，特别

---

① 刘林森. 城市：未来社会的创新主角［J］. 世界科学，2003（3）：33-35.
② 于涛方. 国外城市竞争力研究综述［J］. 国外城市规划，2004（1）：28-34.
③ 亨利·列斐伏尔. 空间的生产，新版序言（1986）［M］//张一兵. 社会批判理论纪事：第1集. 北京：中央编译出版社，2006：180.
④ M. 福柯. 另类空间［J］. 王喆，译. 世界哲学，2006（6）.
⑤ 何传启，张凤. 知识创新与经济现代化［C］//第三期中国现代化研究论坛.

是依靠公共研究机构在知识的创造与传播领域扮演的角色。知识社会发展知识密集型经济，以全球化知识和信息生产为特征。知识经济中国家、公司、组织、个人的价值与他们的知识和知识资本直接关联。知识产业比重和知识劳动者比重上升，知识的经济增长贡献率上升。世界经济加速向知识密集型经济转型，城市的竞争优势已经不单纯取决于效率，更取决于创新。21 世纪第一个十年涌现的新兴产业主要源自数字革命，例如电子商务、互联网新闻、社交媒体服务、网络影音播放产业等。

其次，知识经济深刻地影响着组织方式、社会形态、公共服务提供的方式。21 世纪移动互联网及资讯技术的发展，为公共服务内容及提供模式注入了新元素。电子政府、数字政府、智慧政府为公共行政及政府治理的环节，越来越受到重视。联合国公共经济及行政署与美国公共行政协会 2002 年提及电子政府，认为政府应用互联网、移动技术及信息与通信科技，提供公共资讯和服务。2003 年指出，电子政府有助于政府提供公共价值的能力。2015 年通过 2030 年可持续发展议程的 17 个目标，鼓励政府的决策过程中，达到回应性、包容性、参与性和代表性是其追求的价值。2016 年指出，电子政府的发展，市民由公共服务的被动接受者转变为意念、知识和科技方面的贡献者和参与者，与政府和企业建立公共服务决策的伙伴关系，有利社会持续发展。世界银行也有相同看法，认为这些技术可以提高政府的效率和透明度、增加便民效果、改善政府与市民的互动，以及节省公共开支。经济合作与发展组织 2003 年发表报告，认为电子政府是政府透过信息及通信技术，从而改善公共服务素质、提供更多独特功能的网上服务，以及鼓励公众参与，以达到更好的政府。整体表现为促进政府工作效率、推动部门改革、提高服务素质，以及建立政府与市民之间的互动和信任基础。通过"互联网＋"改进社会治理方式，通过"互联网＋"激发社会组织活力。通过"互联网＋"创新社会矛盾预防化解体制机制。通过"互联网＋"健全完善公共安全体系①。全球使用互联网的人数由 1997 年的 7000 万到 2017 年的 40.5 亿。2020 年中国互联网络信息中心（CNNIC）发布第 45 次《中国互联网络发展状况统计报告》显示截至 2020 年 3 月，我国网民规模为 9.04 亿，互联网普及率达 64.5%，数字经济已成为经济增长的新动能。联合国提出了电子政府的五个阶段的进程，包括出现、增强、交互、交易、互联。德国政府提出了高技术战略"工业 4.0"就是通过互联网将工厂与工厂内外的事物和

---

① 金江军. 以"互联网＋"推进社会治理现代化［EB/OL］. 人民网（人民日报海外版），2017 - 02 - 14.

服务连接起来，创造前所未有的价值、构建新的商业模式，甚至还能解决很多社会问题。知识经济下社会形态越来越呈现出复杂多变的特性，传统的社会组织及其活动边界正在模糊，传统意义的实验室的边界以及创新活动的边界也随之模糊，创新民主化、用户创新、草根创新、开放创新、共同创新等不断出现，传统的以技术发展为导向、科研人员为主体、实验室为载体的科技创新活动正面临挑战，以用户为中心、以社会实践为舞台、以共同创新、系统创新、集群创新、开放创新为特点的社会创新模式正在逐步显现。从组织角度来讲，知识经济是一个有着不稳定边界和身份的扁平化组织所构成的不稳定的网络。信息网络、合作网络和超越时空的虚拟网络空间成为发展平台，创新成为政府和社会参与的事业。信息通信技术的融合和发展带来的技术变迁突破了自然空间、自然时间、制度和规则的限制和障碍，它改变了市场竞争和合作的条件，使经济活动的空间关系发生了巨变。信息技术可以使生产过程的各个阶段分散在全球范围的不同地域，同时保持生产的完整性。企业重新组织它们的生产链，以期最有效地利用成本和最合理地组织地理上的生产路径。作为重新战略定位的结果，这些企业开始在全球范围内选址，它们的区位变得更加"无拘束（foot-loose）"。知识经济改变了产业发展模式和社会发展模式，城市不再按传统模式依次发展也不一定内部产业结构完整。

再次，知识经济赋予了城市新的内涵。知识经济下的发达国家的城市出现了很多变化，例如城市经济已实现制造业向服务业的转变；第二、三产业当中传统服务业下降而生产性服务业上升；城市人口增长主要是来自城市之间的人口流动和国际移民；世界资源向发达国家的城市集中，纽约、伦敦、东京成为世界经济中心。城市不仅是交易场所，是权力中心，是生产场所，而且是知识生产加工处理的场所，是生产加工处理新信息新知识的场所。知识经济也影响着城市的形态规模和布局，促进数字化城市和都市圈的兴起，城市化和城市发展表现为结构完善和功能优化，经济走向一体化。在经济全球化和知识经济进程中，生产要素的跨国流动对各国经济已经产生了显著的影响，而作为国民经济主要载体的城市，受到的影响更直接，更巨大[①]（袁瑞娟，宁越敏，1999）。城市竞争力更多地表现为对全球范围内资源和信息的聚集能力和配置能力。充分把握知识经济条件下的新机遇，在科技创新中充分整合政府、市场、社会各方力量，探索创新模式对于建设创新型城市、创新型国家十分重要。

---

① 袁瑞娟，宁越敏. 全球化与发展中国家城市研究［J］. 城市规划学刊，1999（5）：64–67.

经济活动的空间重构，使城市对于所处国家及所包含的企业的竞争力都至关重要。经济全球化与知识经济引发生产组织方式的深刻变革，全球市场与商务流程的重构带来资源的整合，以区域为单位参与全球竞争逐渐成为各个国家各个地区的战略选择。经济全球化对于城市空间和社会结构的影响最为直接，全球经济网络的控制性节点是商务产业和研究开发活动最为发达的城市，特大城市的空间和社会结构越来越与全球网络外向关联，内部则支离破碎，被排斥在全球化之外的部分城市功能如果不能在地方化过程中获得发展支撑，很可能引致参与全球经济体系的部分功能衰退而诱致城市衰退。凡是跟不上全球化的城市，很可能出现边缘化现象，并有可能沦为边缘城市或被遗忘的城市、荒芜的城市。全球竞争中，不仅城市竞争加剧，而且城市竞争力的构成要素发生根本变化，关键因素是城市必须提供信息基础设施和相应的人力资源需要的生活环境和创业环境。国际竞争在很大程度上具体表现为以城市为核心的区域间的竞争。全球化使城市成为再工业化与区域再组织的重要空间，全球化带来区际之间的重组和协调，引起重塑政府、再造公共部门的新公共管理运动。国家权力下放和城市联盟可能形成制度竞争优势。要提高国家竞争力，首先要提高城市的竞争力，要提高企业竞争力，也要提高城市的竞争力。国家竞争转向了城市竞争，城市成为竞争和创新的主角。

（三）世界城市化的发展趋势使城市的职能由创造财富提升为提供创新环境

世界城市化已经出现网络化、信息化、生态化发展特征。20世纪70年代以来，发达国家的社会发展出现了逆城市化、城市扩散（郊区化、社区化和自然化）、社会信息化。城市作为全球经济活动的节点，成为人类主要的聚居区，城市职能出现第三产业化，制造业在全球范围内呈现区位分离，网络化交通及通信技术为世界城市体系、国际城市提供了技术平台。例如纽约、东京、伦敦等城市承担着全球性功能，集中了大量金融交易的公司和跨国公司总部，城乡走向融合和一体化。全球形成了一个资本、金融、信息、技术构成的相互依赖、相互作用的网络，城市尤其国际城市是重要的网络节点。处于全球等级体系顶端与较高层次国家的主要城市，发挥影响全球的职能，处于其他层次国家的城市，只能发挥区域或局部国际城市的作用。萨斯佳·萨森在《全球化城市》(1991)① 中研究了纽约、伦敦和东京，发现全球化为城市创造了新的战略角

---

① 丝奇雅·沙森. 全球城市：纽约　伦敦　东京［M］. 上海：上海社会科学院出版社，2005.

色，这些城市过去是国际贸易中心，全球化使它们现在具有四个特点，它们已经发展成全球经济的"指挥所"，也就是规划并制定政策的中心；这类城市是金融和专业服务公司的重要基地，与制造业相比，这些产业对经济发展的影响日益显著；它们是这些新兴产业的创新和孵化基地；这些城市是金融和服务业产品的消费市场①。全球城市既是为生产、也是为执行多样化与复杂化的中介功能的极端空间。全球城市的功能是人为的，制造的过程是复杂的、多面向的。城市化发展的新阶段以世界城市和都市连绵区的兴起为标志。城市在增强自身竞争力的同时往往通过联合行动，关注城市群的协调发展及整体竞争力。目前世界已发展了美国东北部大西洋沿岸城市群、北美五大湖城市群、日本太平洋沿岸城市群、欧洲西北部城市群、英国以伦敦为核心的城市群等五大城市群，中国长江三角洲城市群可能成为世界第六大城市群。这些城市集中了大量的人口和产业，集中了世界大部分的财富。这些全球化城市彼此竞争并组成了相互依赖的体系，在一定程度上与它们所处的国家相分离，空间被不断重构，权力与活动的分散和集中两个过程同时发生。世界上最大的城市组成了实现全球化的基础网络。全球化城市、商业和金融服务中心城市、"地区中心"城市、"新兴市场"中心城市组成了全球的城市层次秩序。

城市在区域发展中发挥的作用和承担的分工各不相同。城市职能是随社会经济发展或自然资源、交通运输、供水、用地等建设条件的改变而变化的。城市的基本职能是城市存在和发展的原动力。其中基本职能强，城市发展繁荣；基本职能弱，城市发展衰落。英国伦敦作为世界的金融中心之一，在国际贸易中扮演着重要的角色。但是近年来金融服务业出现了衰退，伦敦政府通过发展创意产业和传统金融服务业并举为这个城市带来了新的生机。创意产业成为带动伦敦市经济发展、提升伦敦城市竞争力的第二大支柱产业。美国纽约为了顺应知识经济发展及时调整发展战略，一方面积极建立适应知识经济要求的教育体制，一方面依托"世界第一金融中心"之优势，大力发展金融、保险、管理咨询等对人力资本及知识资本要求极高的生产性服务业，通过知识来提高产业附加值。纽约将城市精神确定为"高度的融合力、卓越的创造力、强大的竞争力、非凡的应变力"。因此，科学定位城市功能，制定创新发展战略规划，发展以创新为特征的产业集群、加强城市的集成创新能力对提升城市竞争力起到了

---

① ［英］安东尼·吉登斯. 社会学 ［M］. 北京：北京大学出版社，2003：754.

重要作用①。1996～2010年深圳市城市总体规划就把城市职能概括为具有全国意义的综合性经济特区，区域综合交通枢纽，以集装箱运输为主的港口城市，与香港功能互补的区域中心城市，以高新技术为先导的区域制造业生产基地，一个具有亚热带滨海特色的现代历史文化名城六个方面。2019年从大湾区核心引擎到全球标杆城市，深圳的城市定位再次攀升。《粤港澳大湾区发展规划纲要》中就明确，将以香港、澳门、广州、深圳四大中心城市作为区域发展的核心引擎。其中，深圳将发挥作为经济特区、全国性经济中心城市和国家创新型城市的引领作用，加快建成现代化国际化城市，努力成为具有世界影响力的创新创意之都。《中共中央、国务院关于支持深圳建设中国特色社会主义先行示范区的意见》中提出，抓住粤港澳大湾区建设的重要机遇，深圳将增强核心引擎功能，朝着建设中国特色社会主义先行示范区的方向前行，努力创建社会主义现代化强国的城市范例。先行示范区的五点战略定位包括高质量发展高地、法治城市示范、城市文明典范、民生幸福标杆、可持续发展先锋。从经济、法治、文明、民生、环保五个层面全方位升级深圳。按照新公共管理理论，城市政府职能应集中在决策、监督、协调和指导上，而把非纯公共物品生产的具体职能让渡给企业和半行政性的机构去做，培养多元化主体参与城市管理。

　　城市创新环境包括了地理上的、制度上的、网络上的环境②。知识资本是组织竞争优势的最主要来源，它是国家和城市潜在的财富，也可能是贫困陷阱。知识资本是在社会联系中创造、培育和传播的，一个网络社会或网络组织中的联系、关系以及相互作用越多，其潜在价值越高。发展强有力的城市知识资本是至关重要的，因此问题的焦点是如何显现知识资本，如何开发知识流，如何培植知识资本的效率和更新，如何通过社会改革系统把知识资本转化为资本。在发展城市群过程中，欧洲通过制定城市规划法律，以保护古老城市特色风貌为核心促进城市群的发展；日本通过财税政策、产业政策、技术政策激发集群区域体制改革，创新高新技术园区的地域体制，促进城市功能的扩散；许多发达国家实施跨行政区域的共管自治协调制度，取得了卓有成效的结果。全球化过程中，城市作为政治、经济、文化和媒介方面的社会代理人的作用日益重要。乔迪·波尔加和曼纽尔·卡斯特尔指出，城市可以通过管理地方"场域"提供

① 张鸿雁. 城市竞争力的"原动力因"——市民精神的整体构建与创新 [J]. 南京社会科学, 2002 (6).

② 叶南客. 中国城市居民社区参与的历程与体制创新 [J]. 江海学刊, 2001 (005): 34-41.

满足经济生产力的基础条件和基础设施，来提高经济效率和竞争力；城市在推动多种族间社会文化整合方面具有重要作用；城市是政治表达和管理的重要场所。① 经济学家发现，创新总是在重要的大城市发生，那些"处于经济和社会的变迁中，大量的新事物不断涌现，融合并形成一种新的社会"往往是具有创新特质的城市②。知识经济下国际竞争的焦点是知识创新，创新者将获得知识利益和发展空间，落伍者将失去发展机会和主动权。

对于一个国家或城市而言，要应对全球化竞争和知识经济的发展，有必要发展增长的知识、规范系统和塑造各个层面的新的竞争力。城市是中国经济与社会的核心，现代城市经济发展是我国国家和地区经济发展的主要推动力，城市群的崛起将对中国未来发展产生重大的影响，给世界城市体系带来崭新的格局。我国城市化滞后于经济发展水平和工业化阶段并且发展极不平衡，存在城市体系的宏观布局、规模、结构与经济发展不相适应，缺乏在全球经济中具有较强竞争力和影响力的国际性大都市等问题。因此城市化将是我国经济和社会协调发展、实现现代化的契机，人口城市化和城市现代化在很长时间内是中国的主要任务。

三、促进社会创新是提升城市竞争力的战略选择

科技创新的复杂性要求社会创新。科技创新是在各创新主体、创新要素交互复杂作用下涌现出来的。科技创新的复杂性为构建政府相关部门、相关企业、科研机构、科技中介以及公众等创新主体和各类创新要素高度耦合的开放的、社会化创新平台提出了要求。

全球化和国际化加剧了城市竞争，区域整合又推动了区域内部的城市竞争。对于国家和社会而言，国际竞争的关键主要不是技术竞争，而是社会机制的竞争。有效的社会机制首先在城市形成，它创造的不仅是商业和技术的创新，而是更广泛的社会经济文化的创新。根据经济学家的研究，60%～80%的经济增长来源于模式创新和新知识产生。进入 20 世纪 90 年代以来，国与国的竞争更多地表现为经济的、技术的、文化的、军事的竞争，实际上是创新能力的竞争。创新模式有硅谷模式、筑波模式、日本模式等多种模式。欧盟于 2006 年 11 月 20 日发起了 Living Labs 网络，它是建立欧盟创新系统关键的一步。其核心价值是改善和增加研发转移的洞察力和新的科技成果转化为现实世界的应用和解决

---

① ［英］安东尼·吉登斯. 社会学［M］. 北京：北京大学出版社，2003：758.
② 刘林森. 城市：未来社会的创新主角［J］. 世界科学，2003（3）：33 - 35.

方案的动力。它也将采用新的工具和方法、先进的信息和通信技术等手段来调动方方面面的智慧和创造力，为解决社会问题提供机会。Living Lab 立足于本地区的工作和生活环境，以科研机构为纽带，建立以政府、广泛的企业网络以及各种科研机构为主体的开放创新社会（Open Innovation Community）。欧盟"里斯本战略"提出到 2010 年将欧盟建设成世界上最具活力和竞争力的知识型经济体，并且创造更多更好的工作岗位和社会凝聚力，实现经济的持续增长。欧盟在全欧洲范围内采取了具体和明确的措施，目的是支持欧盟提升竞争力。硅谷模式倾向于市场主导，筑波模式倾向于政府主导，而日本模式倾向于社会—政府—国家为核心要素。在网络经济时期，硅谷模式比筑波模式更具有优越性，而网络经济的破灭又证明了硅谷模式的局限性。

社会创新在推进社会现代化方面有很大的作用，而社会现代化对经济增长也有积极影响，而且这种影响日益变大。因为经济增长必须面对类似于气候变化和人口老龄化等问题，同时由于经济发展带来人们之间的关系和生活质量的改善，这些都要求社会现代化。社会现代化是社会领域的深刻变化，是社会发展、社会转型和国际社会地位变化的交集。社会现代化的动力来自社会创新。在社会推力、社会拉力或社会压力下发生社会创新，经过社会选择，淘汰不适合的社会创新，留下合适的社会创新向其他领域和地区扩散，反复交替推动社会现代化。

知识经济下，城市竞争力不可避免地与社会假设前提和商业模式的重大改变相关。城市竞争力是一个复杂的社会、经济、技术过程，创新能力正成为城市竞争力的核心。问题是如何显现化城市的知识资本，如何在各知识资本之间开发出知识流，如何培植区域知识资本的效率和更新，如何根据城市的集体财富，通过新的社会改革系统来把知识资本转化为资本。提升城市竞争力是一个系统工程，包含着城市系统多因素的创新，特别是各因素之间的整合和协同作用。在此过程中，城市创新能力即知识创新能力、技术创新能力、制度创新能力和服务创新能力，是评价城市创新能力的主要指标和影响因素。创新能力是任何一个国家和城市实现可持续发展的重要因素，创新的社会网络将是决定能否获得创新能力的关键，因此创新的社会网络及其社会资本的形成和运用就是社会创新问题。一个有竞争力的城市，必须满足下列条件：①有活跃的、创新能力的群体，为满足城市的可持续发展而进行技术创新；②经济资本富有的同时，拥有雄厚的人力、社会、文化和环境资本；③先进的城市管治模式，以"创造良好的竞争环境"。创新能力是城市经济发展的决定因素和城市竞争力的核心。创新可能是产品和流程创新，也可能是组织变革或是战略选择，可能是价值链中的角色变化及其与周围的组织、信息和技能的关系变化。创新是竞争力来源，是行业生产结构和经济增长的主要的结构性决定因素。很多研究表明，创新是技术、组织和市场等多种因素综合作用的结果，来自国家内部城市集群、产业集群、企业集群的互动之中。城市竞争不仅出现了市场、人才、资源、权力的竞争，而且出现了战略竞争、模式竞争、知识竞争、制度竞争、合作性竞争等。城市竞争越来越倾向于共赢，是一体化、关联度、共同协商制度的竞争。创新是以系统形式出现的，要求从多种要素集成、均衡的角度进行管理。社会创新可以有效整合资源，提高创新能力。一个城市的创新是在城市创新战略下，城市技术创新与城市知识创新、制度创新与管理创新、观念创新与文化创新的系统性的协同创新行为。城市社会创新既作为城市创新系统内部的技术源头和创新手段的部分，构成技术的核心和提高技术转移的效率，社会创新又作为创新外在环境因素提供机制和资金、作为培养创新能力的土壤发挥作用，这不仅是必要的而且是必然的。营造一个激发创新和培育创新精神的环境，促进城市社会创新系统建设，是提升城市竞争、促进城市可持续发展的基石①。

总之，在全球化竞争和城市化背景下，城市越来越成为重要的竞争主体，为全球和当地的资源流动提供经济的、文化的、组织的机制，这一切以提升城市竞争力为基础和前提。经济地理学家迈克·斯多普（Michael Storper）把经济发展置于城市—区域脉络之下，提出理解城市经济发展的四把钥匙：经济的、制度的、创新的与政治的钥匙，解释城市经济增长为何不均衡。

第二节　研究意义

城市社会创新和竞争力的研究，实际上是研究一个城市在全球化和知识经济条件下，在现有发展水平基础上的可持续发展问题。城市的竞争和发展问题并不仅仅是加速增加城市产出、提高生产率与增长率以及加快增长速度等问题，而且是传统城市转化为现代城市、城市的动态演化过程的问题。一个城市提高竞争力，更多地取决于它的发展战略取向、资源配置和现有技术的创新。其中，提高城市社会创新能力是实现城市现代化的关键之一。社会创新本质上是来源于社会资本在创新资源配置和激励中的作用。而社会资本能够作为一种配置创新资源的手段和力量，则是来源于富有效率的创新网络的形成及其作用。

---

① 钟书华. 创新集群：概念、特征及理论意义［J］. 科学学研究，2008 – 02 – 15.

一、研究的理论意义

从跨学科、整体性视角把城市创新与竞争变动问题置于城市—区域社会空间脉络之下，由此进行理论和经验研究，促进学科交叉与视域融合，提出理解城市发展的理论，解释城市发展的不平衡。城市社会创新理论是探索科技与经济、社会有效结合的理论，它支撑了城市创新系统理论，为建设创新型国家、创新型城市开辟了新的视野。城市竞争和发展中外有各种理论，概括起来，城市经济增长与成长理论大致有城市经济增长极理论、需求指向型理论和供给指向型理论、城市经济内生增长理论，城市发展取决于聚集和分散因素的作用。然而，城市发展不只是增长问题，而是城市现代化问题，其中城市竞争力提高是城市发展的标志之一，也是城市良性循环的关键。而城市竞争力提高不只是涉及城市本身，还涉及城市以外的其他因素。德国著名工业化史学家鲁道夫·吕贝尔特在分析"为什么英国成为世界上第一个工业国家"时就曾指出，在一个特定的历史环境下，一系列的情况和条件加在一起，才足以发展新的事物。要理解这一新事物，对其事先的准备以及后来发生的过程就不能过于简单地叙述和观察，因为经济问题及其发展不能从其特定的文化联系中抽出来孤立地加以观察①。早在联合国制定"第一个发展十年"（1960～1970）计划时就提出了发展＝经济增长＋社会变革的著名公式。美国管理学大师德鲁克认为，创新是"赋予资源以新的创造财富能力的行为"。他认为创新有两种，一种是技术创新，即在自然界中为某种自然物找到新的经济价值；另一种是社会创新，即在经济与社会中创造一种新的管理机构、管理方式或管理手段，从而在资源配置中取得更大的经济价值和社会价值。德国著名社会学家沃尔夫·查普夫认为："社会创新是达到目标的新的途径，特别是那些改变社会变迁方向的新的组织形式、新的控制方法和新的生活方式，它们比以往的实践能更好地解决问题，因此值得模仿、值得制度化。"② 城市社会创新理论对目前的技术创新理论、经济发展理论和产业集群理论相关问题，有更深刻的理解和更合理的解释，尝试在国家创新系统、区域创新系统、学习型组织、创新型城市、创新网络、创新经济、创新型国家等理论之间建立合理的逻辑联系，促进这些理论的整合。

本文把社会创新、城市竞争力作为城市空间的新视角，应用社会创新—产业集群—城市空间竞争力理论，通过分析社会创新对城市竞争力的影响及其机

---

① ［德］鲁道夫·吕贝尔特. 工业化史［M］. 上海：上海文艺出版社，1983.

② 沃尔夫·查普夫. 现代化与社会转型［M］. 北京：社会科学文献出版社，1998：39.

理，建立社会创新对城市发展作用的一个新的解释框架，并把社会创新因素纳入城市发展理论的分析框架，探索扩展城市发展理论。通过城市和城镇化问题所引发的城市空间关系变动的经验研究，有利于从经验层面为跨学科理论范式和整体性理论建构的合法性提供经验支撑。通过吸收和借鉴西方关于城镇化、城市的新的理论成果，有利于推动中国城市和城镇化问题研究与城市空间问题研究的理论创新和理论发展。

二、研究的现实意义

从世界范围来看，许多国家的特定地区在科学技术知识方面具有与美国硅谷相当的水平却没有能够创造出类似于硅谷的技术和经济奇迹。这其中的一个重要原因，就在于它们拥有不同水平的社会创新能力和竞争力。一些发展中国家的实践也表明，单纯依靠经济因素获得的发展是有限的、不健康的，促进创新资源的均衡和整合、促进经济与社会协调发展同样可以获得进步。每个城市空间不是遵循同样的道路提升竞争力，它们可以原创式创新、在特定方面创新或学习式创新。

（一）城市社会创新和竞争力研究有助于创新理论和实践的发展

从马歇尔提出产业集群和熊彼特提出创新以来，创新理论与实践有了深入的发展。社会创新从理论上彻底摆脱了传统的技术创新论和线性模式的羁绊，全面肯定并接受系统论及动态的非线性交互（interactive）型创新模式。各国都以其为制定新的创新战略的理论指南，把关注点从创新的结果转向创新系统，把注意力从全力优先向研究开发（R&D）投资转向让市场来加强技术的迁移，鼓励协同和网络，激励群集发展，促进知识向新生产业的流动，推动体制的变革，提高企业家的主体地位以及改善市场导向的金融系统等方面。[①] 2001 年，OECD 出版了研究报告《创新集群：国家创新体系的推动力》。OECD 吸收了波特的思想，认为集群是企业通过相互作用逐步聚合以提高竞争力的经济现象，强调创新集群可被视为一种简化的国家创新体系，其最关键和最实用的系统要素有助于促进一个国民经济各领域的创新。创新是现代城市竞争和发展的源泉，是保持城市可持续发展的动力。各国城市发展的经验表明，同样的宏观环境和技术创新，却有不同的结果，造成差别的重要原因是不同城市的创新系统和机制存在差别。因此认识和把握城市创新系统能力的形成和发展，特别是揭示城

---

① 国际创新理论及发展——葛霆在"知识创新与创新 2.0"第二届中国移动政务研讨会上的演讲［R/OL］. 移动政务实验室，2008－11－23.

市社会创新的系统和机制建设的成长规律，以指导城市创新的实践，具有十分重要的理论意义和实践意义。从城市的角度来研究技术创新和社会创新，使创新资源要素相互交叉与融合，相互协同与支持，形成一个开放的创新网络系统，这有助于促进人们对知识经济时代创新系统特征认识的深化，有助于推动面向 21 世纪的城市创新体系建设，更有助于创新理论体系的完善。

（二）城市社会创新和竞争力研究有助于创新资源的开发和利用

社会创新是以知识经济为基础的全球化发展和我国社会转型期社会变迁的主导形式和重要发展动因。资本主义发展阶段中社会创新是重要的推动力量，而知识经济发展阶段的重要杠杆更是社会创新。以整体性、系统性、多样性思维创新，把社会性因素作为创新的内在因素，以创新的整体性、系统性评价社会发展，社会创新构成城市社会可持续发展的综合动力基础。城市社会创新体系的理论研究，将深入探讨创新过程中社会能力、社会技术、社会资本、社会体制等社会因素在城市科技经济一体化发展中的作用和后果，研究领域将从社会创新到城市产业链的创新到城市竞争力，沟通了城市技术与社会经济的联系，促进了科技产业化中科学技术、经济、社会的整合，大大拓宽和丰富了国家创新系统的理论。社会创新将有利于技术创新资源的运用，弥补技术创新的不足，提高技术创新成果的转化能力，加快技术创新的扩散，是城市经济发展与活力之源，建立城市创新系统不仅能提高城市技术创新系统能力，而且将使国民经济走上稳定、持续、健康、高速的发展之路，经济社会和谐发展。

（三）城市社会创新研究有利于城市竞争力的提升

一个国家的经济由一定的创新系统构成，即各种各样的产业集群。这意味着任何国家的创新系统都应包括规模各异的产业集群创新，创新集群是简化的国家创新系统①。国家创新系统理论为从宏观研究科技与经济相结合，增强国家创新竞争力提供了新的分析工具。有利于通过制定国家层面的科技发展政策；有利于将科技组织（政府研究机构、大学）和经济组织（企业）资源在国家层面上整合；有利于次一级区域部门制定合理的科技、经济发展战略。目前一批城市积极提出构建创新型城市的口号，并从整体上实施了城市创新运动。创新型国家建设研究面临"建设什么"和"如何建设"创新型城市问题。围绕"成为创新型国家"这一总目标，美国、日本、德国、英国、意大利、挪威、荷兰、

---

① 经济合作组织. 创新集群：国家创新体系的推动力 [M]. 杨新亮，等译. 北京：科学技术文献出版社，2004：3.

瑞士、芬兰、澳大利亚、奥地利、比利时、韩国等创新型国家都有成功建设创新型城市的经验，城市社会创新理论可解决"建设什么"和"如何建设"创新型城市问题，即作为创新型城市建设内容合理性论证的根据，指导创新型城市建设的路径选择和阶段性规划。城市社会创新概念可以加深对国家创新系统、区域创新系统、城市创新系统、学习型组织、创新网络、创新经济、创新型国家和创新型城市的认识。在城市社会创新理论看来，创新型城市建设的重点就是培育和发展具有城市竞争优势的创新集群；应将"成为创新型城市"这一总目标分解为多个"创新集群培育和发展"的子目标，并根据不同子目标选择具体的建设内容并分阶段实施。

21世纪，国家之间的经济竞争将突出地表现为城市层面的竞争，中国城市竞争面临新政治、新经济、新技术、新资源的挑战，全球化进程使中国城市竞争和创新环境的风险在不断地上升。在全球化进程中，全球资源及其要素流动性增强，给城市资源的重新整合和市场化配置创造了条件和机会，同时也给城市工业、市场、资本、人才、贸易带来波动，增加了城市竞争和创新的不确定性，使城市内部的无组织力量增大，使城市结构变得脆弱。全球化环境中的城市政府凭借土地、环境、运输系统与国际流动资本共同参与对城市的重构过程，区域内各种力量激烈重组，需要新的区域管理方式。在全球资源流动的背景下的中国的城市资源配置面临越来越多的竞争者，特别是在资金、人才等稀缺资源方面，科学技术的发展又使城市资源利用的广度和深度显著扩展，中国城市的竞争越来越激烈。中国的全球竞争力将在很大程度上取决于能否建设起一批具有全球竞争力的城市和城市群，需要各级政府制定和优化区域布局和城市发展战略。中国的城市化将影响中国甚至全球的发展进程。城市化是推动中国经济增长的动力。中国城市需要检验已有的竞争和发展战略，需要培育决定竞争力的关键资源和能力。跨国公司的作用和影响力将主要通过城市的全球性竞争来实现，城市更加成为企业竞争力的重要源泉，国内外企业需要洞悉有关城市竞争力现状和潜力，捕捉机会，汲取优势。人们从更具竞争力的城市中获得更自由的发展机会，享受更充分的价值福利。因而基于社会空间视角，从城市空间与社会的内在关系出发，聚焦城市社会创新和竞争的空间本质及空间生产逻辑，诊断城市空间重构的后果，对把握当前我国社会结构转型的变迁规律，应对诸多城市和城镇化发展问题具有重要的现实意义。

第三节　相关概念界定

一、城市空间

城市是一个经济、政治、社会、文化、生态的空间，有着自身的运行机制，城市各种活动的载体，各种活动要素及其相互作用直接影响并制约着城市空间分布格局和运动过程。"社会空间"作为一个全新理论概念的形成是最近几十年的事情，这主要归功于一些新马克思主义社会学家、后现代主义者及有关学者的研究。特别是自20世纪八九十年代以来，在亨利·列斐伏尔（H. Lefebvre）、米歇尔·福柯、大卫·哈维（D. Harvey）、弗雷德里克·詹明信（F. Jameson）、爱德华·苏贾等一批后现代主义理论家的共同推动下，社会空间问题逐渐成为一个重要的理论关注焦点，在多个学科领域出现了明显的社会研究的"空间转向"（Waff和Arias，2009①）。西蒙森（Simonsen，1996）根据不同社会理论对空间概念界定的差异，区分了三种有代表性的观点。第一种是把空间看作物质环境，这种观点主要存在于建筑学和区域地理学中，强调空间的物质属性。第二种是把空间看作差异性，其核心观点是不同地点、区域和方位存在极大的差异，这种差异会影响到社会过程和社会生活。这类观点又可进一步区分了三种形态："实在主义观""后现代主义观"和"后结构主义观"。第三种是把空间看作社会的空间性，认为空间形式是社会实践和社会过程的组成部分，这些实践和过程既发生在一定的时空之中，同时又内在地与空间维度密不可分②。

"一个具体的城市空间问题框架——已融入城市社会活动的动力——既出于理论方面的考虑又是为了激进的社会行动被提到了议事日程的"③。空间，这一概念的兴起在一定程度上可以表述为城市社会学的"空间转向"。城市作为人类文明的载体一直是社会学关注的主题。马克思、韦伯和涂尔干以不同的方式对都市现象进行了阐释，齐美尔这位郁郁寡欢的社会学先驱更是为城市社会学奠

---

① Waff, Barney and Santa Arias. The Spatial Turn: Interdisciplinary Perspectives [J]. London: Routledge, 2009.

② 林聚任，申丛丛. 后现代理论与社会空间理论的耦合和创新 [J]. 社会学评论，2019 (5).

③ 苏贾. 后现代地理学：重申批评社会理论中的空间 [M]. 北京：商务印书馆，2004：143.

定了若干理论基础。城市社会学成为显学则归功于盛极一时的芝加哥学派，帕克等人为城市社会学确立了学科声誉，一时间人类生态学几乎成为城市社会学的代名词。① 法国哲学家亨利·列斐伏尔继承和发展了马克思主义的理论与方法，在其著作《空间的生产》中提出了空间社会学的概念体系，并将空间研究运用到城市发展问题之中。在列斐伏尔看来，社会空间是社会实践的展开形式，而社会空间又分为空间实践、空间表象与表象空间。城市空间是创新的空间，是竞争的空间②。

城市化加速了人与土地的分离，出现了空间的商品化和空间的公共性不协调、空间的多元化与空间的协调性的矛盾、生产空间与生活空间的日益分离、公共空间与私人空间的脱节、规划空间与实际空间的脱节、虚拟空间与现实空间的脱节等现象，使以土地为基础的治理向以空间为基础的治理转变成为必要，城市空间治理是国家治理的主要阵地。③ 传统城镇化以发展城市空间为主要特征，并在推进过程中出现了人口、土地、环境等一系列不良社会问题。党的十八大报告首次提出坚持走中国特色新型城镇化道路。《国家新型城镇化规划（2014—2020 年）》指出"走以人为本、四化同步、优化布局、生态文明、文化传承的中国特色新型城镇化道路。"中国特色新型城镇化是坚持以人为本的城镇化，是一种从单纯城市空间发展向社会空间建设转型的社会实践。在这一维度上，空间社会学对于中国特色新型城镇化建设有着重要的启示意义。④

二、技术创新与社会创新

创新一词最早是由熊彼特提出的，创新的概念不断发展，包括了技术创新、制度创新、知识创新、管理创新、产业创新、市场创新等提法。技术创新不是单一的，需要一种社会实现。创新是一个技术过程、一个商业过程、军事过程或社会过程。创新的实质是社会创新。

技术创新是指新技术的产生和商业应用，而管理、组织和服务的改善在其中也发挥着重要作用。清华大学傅家骥认为："技术创新是企业家抓住市场的潜在赢利机会，以获取商业利益为目标，通过经营管理，重新组织生产条件和要

---

① 何雪松. 新城市社会学的空间转向［J］. 华东理工大学学报（社会科学版），2007（1）：1−5.

② 文军，黄锐. "空间"的思想谱系与理想图景———一种开放性实践空间的建构［J］. 社会学研究，2012（2）.

③ 杨雪冬. 城市空间治理是国家治理的主要阵地［N］. 北京日报，2018−11−26.

④ 刘迟. 空间社会学对新型城镇化建设的启示［N］. 光明日报，2017−06−30.

素，建立起效能更强、效率更高、费用更低、效益更好的生产经营系统，从而推出新的产品、新的生产（工艺）方法并开辟新的市场、获得新的原材料或半成品供应来源或建立企业新的组织体制以及采用新的经营管理方法等一系列活动的综合过程。"①

社会创新强调创新的整体性、系统性、多样性、集群性，把社会性因素作为创新的内在因素，以创新的整体性、系统性评价社会发展，强调创新因素的结构和功能升级。社会创新包括企业组织层面的社会创新和社会系统的社会创新。城市社会创新是指中观层面的一系列创新，它包括知识与技术创新、制度与管理创新、观念与文化创新等。企业的技术创新、组织创新、管理创新和制度创新是城市社会创新的内容。城市社会创新建立在社区、家庭、个人基础上。

三、城市竞争力与城市核心竞争力

城市竞争力是一个城市在外部市场中与其他城市相比，所具有的吸引、集聚各种促进经济和社会发展的生产要素，并结合自身的环境条件，对生产要素进行优化配置，从而为城市自身及外部市场需求提供服务，创造更多社会经济财富的能力。

城市核心竞争力包含两层含义，一是强调在某一时期对城市发展起决定作用的少数几个因素（即主导因素）；二是核心竞争力是一城市拥有特有的要素，在资源利用、产品开发与生产、市场开拓及其服务中，与其他城市相比具有较大的竞争优势，且该竞争优势能够较长时间地保持，其所产生的巨大收益是其他城市无法或很难通过学习、模仿来获取的。

四、创新系统与城市创新系统

创新是一个复杂的系统。创新系统分为宏观创新系统、中观创新系统、微观创新系统。区域创新系统是从1992年才开始出现的新兴的概念，城市创新系统是在特定城市内各种创新要素及协调创新要素之间关系的制度和政策构成的网络。城市创新系统是城市区域内人、财、物的技术—经济组合。

五、社会资本与城市创新网络

根据世界银行社会资本协会（the world bank's social capital initiative）的界定，广义的社会资本是指政府和市民社会为了一个组织的相互利益而采取的集

---

① 傅家骥. 技术创新学 ［M］. 北京：清华大学出版社，1998.

体行动，该组织小至一个家庭，大至一个国家。罗伯特·科利尔把它分为政府社会资本和民间社会资本。前者被定义为影响人们为了相互利益而进行合作的能力的各种政府制度，这些制度已有文献分析的包括契约实施效率、法律规则、国家允许的公民自由度。民间社会资本包括共同的价值观、规范、非正式网络、社团成员这些能够影响个人为实现共同目标进行合作的能力的制度因素。社会资本与物质资本、金融资本、人力资本具有很大的相似性——它们都能够促进经济发展，有助于控制经济资源。具体地说，这些资本相同的特点包括：（1）是通过积累而形成的；（2）具有规模效应；（3）需要不断地更新；（4）具有生产性。国外研究经验证明，社会资本能够减少不确定性和交易成本，提高交易的效率，鼓励专业化，增加在人力资本、物资资本和观念创新上的投资。社会资本决定了与生产（制造）和掠夺（拿走）之间的权衡。世界银行（World Bank）认为社会资本的特点在于它塑造了一个社会交往质量和数量的制度、关系和规范。社会资本不仅仅是支撑一个社会的制度的加总，它更是把它们合在一起的黏合剂，社会资本是经济增长、公民社会和有效政府的重要前提条件。

创新网络是知识经济中创新活动得以发生、维系和扩散的一种重要社会关系结构形式，是当代社会经济系统中各个创新组织之间的行动关系以及为了激励创新行动的展开而形成的各种正式或非正式规范及其集合[1]。城市创新网络是城市中以企业为基点，以创新流向纵向联系和横向联系构建的网络结构。王缉慈认为公共空间促进创新。城市创新实体空间从开发区到创客空间；从郊区科学园到市区创新街区；从社会网络到公共空间；从创新链到创新系统（创新集群）；从企业创新到社区创新；从产业创新到制度创新。制度创新是前提。

第四节　逻辑框架

城市、城市化是社会经济发展的必然结果，目前发达国家基本都已经完成了城市化，我国也正处于快速城市化的历史进程之中。未来一个时期我国城镇化将呈现城乡融合城乡一体化、城市群和都市圈的主体形态特征更加明显、绿色人文智慧的新型城市涌现众多机会等特征。

本研究认为，城市、城镇化理论及其政策研究要关注城市、城镇化空间和

---

[1] 罗家德，郑孟育，谢智棋．实践性社群内社会资本对知识分享的影响［J］．江苏社会科学，2007（3）．

过程本身的复杂性、发展性、前瞻性、引导性、科学性、合法性与合理性，关注影响城市、城镇化的要素变化以及相关联的诸多可以预料与不可预计的众多结果。

本研究认为，要避免城市、城镇化的问题，需要在城市空间的视角下，关注城市社会创新问题，关注城市竞争力，关注城市社会创新与城市竞争力的相互影响，关注城市城镇化发展质量、关注城乡一体化、可持续生计、包容性发展、韧性发展等外生动力问题，也关注社会网络增长、社会资本能力提升、价值观念和行为习惯城市文化城市精神等内生动力问题。本研究的核心目的在于从理论上实践上及政策上探讨城市、城镇化需要遵循何种逻辑才能促进城市内部、农村内部以及城乡之间的和谐发展及可持续发展？

城市社会创新与城市竞争力研究，实际上是在探索新的生产方式、新的组织和管理系统的建立和运行，要求我们建立新的科学发展观，充分认识新时期社会创新和城市竞争力在城市空间中的作用，用新的发展思路，进行系统和多方位研究，加快城市社会创新和提升竞争力的进程，并为丰富和发展城市空间理论奠定基础。为此我们从城市空间生产理论分析入手，考察国内外相关研究现状，追溯社会创新、城市及城市竞争力的形成与发展；论述建立城市社会创新系统、城市竞争力模型的意义和目的；分析提升城市竞争力的有效途径；探讨城市社会创新系统的理论依据和模式；揭示社会创新与城市和谐发展的基本规律；阐明城市社会创新的协同机制；最终构造城市社会创新系统。研究主要针对上述问题进行理论和实证分析，为建立城市社会创新系统和促进城市包容性可持续发展提供决策参考和政策建议。

本研究在跨学科的视角下，拟采取文献研究、实地调研、比较研究和模型分析等方法，把定量分析与定性分析、理论研究和经验研究、理论创新与应用研究结合起来，从宏观、中观和微观层面，从理论、应用层面探究中国城市空间生产背景下城市社会创新与城市竞争力的要素、影响机制及变化趋势，对城市和城镇化的未来发展的冲击和风险；关注城乡融合城乡一体化的发展。

按照上述研究的内容与思路，采取的研究路线主要有两条：一条是经验的路线，即从我国城市创新的实际情况出发，在调研和典型案例分析基础上进行实证研究；另一条路线是理论的路线，吸收、借鉴和参考新的理论基础、理论假设模型和整合性的理论视域，即以社会空间理论、现代系统科学和管理科学理论为依据，在整合性的理论范式、理论假设模型和中国发展战略转型框架的基础上进行多层次、多视角和动态的系统分析。具体的研究方法如下。

一是实证研究/实地调研方法，即在对城市、城镇化状况调研的基础上，选择有代表性的典型案例进行分析，归纳总结城市、城镇化的空间构成要素与成长规律。二是文献/规范研究方法，收集国内外相关文献，进行梳理、比较、评价，整合分析成果，根据城市社会创新系统的要素构成和成长过程，在空间理论、现代系统科学和管理科学理论的指导下，进行理论分析和推导，进而揭示城市可持续发展的模式与机制。三是历史/比较研究方法，即不仅把城市空间当作一个有机的系统，而且把这个系统当作一个动态的系统，运用动态的历史分析方法来揭示城市、城镇化的历史发展过程；综合借鉴国外城市发展、城市化经验，完善中国新型城镇化战略和实施方案，更好地推动中国城乡一体化发展。

全书的结构和框架如下。

本书将城市社会创新分解为知识与技术创新、制度与管理创新、观念与文化创新等，建立社会创新与城市竞争力的关系模型，分析社会创新对城市竞争力的影响及其机理。

研究是从城市、城镇化深度发展问题为导向的，经济现象是：纵观发达国家社会创新和城市的发展历史，城市的每一次发展都是伴随社会创新的重大变革而发生的。从世界范围横向看，城市发展水平较高的国家或区域，社会创新较好，如美国、欧盟等；而社会创新较差的国家或区域，城市发展水平也较差，如非洲国家等。一国的不同地区也大体如此，就我国而言，东、中、西部的社会创新存在较大差异，城市发展水平也存在较大差异。隐藏在现象背后的经济学问题是：社会创新怎样影响着城市竞争力？

第一章《绪论》主要根据现象城市发展及城镇化的宏观环境变化及战略地位提出研究的问题、核心概念以及研究该问题的理论意义和现实意义。

第二章《文献综述》对该问题的国内外理论研究成果进行综述，并发掘新的研究空间。从城市竞争力理论，以及社会创新文献综述的研究视角，提出了城市空间的社会创新视角。

第三章的重点是应用城市竞争力理论论述城市空间生产。

第四章运用社会创新讨论城市空间生产。从社会创新方面讨论城市空间生产，建立空间要素提质、空间生产优化、空间生产重构的策略。

第五章社会创新与城市竞争的空间化。讨论社会创新与城市竞争力的互构及与城市空间生产的关系。

第六章的重点单独讨论新型城镇化过程中空间生产的逻辑，是基于第三章所建立的城市空间生产与竞争力的理论，结合城市特性，进行城镇化、城市竞争力评价，进一步构建城市空间生产中社会创新的逻辑和路径，分析城镇化空间发展的国家逻辑、资本逻辑、制度组织逻辑、社会逻辑。

第七章社会创新与城市竞争力模型建构。

第八章、第九章分别进行了国内外经验研究，用经验证明社会创新与城市竞争力的理论观点。

第十章通过城市空间中社会创新与城市竞争力的互构影响分析，研究产生了一些结论和建议。对一个问题的意见是很难终极的，这里的研究也不例外。

全书以知识经济和全球化为背景从社会创新与城市竞争力的提升讨论城市空间生产问题。研究中通过综合运用理论经济学、城市经济学、创新学、社会学、系统论的理论和方法，建立了城市竞争力的一般模型、城市创新系统模型、城市社会创新系统模型及其子系统模型；提出了城市社会创新通过城市集聚与扩散能力影响城市竞争力，社会创新通过影响产业集群提升城市竞争力，社会创新是技术创新的社会实现过程，社会创新是一个复杂的系统，城市社会创新的关键是建立城市创新网络。因此，社会创新是城市竞争力提升的战略方法。社会创新与城市竞争力的互构空间化，城市空间生产视角是一种策略和行动，制度集体行动改变城市。

第二章

文献综述

第一节 创新理论：技术创新与社会创新

一、技术创新到社会创新的创新理论转向

（一）技术创新到制度创新

熊彼特在经济学领域首先提出创新一词，他在 1912 年的《经济发展原理》①一书中，首次从经济学角度提出了创新理论。他认为经济发展是动态的经济过程，经济本身存在着某种破坏均衡而又恢复均衡的力量，创新是促使经济完成"不均衡—均衡—不均衡"发展过程的决定力量，经济之所以增长，是因为经济体系中不断地引入创新。创新是建立一种新的生产函数，即实现生产要素的一种新组合。企业家是创新的主体，创新的动力是利益。创新包括采用新的生产技术，新原料的发现和利用，新产品的推广，新组织形式的出现，新市场的开拓。由此可以看出熊彼特的创新是一种广义的创新，既包括技术的创新，又包括市场创新和组织的创新。熊彼特把技术创新视为经济领域创新活动的外在因素，把创新概念限定为经济范畴。这些成为后人修正其理论的起点。后来制度经济学家提出了制度创新的理论。诺斯认为，世界经济的发展是制度创新与技术创新不断互相促进的过程。② 技术创新本身是生产过程和经济过程的内容，制度创新决定技术创新：好的制度选择会促进技术创新，不好的制度

① 熊彼特. 经济发展理论 [M]. 北京：中国社会科学出版社，2009.
② 刘拥华. 市场社会还是市场性社会？——基于对波兰尼与诺斯争辩的分析 [J]. 社会学研究，2011（04）：62 – 89.

选择会阻碍技术创新。① 有的技术创新引发了制度创新，有的技术创新要求制度创新。由此可知，创新不断发展，包括了技术创新、制度创新、知识创新、管理创新、产业创新、市场创新等，技术创新不是单一的，社会创新是技术创新的社会实现过程。1996 年，经济合作与发展组织（OCED）发表了具有划时代意义的重要文献《知识经济》，把技术创新归纳为更为宽泛的知识创新。美国国家竞争力委员会（Council on Competitiveness）2004 年《创新美国》中认为，创新是把感悟和技术转化为能够创造新的市值、驱动经济增长和提高生活标准的新产品、新过程与方法和新服务。日本应对新工业革命和发达国家再工业化重新界定创新。②③

（二）技术创新从技术过程发展到社会过程、从线性模型发展到集成网络模型

20 世纪 50 年代，经济学家开始重视创新对经济增长和社会发展的巨大作用，熊彼特的创新理论重新受到重视，研究重点是技术创新的规律。50 年代初，索洛对技术创新理论重新进行了比较全面的研究④。他在《在资本化过程中的创新：对熊彼特理论的评价》（1951）中首次提出技术创新成立的两个条件，即新思想来源和以后阶段的实现发展。1962 年伊诺思在其《石油加工业中的发明与创新》中首次直接明确地下定义：“技术创新是几种行为综合的结果，这些行为包括发明的选择、资本投入的保证、组织纪律、制定计划、招用工人和开辟市场等。”他是从行为集合角度来定义技术创新的。林恩是从创新时序过程角度来定义技术创新的，他认为技术创新是“始于对技术的商业潜力的认识而终于将其完全转化为商业化产品的整个行为过程。”曼斯费尔德的研究对象侧重于产品创新，他认为产品创新是从企业对新产品的构思开始，以新产品的销售和交货为终结的探索性活动。厄特巴克在 1974 年发表的《产业创新与技术扩散》中认为“与发明或技术样品相区别，创新就是技术的实际采用或首次应用”。弗里曼把创新对象基本上限定为规范化的重要创新。他认为技术创新在经济学上的意义是指新产品、新过程、新系统和新服务的首次商业化转化。他在 1973 年发表的《工业创新中的成功与失败研究》中认为，技术创新是“技术的、工艺的

① 吴敬琏. 路径依赖与中国改革——对诺斯教授演讲的评论 [J]. 改革，1995（3）.

② 金子勇. 为了城市的“生活质量”[J]. 国外社会科学，1986（02）：46 - 47.

③ 方晓霞，杨丹辉，李晓华. 日本应对工业 4.0：竞争优势重构与产业政策的角色 [J]. 经济管理，2015，037（011）：20 - 31.

④ 王建安. 技术创新与制度创新的匹配机制研究——一个理论框架和两个案例分析 [J]. 科研管理，2001（03）：79 - 86.

和商业化的全过程，其导致新产品的市场实现和新技术工艺与装备的商业化应用"。其后，他在 1982 年的《工业创新经济学》修订本中明确指出，技术创新就是指新产品、新过程、新系统和新服务的首次商业性转化。英国经济学家斯通曼认为，技术创新是首次将科学发明输入生产系统，并通过研究开发努力形成商业交易的完整过程。澳大利亚学者唐纳德·瓦茨认为，技术创新是企业对发明或研究成果进行开发并通过市场销售而创造利润的过程。从技术创新概念的发展过程来看，起初技术创新被理解为一个由科技推动的线性过程，后来被认为是一个链环回路模型，科学是创新主链各节点上都需要的东西，创新模式是系统集成和网络模型。技术创新是新技术的产生和商业应用，而管理、组织和服务的改善在其中也发挥着重要作用。

20 世纪 60 年代，管理学家开始将创新引入管理领域。1990 年，亨德森和克拉克把创新分成四种类型：渐进式创新、模组创新、建构创新和激进式创新。世界著名管理学家彼得·德鲁克在《创业精神与创新》中指出，创新是创业家特有的工具，是一种赋予资源以新的创造财富能力的行为。创新是创造了一种资源。任何使现有资源的财富创造潜力发生改变的行为都可称为创新。德鲁克把创新分为三类，产品的创新——即产品或服务的创新；管理的创新——即制造产品与服务，并且将它们推出上市所需要的各种技能与活动的创新；社会的创新——即市场、消费者行为和价值的创新。德鲁克认为，创新有技术创新和社会创新，技术创新即在自然界中为某种自然物找到新的应用，并赋予新的经济价值。社会创新指在经济与社会中创造一种新的管理机构、管理方法或管理手段，从而在资源配置中取得更大的经济价值与社会价值。①

二、社会创新的内涵和过程

（一）社会创新的内涵

在管理学的文献中，社会创新就是企业组织内部的组织变化。相对于企业的技术创新，在涉及企业内部的组织、程序等方面的变革问题时采用社会创新概念，例如改变了企业中的劳资关系，或者全面改组了企业的组织机构。美国管理学大师德鲁克认为社会创新是企业管理者的重要任务。德鲁克认为，创新是"赋予资源以新的创造财富能力的行为"。他认为创新有两种，一种是技术创新，即在自然界中为某种自然物找到新的经济价值；另一种是社会创新，即在

---

① 赵黎明，冷晓明. 城市创新系统［M］. 天津：天津大学出版社，2002：2-4，15-24.

经济与社会中创造一种新的管理机构、管理方式或管理手段，从而在资源配置中取得更大的经济价值和社会价值。这是社会创新的狭义概念。

社会创新也可以在社会系统层面上使用。德国著名社会学家沃尔夫·查普夫给社会创新概念下的定义是："社会创新是达到目标的新的途径，特别是那些改变社会变迁方向的新的组织形式、新的控制方法和新的生活方式，它们比以往的实践能更好地解决问题，因此值得模仿、值得制度化。"① 强调社会创新是实现社会目标的新途径、改变社会变迁方向的新方式和在解决社会问题上的有效性。加拿大学者司徒·康格对社会创新的界定是："社会创新就是创造新的程序、法律或组织，它改变着人们相互之间发生关系的方式。它解决具体的社会问题，或使迄今为止还达不到的社会秩序或社会进步成为可能。"② 这个定义强调社会创新对于维护社会秩序，促进社会进步的重要功能。杰夫·摩根《社会硅谷：社会创新的发生与发展》中认为，社会创新是指为了满足社会需求而进行的，且大多将会在一些社会机构进行模式扩散的创造性行动和服务。社会创新的过程就是城市、国家政府以及企业通过对于新的、更有效的方法的设计和开发，应对城市扩张、交通堵塞、人口老龄化、慢性病以及失业等迫在眉睫的问题的过程。③

在产业革命研究文献中，社会创新是创造了一种新的服务行业，例如在规划、培训、治疗、组织、审查、咨询等方面提供的专业服务。

社会创新与技术创新相比，前者的重心是"社会"，后者的重心是"技术"。前者是强调整个社会的创新能力，是要发挥每一个社会成员的创造能力和创新能力。后者是强调提升在科技领域的动员能力、组织能力和管理能力；前者的目的是社会进步，后者的目的是科技发展。前者的创新则是全方位的、动态和开放的，后者的创新是单向度的。技术创新离不开社会创新，例如汽车的使用推广不仅由燃气发动机技术和现代化生产线推动，还基于一系列的社会创新包括驾校，道路标记和使用公约，车库，交警和限速牌，还有最近的拥塞收费系统（congestion charging systems）。

社会创新与商业创新相比，社会创新不仅有物质动机，而且这些动机几乎都会更进一步地包括被认可、同情、认同、自制和关爱。其关键资源也是不同

---

① 沃尔夫·查普夫. 现代化与社会转型 [M]. 北京：社会科学文献出版社，1998：39.
② 司徒·康格. 社会创新 [J]. 新华文摘，2000（11）：166.
③ 杰夫·摩根，等. 社会硅谷：社会创新的发生与发展 [J]. 经济社会体制比较，2006（5）：1.

的，商业创新中金钱是一个底线，但是社会创新寻求不同的资源组合，包括政治认可和支持、志愿力量和慈善家的贡献。社会企业倾向于与商业创新不同的发展路径，或许它们的成长速度不如商业企业，但是这个速度是很有弹性的。①衡量社会创新的成功也是不同的，规模或者市场份额对于社会创新而言，是没有太大意义的，社会企业更加关注一些未被满足但却强烈的社会需求。② 在一些最激烈的社会创新中，参与者的生活通过协同合作得到了显著提高。这些，就是为何我们需要更加彻底的洞察和更加清晰的研究方法。自从 20 世纪 80 年代曼彻斯特大学关于社会创新和技术创新之间联系的研究以来，社会创新领域的理论研究进展非常缓慢。对社会创新的研究并不能获得一个清晰而完整的概念和发展路径，相关领域的研究成果也没有被有效利用。

（二）社会创新的过程及实现条件

过去两个世纪有无数的社会创新产生。它们包括：贸易合作和联盟的发明和扩展；早期的行业协会模式经过激烈的改型适应了 19 世纪工业化社会中的严酷工厂环境；对疾病和贫穷的联合保险模式从社区的自发组织扩散到州和国家；19 世纪大学新模式是在巴黎大学和牛津大学的模式基础上改型以适应现代工业社会的要求后得到扩散；基于 Friedrich Froebel 在 1937 年创建的幼儿园经过发展成为更加成熟的幼儿园形式；还有源于对足球和曲棍球等运动的全球性喜爱催生了运动俱乐部的传播。开放大学、公平贸易、绿色和平、格莱明、国际特赦组织、乐施会（Oxfam）、妇女协会（The Women's Institute）、Linux 软件、英国国民卫生服务体系和很多其他机构、参与性预算模式是称为是改变世界的十大社会创新。社会创新有时被看作是英雄式人物努力奋斗的结果，有时则被认为是诸如女权运动和环保运动这样广泛的社会运动的结果。从新想法形成到发展为实体，社会创新的发展一般经历示范、引导、扩大规模和经验学习几个阶段。真实环境中的社会创新更像是多重螺旋，不同的社会部门有不同的发展阶段。③社会创新的常见模式如表 2－1 所示。

---

① 时立荣，王安岩. 社会企业与社会治理创新［J］. 理论探讨，2016（003）：141－144.
② 时立荣，刘洁. 社会因素建构、共享价值与社会治理创新［J］. 理论探讨，2017（004）：162－166.
③ 杰夫·摩根，等. 社会硅谷：社会创新的发生与发展［J］. 经济社会体制比较，2006（5）：1.

表2-1　社会创新的常见模式

	通过理解需要和发现潜在解决方案来聚集想法	发展想法，形成模式，开始实践	评估而后扩大规模并且扩散好模式学习和适应
在社会机构中的社会创新	收集可能性：实践，想象，受益者和用户提出需求	形成模式：起步，孵化，做中学，实践中检验想法	成长：组织性成长，模仿，复制，通过授权扩大规模
社会运动中的社会创新	形成：小团队，寻找想法一致的联盟，为愤怒、憎恨所激发（比如反对奴隶制，反对嫖娼合法化）	推广和主张：试图显示意义重大，联合力量，人数众多，和投入深入的运动	法规，改变习惯，改变价值观：政府采纳运动者主张，通过法规（比如商业领域的公平机会，同性恋结婚），使公众习惯改变
政治领域的社会创新	需求和推广：非营利组织，党派活动家，需要帮助者和媒体为新项目创造需求（比如父亲权利和免费老年护理）	政策成型：政治家成为冠军，部长和官员担负起责任，做出政治承诺（比如扩张学校或赋予社区管理新力量）	公共开支，法规颁布，新职业出现：官僚们和官员们开始执行，提供资金和授权（比如征税，早期辅导中心，或者自行车交通网络）
政府的社会创新	收集可能性：创造方法，顾问，竞争性和模式在不同部门之间的适应性（比如周末监狱"Week-end Prisons"，护士引导的基础护理"nurse led primary care"）	形成模式，实验，做中学：孵化器，空间和路径探索者——借助各种评估方法，实验和学习（比如恢复性司法或者煤炭市场，或者人工智能在家庭法方面的利用）	扩大规模：成长，新结构和授权，项目展开形成规模（比如乡村道路收费和综合网络协议）
市场中的社会创新	孵化器：热情支持者在一个几乎像是礼品经济中生产和消费（比如生活教练）	小众市场：小公司和带有明确使命的投资和顾客以及股东活跃于小众市场	进入主流：跨国公司和主要消费者进入市场并且渐渐地有了市场追随者（比如 Lunix 和公平贸易）
学术界的社会创新	发明：新想法在学术界边缘发展（比如 150 岁寿命）	扩散：想法在实践中被实验，在学术网络中扩散（比如认知行为疗法或参与者计划）	公司化：曾经显得激进的想法成为主流（比如多元智能教育思想，社会实验室）

资料来源：杰夫·摩根. 社会硅谷：社会创新的发生与发展［J］. 经济社会体制比较，2006（5）：1.

社会创新还运用在慈善机构上，例如关注社会公平和创新。社会创新提供了一种社会技术。人类社会发展中需要采取物质技术去促进物质生产发展的同时也需要采取社会技术去变革社会世界，调整人与人的关系，使社会有序运行。社会技术就是指采用合理化的方法、手段（如制度、组织、规划等）去调整、重组社会关系，从而实现某一既定的社会目标。解决社会问题过程中需要物质技术和服务结合起来的社会技术，物质技术需要社会技术为其创造条件。即应用社会科学知识来解决社会问题的方法、手段和程序。开发社会技术必须坚持技术、经济、社会发展相协调的原则和可持续发展的原则。社会技术包括开发社会资源的技术和解决社会问题的技术。2000 年日本文部省认为社会技术是为了实现可以感觉到安心、充实的社会，综合应用自然科学和社会科学的技术。①社会技术是对各种社会资源进行开发和应用，创造或体现社会资源之价值（财富）的过程、方法、程序和系统。②

社会创新提高了社会解决问题的能力。社会能力是指一个国家、一个社会或一个群体行为主体，运用社会技术解决具体的社会问题和实现对社会资源有效配置与供给的能力。这里所说的社会资源既包括组织的、制度的资源，又包括文化观念、生活方式的资源等。"国家创新系统"概念的提出者弗里曼强调，"有一件事是必不可少的，那就是社会能力，它能够营造和促进无形资产投入到一个必需的规模，并且对基础设备中的有形资产做出有效补充。"③ 联合国科技促进发展委员会（UNCSTD）也强调发展中国家在发展信息技术时，"则确实需要找到将其实现的社会能力和技术能力结合起来的有效形式"④。

社会创新主要是通过知识与技术的创新、制度与管理的创新和观念与文化的创新相互影响和相互促进来实现的。日本的社会创新具体的政策路线图《创新 25 战略》包括社会体制改革战略和技术革新战略路线图两部分。日本政府通过推进跨部门的政策，提供多样化政策分支的框架，立足于国内外居民的聚焦点，实现地区独立并使其充满活力；不是政府主导，而是最大限度地发挥民众活力形成社会架构。与此同时，构建培育企业家的社会体制，以公共利益为目

---

① 社会技术的开发目标——实现充实感和安全感 [N]. 朝日新闻, 2001 - 02 - 02.

② 金周英. 软技术——创新的空间与实质 [M]. 北京：新华出版社, 2002：95.

③ 金吾伦. 社会能力与技术能力的均衡发展 [J]. 中国社会科学文摘, 2000（1）：73.

④ 科学技术部国际合作司. 知识社会——信息技术促进可持续发展 [M]. 北京：机械工业出版社, 1999：265.

标开展非营利组织活动，培育和资助社会企业家，实现国民意识改革。① 影响社会创新能力的因素很多，包括组织结构、知识管理、学习能力等。

创新对于发展的作用已经成为共识，社会创新在发展中的作用有待提高。目前的创新研究主要集中在科技创新、商业创新，包括理论创新、知识创新、技术创新、制度创新、管理创新和文化创新等具体的创新行动领域，对更具综合性、整体性和战略性的社会创新问题的分析和研究则较少涉足。虽然已经出现了不同方面的案例研究（包括健康，教育和刑事政策）和一些大学在社会创新方面做出的有益尝试，包括斯坦福大学（出版了《社会创新介绍》），Duke 大学的 Fuqua 商学院，哈佛的肯尼迪学院（该学院在治理创新方面研究广泛）。但是还没有提出广为认可的模式，或者对实践者有用的实际洞察。因此，开展和加强对社会创新问题的研究，系统而周延地阐述和分析社会创新在城市创新系统中的含义和功能等方面的问题，无疑具有重要的学术意义和现实蕴涵。

综上所述，创新是一个技术过程、商业过程、军事过程或社会过程；创新是一个科学技术与经济、社会整合的过程；创新是一个创新要素植入、聚集、裂变的过程；社会创新推进技术创新的运用和扩散。创新的实质是一个社会创新的过程。创新从物质生产部门扩展到了非物质生产部门，从经济活动扩展到了社会活动，从经济利益的创新扩展到了可持续发展的创新，从技术创新扩展到了社会创新以及两者的集成创新、集群创新。罗杰斯认为，创新的传播包含五个步骤：即认知（knowledge）、说服（persuasion）、决定（decision）、实施（implementation）以及确认（confirmation）。创新扩散是指一个社会过程，在这个过程中，主观感受到的某个新主意的信息被传播。通过一个社会构建过程，创新的意义逐渐显现。一个创新如果要成功推广到全社会，必须经历几个阶段。创新的扩散，总是一开始比较慢，然后当采用者达到一定数量（即"临界数量"）后，扩散过程突然加快（即起飞阶段 take - off），这个过程一直延续，直到系统中有可能采纳创新的人大部分都已采纳创新，到达饱和点，扩散速度又逐渐放慢，采纳创新者的数量随时间而呈现出 S 形的变化轨迹。②

三、社会创新理论综合发展

20 世纪 70 年代开始，经济学家和其他领域的专家认识到，单纯强调经济过程的某一要素既不能全面理解创新的意义，也不能发挥创新的全部功能。20 世

---

① 臧雷振. 社会创新的国际比较［J］. 中共中央党校学报，2008（6）.
② 罗杰斯. 创新的扩散［M］. 北京：中央编译出版社，2002.

纪 80 年代美国学者弗里曼和纳尔逊先后提出社会创新系统概念①。创新系统研究来自于技术创新研究。国家创新系统的理论渊源可以追溯到 19 世纪德国经济学家德里希·李斯特，他在 1841 年发表的《政治经济学的国家体系》一书中率先推出了"国家体系"的概念，推动了创新的系统化、宏观化。国家创新系统是由英国经济学家克里斯托弗·弗里曼在 1987 年首先提出的，他将国家创新系统定义为"公私部门的机构组成的网络，它们的活动和相互作用促成、引进、修改和扩散了各种新技术"。弗里曼对发达国家的历史研究后认为，技术领先从英国到德国、美国，再到日本，他们的追赶与跨越，是技术、制度和组织创新，是国家创新系统演变的结果。他认为创新是一种建立在国家水平上的系统性行为，并非是孤立性的行为。国家创新系统的作用在于提高国家竞争力，国家创新系统的构成包括四个因素，政府政策的作用、教育培训、产业结构、企业研究与发展的作用。

弗里曼非常重视社会创新在国家创新系统中的作用。在《技术与经济绩效：来自日本的经验》② 中弗里曼提出社会创新概念，强调在剧烈的技术变革下，必须将技术创新与组织创新、社会创新结合起来。这些社会创新包括信息流动的方式，在企业内部鼓励良好的沟通与学习，在网络中企业进行合作的方式，科学、技术、产业和教育政策促进方式等。创新成功与失败取决于国家调整社会经济模式以适应技术经济模式的要求和可能性的能力。弗里曼认为，社会创新在 20 世纪 70 年代以来的日本国家创新系统中处于中心地位。日本成功不仅是技术创新的结果，而且是国家创新系统演变的结果。社会创新包括信息流动的方式，在企业内部鼓励良好的沟通与学习，在网络中企业进行合作的方式，科学、技术、产业和教育政策促进方式等。广义的社会创新包括国民经济中涉及创新要素的所有机构，狭义的社会创新包括与科技创新直接相关的机构。

理查德·纳尔逊 1993 年出版的《国家创新系统》比较分析了美国、日本等国家资助技术创新的制度体系，认为现代国家的创新系统在制度上相当复杂，既包括各种制度因素以及技术行为因素，也包括致力于公共技术知识的大学和研究机构，以及政府的基金和规划之类的机构。其中厂商是创新系统的核心。

佩特尔和帕维蒂认为，国家创新系统是决定一个国家内技术学习的方向和

---

① 赵彤，李承宏，滕福星. 国家创新体系的社会运行机制研究 [J]. 自然辩证法通讯，2002，024（006）：38 - 43.

② 克里斯托夫·弗里曼. 技术政策与经济绩效：日本国家创新系统的经验 [M]. 南京：东南大学出版社，2008.

速度的国家制度、激励结构和竞争力。国家创新系统结构包括四个部门：①企业，尤其是对创新进行投资的企业；②提供基础研究和相关培训的大学和机构；③提供一般教育和职业培训的公共和私有部门；④以及促进技术进步的政府、金融等部门。激励有着重要作用，特别是对基础研究和教育的激励。国家之间创新绩效的不同在于系统的失效和多样性。

伦德瓦尔认为，技术创新是一个相互作用的学习过程，国家创新系统实际上是一个社会系统。创新系统的中心活动是学习，而且学习是一种社会活动，包括人与人之间的相互作用。它也是一个动态的系统，以正反馈和再生产为特征的学习和创新是影响核心能力的重要因素，而核心能力又是组织获取竞争优势提升绩效的基础。学习必须通过创新才能提高核心能力，创新有一个培养核心能力的中间过程。① 一个创新系统是由生产的、扩散和使用上互相作用的要素和关系所构成的，国家创新系统的构成则包括了国家意义上的要素和关系。衡量国家创新系统的效率指标是生产、扩散和使用有经济价值知识的效率。研究创新系统的关键是理解学习和探索是如何在经济系统中展开、完成并产生经济效益的。国家创新系统的主要子系统是企业的内部组织、企业间的关系、公共部门的作用、金融部门及其部门的作用、大学和研究与发展部门，强调在生产系统中互相学习的作用。从社会行动论的角度来看，作为一种整合科技与经济一体化发展的社会行动，技术创新其行动参照框架的形成，是内在包含环境变量的作用的。②

经济合作与发展组织对于社会创新研究做出了贡献。如图 2 - 1 所示，1997年，经济合作与发展组织发表的《国家创新系统》报告中指出，创新是不同主体和机构间复杂的互相作用的结果，企业、科研机构和高校、中介机构是创新系统中的主体。国家创新系统的核心内容是科学技术知识在一国内部的循环流转。国家创新系统包括四种类型的知识与信息流动：企业之间的相互作用、公私相互作用、知识和技术的扩散、人员流动。通过政策干预国家创新系统，可以纠正技术创新中的系统失效和市场失效，可以加强整个创新系统内的互相作用用和联系网络。③ 国家创新系统成为分析和评价一个国家和地区社会创新能力的政策性评价体系。2001 年，经济合作与发展组织出版了研究报告《创新集群：

① 谢洪明，罗惠玲，王成，李新春. 学习、创新与核心能力：机制和路径 [J]. 经济研究，2007（2）：59 - 70.
② 冯鹏志. 技术创新行动与社会环境变迁的考察 [J]. 自然辩证法研究，1997（12）
③ 赵黎明，冷晓明. 城市创新系统 [M]. 天津：天津大学出版社，2002：1 - 27.

国家创新体系的推动力》。经济合作与发展组织彻底背离了早期创新的直线式概念，即那种认为"创新是基础科学研究进步过程的结果"，强调应从产业集群理论中培育创新理念，创新直接地来源于科研、商业、教育和公共管理机构不断的相互作用；创新集群可被视为一种简化的国家创新体系，其最关键和最实用的系统要素有助于促进国民经济各领域的创新。研究认为，集群是国家和部门间有效的分析层面，因为对大部分企业和其他相关者来说，集群在知识基础设施中被公认为"我们运营的空间"的一个层面。创新集群是在国家创新系统之下，是国家创新系统的构成部分。这样创新集群理论与国家创新系统理论的成功对接进一步丰富发展了国家创新系统。

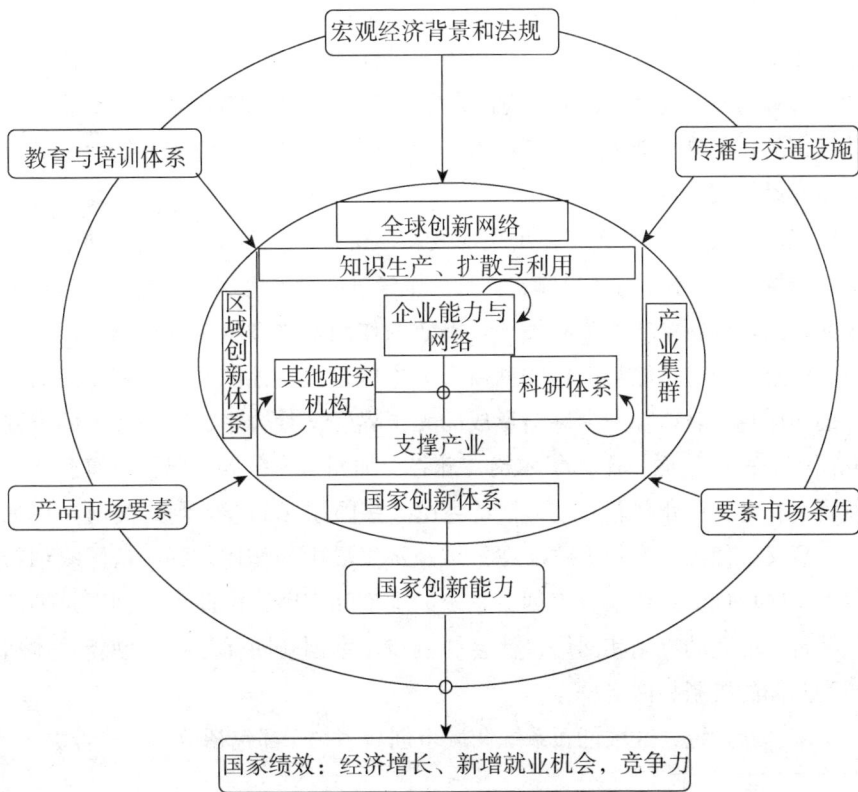

图 2 - 1 经合组织国家创新体系模型①

围绕创新主体的运作与发展问题，国内外相继提出了国家创新系统（NIS）、

---

① OECD. Managing National Innovation Systems ［M］. Paris：OECD, 1999：23.

区域创新系统（RIS）① 和城市技术创新系统（CTIS）② 的构建思路。经合组织于 1999 年在《管理国家创新体系》（Managing National Innovation System）的文件里提出了国家创新体系的一个整体分析框架，这是一种以"主体—结构"模型为基础分析国家创新体系中的行为主体、组织结构及其互动关系③。

创新城市评估指标系统中，Solidiance 公司于 2013 年 3 月发布的《亚太地区最具创新力城市》报告（见附录一），重视由创新主体、创新条件、创新资源、创新文化、政府等构建的城市创新生态系统，认为一个城市是否具有创新力，关键在于是否建立了有效的创新生态体系。欧洲理事会自 2001 年开始发布欧洲创新记分牌（EIS），其指标体系从投入产出的角度出发，涵盖人力资源、创新产量、企业投资、创业与合作以及经济效应等内容，体现了投入和产出的平衡，并采用相关效率指标对创新绩效予以重点关注。中国科学技术部信息研究所和中国城市发展研究会于 2006 年联合确定了 74 个评价城市创新能力的指标，主要从城市的技术创新能力、高新技术产业化能力、自主品牌创新能力和城市创新环境建设等四方面展开。④

区域创新系统是 1992 年才出现的概念，这里的"区域"，既不同于全球化中的"国家"，也不是行政区域，而是一个经济地理概念。区域是一个自成系统的单元，区域创新系统使政府发挥更有效的作用。政府越接近市场越能够获取足够的信息，越有可能与市场的创新行为主体建立良性的互动机制，因而在创新中的作用越显著。在一个逐渐形成的无国界经济社会中，单一民族国家开始"空壳化"，一些地区，比如华尔街、硅谷、加州 128 公路、巴登—符腾堡、圣地亚哥、香港—广州和新加坡，被认为比某些国家（如意大利或英国）更加具有经济意义，使国家次一级政府在区域经济发展中的作用加强。从国家创新系统发展了区域创新系统和城市创新系统的理论和实践，由此可见创新是创新主体创新行为的互动机制和网络，社会创新和技术创新同样是一个创新主体和创新行为互动的机制和网络。

国家创新系统、区域创新系统和城市创新系统⑤都包括政府、产业、大学、

① 柳卸林. 技术创新经济学［M］. 北京：中国经济出版社，1993.

② 倪鹏飞，白晶，杨旭. 城市创新系统的关键因素及其影响机制——基于全球 436 个城市数据的结构化方程模型［J］. 中国工业经济，2011（002）：16 - 25.

③ 刘立，李正风，刘云. 国家创新体系国际化的一个研究框架：功能 - 阶段模型［J］. 河海大学学报（哲学社会科学版），2010（03）：56 - 60 + 98.

④ 尤建新，卢超和，宋燕飞. 深化上海创新型城市建设研究［J］. 创新型城市研究院，2016 - 10 - 28.

⑤ 赵黎明，冷晓明. 城市创新系统［M］. 天津：天津大学出版社，2002.

研究机构的作用。①（见附录二、附录三）

2007 年，诺贝尔奖获得者吉姆·格雷指出，数据密集型科学正在从计算科学中分离出来，成为科学研究的第四范式。科研范式的转变最终会反馈到人们思维模式和决策模式的转变。吉姆·格雷的这一论断准确预言了大数据时代的到来。构建大数据背景下的国家创新系统，是增强国家竞争力的重要保障。大数据时代，创新方式正在被云计算、移动互联和大数据所改写。在大数据时代，国家创新系统的建设应更具有前瞻性、指导性和操作性，国家创新系统的六个基本要素，即创新活动的行为主体、行为主体的内部运行机制、行为主体之间的联系、创新政策、市场环境和国际联系。②

20 世纪 90 年代中后期开始，中国开始了对国家创新系统的研究，认为国家创新系统的主要影响因素是企业、科研机构、教育培训、中介机构。从系统整合的角度来看，我国国家创新系统存在着以下问题③④⑤：①突破政府与市场在创新中的互动关系；②重塑企业作为技术创新主体的地位；③强化在高层次上科技与经济相结合的顶层设计；④知识管理驱动官产学研之间的结合；⑤整合式传统与现代的技术改造、技术引进与技术创新结合；⑥中介机构和服务体系完善；⑦互联网＋创新系统各要素相互作用的外部环境。"十三五"以来，我国创新发展已进入由数量高增长向高质量发展提升期，但创新能力发展不平衡、创新活动不充分、创新引领尚未全面实现。同样作为分析工具，国家创新系统理论存在以下缺陷：①理论描述对象层次较高，缺乏对次一级政府、研究机构、大学和企业的新的问题域的研究和指导；②静态地、片面地认识创新系统构成要素的功能；③与已有创新理论相比，国家创新系统理论忽视对社会创新领域的研究同时也表现为缺乏实质性支持，国家创新系统理论不能对创新项目和机构模式分析提供新内容。⑥

---

① 程桂云. 美国国家创新系统分析［J］. 世界经济研究，2000（2）.
② 张军，姚飞. 大数据时代的国家创新系统构建问题研究［J］. 中国科技论坛，2013（012）：5－11.
③ 刘立，李正风，刘云. 国家创新体系国际化的一个研究框架：功能－阶段模型［J］. 河海大学学报（哲学社会科学版），2010（03）：56－60，98.
④ 陈劲. 关于构建新型国家创新体系的思考［J］. 中国科学院院刊，2018（5）：479－483.
⑤ 陈红霞，陈士俊. 国家创新系统创新主体的合理选择和确定［J］. 科学管理研究，2004，022（005）：41－44.
⑥ 郑杭生，杨敏. 现代性过程中"个人"的创生与集体化——行走在自我创新前夜的个人［J］. 社会，2006（2）.

　　由以上研究可以看出，创新已成为当今世界经济与社会可持续发展的重要主题。① 创新包括单纯技术创新和全社会领域的非技术性创新。非技术性创新大量发生在占发达国家经济 70% 的服务业当中。创新是一个社会实现的过程，也是一个完整的价值实现的过程，国家创新系统的社会建构是社会创新。建立健全国家创新体系的功能就是为了解决现代社会的一些重大问题：市场失灵问题、系统失灵问题、政府失灵问题等。② 这个过程由多个层次（全球的、国际的、国家的、产业的、地区的、企业的，等等）和多个环节（科学发现、技术开发、工程设计、组织管理、市场营销、制度体制、社会经济结构，等等）构成，有多个内外的行为主体的参与（个人和团体、大学和科学机构、研发机构、企业、政府、服务业部门、客户和消费者、供应商，等等）。其中，不仅有技术性要素，更有大量的非技术性要素。而且有时非技术性要素起着决定性的作用。社会创新的要素间的动态的复杂交互型的关系组合可以看作一个生态系统，这个系统中包容了所有构成创新过程的环节和参与主体，包含了他们之间的关联关系以及它们之间复杂的动态的交互过程。③ 创新是整个产业链条上的各个行为主体的相互作用，创新受制于一个城市乃至一个国家的创新环境和创新过程，创新主体是多元的，创新系统内部的相互作用产生乘数效应，但是国家创新系统忽视了次一级经济区域，例如城市的特征，不能满足区域发展需要，技术创新和制度创新不能说明创新的社会实现过程。社会创新应该成为国家重要的发展战略，创新是社会各要素间的相互作用和全面提升，是社会提高自主创新能力并获得全面发展的过程。

　　这里强调几个方面：第一，社会创新在考虑社会变革例如全球化和现代化、新的技术革命、中国社会转型时，是被放进一个更加广阔的框架中理解。这里是置于创新系统中加以研究。现代社会发展中社会系统中不仅要形成技术能力，而且也要形成社会能力。在创新系统中，社会创新是相对于"技术创新"子系统之外另一个独立的子系统，社会创新是一种具有扩展性的创新的社会网络或社会资本。第二，目前国内外对社会创新的研究整合到哲学、社会学、经济学、管理学等多学科的领域，社会创新的研究范围很广，因此要求从一定的学科视角加以界定避免失之宽泛。这里强调社会创新是由企业、研究机构、大学、风

----

①　CHENJ, YINX, MEIL. Holisticinnovation: anemerging innovation paradigm [J]. International Journal of Innovation Studies, 2018, 2 (1): 1 - 13.

②　李汉林，渠敬东，夏传玲，等 . 组织和制度变迁的社会过程 [J] . 中国社会科学，2005（001）: 94 - 108.

③　钟书华 . 创新集群：概念、特征及理论意义 [J] . 科学学研究，2008 - 02 - 15.

险投资机构、中介服务组织、社区等多元主体构成，通过产业链、价值链和知识链形成战略联盟或各种合作，形成一种具有集聚经济和大量知识管理特征的技术—经济网络的创新系统。社会创新的主体是个人、社会、团体、政府、大学和研究机构、社区，社会创新的客体是知识创新、技术创新、制度创新、管理创新、观念创新、文化创新，强调高于制度创新、组织创新、管理创新的综合性创新、系列创新、整体创新、集成创新、集群创新。社会创新是指那些经受客观标准检验的、具有持久性和可制度化的改革的那一部分。①

纵观众多学派对于社会创新的研究成果，不难发现：①社会创新和技术创新是经济发展的必要条件；②社会创新通过共享、匹配、学习影响分工、专业化促进产业聚集升级达到经济发展。经济发展也促进技术创新、社会创新；③创新的层次有个人、社区、企业、产业、国家等；④社会创新包括制度创新、组织创新、管理创新等。但是上述研究都是社会创新与企业、国家的关系，很少专门研究社会创新对竞争力的影响，特别是对城市竞争力的影响。城市作为一个区域空间有着自己的逻辑，它的路径不同于国家和企业，社会创新对于城市竞争力的影响不同于国家和企业。

第二节　城市竞争力及理论提升

一、从贸易竞争力到开放式竞争力体系

（一）从国家、产业、企业的国际竞争力研究到城市竞争力研究

竞争力理论的研究最初来源于对微观层面的产品及产业竞争和宏观层面的国家竞争的关注。对城市竞争力的研究是伴随着城市地位的上升而兴起的，城市竞争力研究起源于国家竞争力。美国竞争力委员会（1997）认为，国家竞争力是在自由及公平的市场环境下，国家能够在国际市场上提供好的产品、好的服务，同时又能提高本国人民生活水平的能力。这个定义强调进出口贸易竞争力的重要性，即一国生产的产品和服务必须经受国际市场的检验，才能证明是否具有国际竞争力。世界经济论坛（1999）认为，国家竞争力是一个国家使人均国内生产总值高速增长的能力。这个定义显然强调了增长的重要性，不管一

① 王雅林，晚春东．论社会创新［J］．学习与探索，2002 - 02 - 23.

国的贸易状况如何，只要人均 GDP 实现持续增长即为有竞争力。布鲁斯·斯科特在《美国竞争力和世界经济》一书中提出了这样的定义：国家竞争力是国家内部存在的具有与其他国家竞争性的生产产品和服务竞争的经济中，生产、分配服务产品的能力以及按照一个提高生活标准方式进行生产的能力。城市是介于国家和企业之间的中观社会经济有机体，国家竞争力与城市竞争力、企业竞争力互相影响，当竞争的主体是国家时，国家竞争力等同于国际竞争力，而且有关竞争力研究始于国际竞争力的研究。

伴随着经济全球化，地区、城市、个人以及各种正式或非正式的组织与企业、国家一样也成为竞争主体，它们以各种复杂的方式进行着全球资源、市场、生存空间和发展机会的争夺和较量，因此这些竞争主体的优势大小、力量强弱备受各层次利益主体的关注，如表 2－2 所示。一些学者认为，企业是主要的竞争主体；另外一些学者则认为城市是竞争主体。①

表 2－2　国外学者国家竞争力与城市竞争力研究模型列表

序号	学者/机构	典型理论	竞争力影响因素
1	克雷斯尔	双框架模型	显示性框架要素：制造业增加值，商品零售额，商业服务收入 解释性框架要素：经济类，战略类
2	波特	"钻石理论"模型	四要素：生产要素，需求条件，相关产业和支持产业的表现，企业的战略、结构和竞争对手
3	瑞士国际管理与发展研究所	国家竞争力模型	四对关系：本地化与全球化，吸引力与扩张力，资产与过程，个人冒险精神与社会凝聚力 八要素：国内经济实力，国际化，政府管理，金融体系，基础设施，企业管理，科学与技术，国民素质
4	龙迪内科	大都市区国际竞争力模型	四要素：当地城市环境；国民经济中影响国际竞争力的要素；对国际贸易协定的服从；大都市当地企业和产业的竞争力

① 罗涛，张天海，甘永宏，等. 中外城市竞争力理论研究综述［J］. 国际城市规划，2015（S1）：11－19.

续表

序号	学者/机构	典型理论	竞争力影响因素
5	韦伯斯特	四要素模型	四要素：经济结构，区域禀赋，人力资源，制度环境
6	索塔罗塔和林纳马	六要素模型	六要素：企业，基础设施，人力资源，网络成员，高效政策网络，生活环境
7	贝格	迷宫模型	四要素：部门趋势和宏观影响，公司特质，贸易环境，创新与学习能力
8	加德纳	金字塔模型	八要素：经济结构，创新活动，区域可达性，劳动技能，环境，决策中心，社会结构，区域文化

　　各国首先关心研究的是国际竞争力，然后从国家、产业、企业的国际竞争力研究深入到城市竞争力研究，从国家竞争力、企业竞争力、产业竞争力到城市竞争力，竞争主体的不同层面、不同角度得到重视，使得城市竞争力的研究提上了日程。国际竞争力指一个国家在世界经济的大环境下，各国的竞争力相比较，其创造增加值和国民财富持续增长的能力。全球城市理论历经 Friedmann（1986）的"世界城市"理论以及 Sassen（1991）的"全球城市"理论等，Castells（1996）提出了"流空间"理论，认为全球城市依存于全球城市网络中。①

　　界定城市竞争力的内涵主要是借用国家竞争力定义和产业国际竞争力两种分析方法。Begg、Boddy、Cheshire、Jensen - Butler 等人对城市之间的竞争过程进行了研究；D'Arcy、Keogh、Rogerson、Gordon 等人对影响城市竞争力的因素及其竞争后果进行了研究，包括地方生活质量、房地产市场、劳动力市场、电信网络条件、外部经济性、市场需求和有效的组织结构等；而另外一些学者 Gordon、Kresl、Lever 等通过对全球竞争、美国和欧洲的考察，研究了城市竞争的尺度问题。

　　国际竞争力研究主要在国家竞争力、产业竞争力、企业竞争力、产品竞争力四个层次上展开。主要是基于市场份额竞争的竞争力。还有基于企业生产效率、基于城市服务功能的竞争力。城市国际竞争力是指在世界经济的大环境下，一个城市创造增加值和实现国民财富持续增长的系统能力。实践中很难严格区分国际竞争力研究的四个层次，各个层次的研究既有区别也有联系。

---

　　① 倪鹏飞. 中国城市的国际竞争力 [M]. 北京：外文出版社，2006.

（二）城市竞争力的影响因素

对于城市竞争力的影响因素，Baden Wurttemburg、Emilia Romagna 和 Greno-ble 等认为要素条件、企业战略、结构和竞争对手、需求条件以及相关支柱产业之间的系统、地方、网络互动关系等是影响城市竞争力的主要因素；而 Peter Karl Kresl 将决定城市竞争力的因素分为经济决定因子和战略决定因子两部分，前者包括生产要素、基础设施、区位、经济结构、城市适宜度等，后者包括政府效率、城市战略、公共、私人部门合作和制度弹性等；Robert J. Rogerson 认为生活品质也是城市竞争力的影响因素。另外有些学者认为，城市竞争力由城市活动和场所两者共同决定；定位正确的市场影响城市竞争力；国家政策体系、社会经济背景对城市竞争力也有重要的影响。

Markusen（1996）认为，作为一种场所类型，一个城市竞争力的关键是这个城市能否保留和吸引更多的投资和人才移民。而另有学者则称，一个有国际竞争力的城市可以从几个方面评价：（1）与其他城市的联系和交往程度；（2）较高教育素质的劳动力；（3）优越的交通和通信设施；（4）多样性的研究机构；（5）有吸引力的产业据点和办公空间；（6）高效率的政府；（7）公共和私人部门的交流联系；（8）大的跨国公司；（9）多样化的投资渠道等。总的来讲，全球化、信息技术的背景下，人才、知识、技术、信息、投资等生产要素成为城市竞争的主要对象。

Loleen Berdahl（2002）认为，一个有竞争力的城市必须具备：（1）高的生活质量；（2）有吸引力、安全、可持续的环境；（3）高质量的服务和基础设施；（4）有竞争力的税率和措施；（5）人力资本和知识中心；（6）个性/性格（character/personality）：文化、多样性等（Berdahl, 2002）。

美国的 Kresl 认为，能代表一个有竞争力的城市经济有一系列特质，包括数量和质量目标：（1）能创造高技术、高收入的工作；（2）能生产有利于环境的产品和服务；（3）生产集中于具有某些理想特性的产品和服务，如收入需求弹性高的产品；（4）经济增长率应该与充分就业相衔接，不产生市场过载的负面作用；（5）城市从事于能掌握其未来的事业，也就是说，选择可能的未来，而非被动地接受其命运；（6）城市能加强其在城市等级体系中的地位。他还认为城市竞争力不能直接被测量，而人们只能通过它投下的影子来评估它的质和量。因此他提出了城市竞争力评价的显示性和解释性框架。

世界经济论坛（WEF）于 1986 年提出了一个相对完整的理论模型，瑞士洛桑国际管理发展学院（IMD）在此基础上侧重从企业竞争力的角度来分析国家竞争力，因此 IMD 从资源与工艺过程、吸引力与渗透力、本地化与全球化、社会协调发展与个人冒险精神这四个大的环境因素来切入，结合国内经济实力、国际化程度、国民素质、基础设施、企业管理、金融环境、科技实力、政府作用这八大要素分析一个国家所具有的国际竞争力。① 从 2001 年开始，IMD 采用四个要素：经济表现（77 个标准）、政府效率（72 个标准）、商业效率（68 个标准）和基础设施（95 个标准），每个要素分为 5 个子要素，20 个子要素包含多达 300 多个标准，涵盖了竞争力的各个方面。②

针对有竞争力的国际城市，Kantor 教授认为，一个国际性城市应该是一个具有高度竞争力的城市，并且是围绕这三 "C" 而形成的：Concepts（新观念），Competence（实力），Connection（联系网络），只有具有这三个素质，一个城市才具备国际竞争力（张庭伟，2000）。

对照哈佛大学的 Kantor 教授和 Porter 教授指出的三个衡量城市竞争力的指标（领导素质、信息技术及国家—民营的合作），世界银行城市发展部主任 Pellegrin 认为，缺乏竞争力的城市有如下的共同问题：（1）城市缺乏法规，或现有法规的质量低下，无法保证投资者的信心或说服投资者继续经营；（2）与全球或地区性的资本市场关系疏远，无法从这些市场筹措城市建设的资金；（3）政府没有足够的能力提供有水准的公共服务，又未能获得民营企业的协助，致使城市的吸引力下降。

Granovetter 等学者认为，城市竞争力由城市活动要素包括金融、旅游、计算机制造、非正式部门角色、科技、创新等和场所要素两者共同决定的。城市活动是城市在现实世界中竞争的表现、过程和结果；而场所具有不可交易性，经济结构、人力资源、区域禀赋、制度环境等都决定了城市活动的选址和定点、扩展或者压缩等。

Leo Van den Berg 与 Erik Braun（1999）认为，城市的不同发展阶段竞争不同。在城市化阶段，城市之间的互补等功能相对较弱；而在城市的郊区化阶段，城市区域或城市集聚体形成。大城市与其郊区或其城市区域的竞争比较激烈。而到了城市发展的第三个阶段——城市的逆城市化阶段，大城市不仅仅与其周边郊区竞争，而且与其他距离很远的城市发生竞争（Berg and Braun，1999）。随

① 王斐波. 城市竞争力理论综述及杭州城市竞争力评析 [J]. 生产力研究，2008（15）：142，159 – 160.

② Şule Önsel, Füsun Ülengin, Gündüz Ulusoy. A New Perspective on the Competitiveness of Nations [J]. Socio – Economic Planning Sciences，2008，42：221 – 246.

着"信息时代"的到来，城市发展进入了新的阶段（第四阶段）。除了传统的区位因素以外，软性的生活质量、环境、文化服务水平和对知识的获取等要素成为新时期区位的重要因素。城市竞争分为四个阶段：（1）城市的弱竞争阶段；（2）城市的城市/郊区竞争阶段，也就是城市的区域竞争阶段；（3）城市的广域竞争阶段；（4）信息时代城市全球化竞争阶段。每一个城市竞争阶段的竞争性质不同，竞争的影响因素也因之而异。

汉布尔顿（Robin Hambleton）、格罗斯（Jill Simone Gross）的新作《全球化下的管理：城市创新、竞争和民主进程》未来的城市竞争与城市管理高度相关，地方制度和管理形式在过去一直被低估，为应对当今城市发展面临的各种压力，城市制度设计正变得较以往任何时候都更加重要。①

韦伯斯特将竞争力分解为四要素，其关系见图 2 - 2。在韦伯斯特的理论模型中，制度成为与经济结构并列的四要素之一。此外，区域禀赋也得到重视和体现。这都是先前经济因素分析中不曾有的要素。

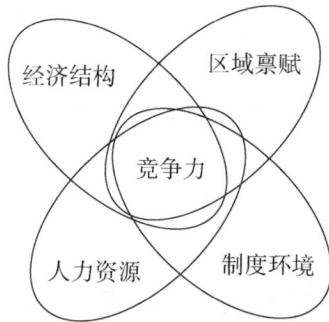

图 2 - 2 韦伯斯特的模型②

图 2 - 3 中索塔罗塔和林纳马将城市竞争力决定要素分解为平行等立的六部分，制度和政策是六要素之一。与韦伯斯特不同，索塔罗塔和林纳马非常强调网络合作，从片面关注竞争转向对竞争与合作的双向关注。

---

① Robin Hambleton, Jill Simone Gross. Governing Cities in a Global Era: Urban Innovation, Competition, and Democratic Reform [M]. Palgrave MacMillan, New York and Houndsmills, Basingstok, Hampsire England, 2007.

② Douglas Webster, Larissa Muller. Urban Competitiveness Assessment in Developing Country Urban Regions: The Road Forward [R]. Paper Prepared for Urban Group, INFUD ∗. 2000.

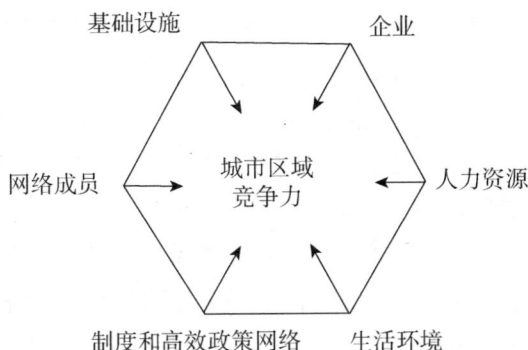

图2-3 索塔罗塔和林纳马的模型①

贝格的模型竞争主体是城市间而不是产业企业或国家之间，影响有四要素包括部门趋势和宏观影响、公司特质、贸易环境、创新与学习能力，有些因素是交互强化的，有些则是单向影响的。四要素的结构形式也不是固定不变的而是会不时发生变化。一方面注意了宏观影响，另一方面增加了创新与学习能力这一条。

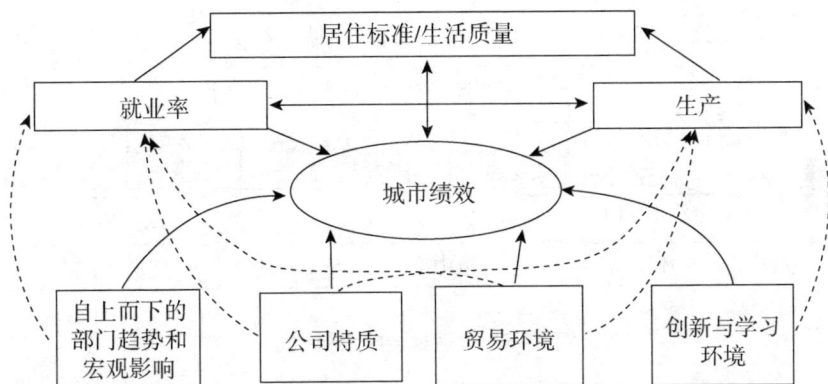

图2-4 贝格"迷宫"模型②

加德纳等人基于欧盟委员会"区域竞争力要素"项目，提出了金字塔模型。如图2-5所示。

① Markku Sotaraua, Reija Linnamaa. Urban Competitiveness and Management of Urban Policy Networks：Some Reflections from Tampere and Oulu ［C］. Paper Presented in Conference Cities at the Millenium, 1998.
② Iain Begg. Cities and Competitiveness ［J］. Urban Study, 1999, 36 (5-6)：795-809.

综上所述，国外学者在城市竞争力研究方面，围绕城市的竞争机制、城市竞争力的影响因素以及城市竞争力评价等进行了较为广泛的研究，在一些主要的方面正趋向一致。研究正从过去对经济方面的聚焦，逐步拓展到关注环境、知识、制度、文化、规划等诸方面。① 城市竞争力是关于财富及其增长的竞争；评价城市竞争力的指标体系必须建立一个分析框架；城市竞争力的许多关键指标是软指标，城市竞争力要研究结构及构成要素。但是在以下几个方面尚需进一步深化研究：（1）新时代全球化与信息革命背景下城市竞争力的机制；（2）城市竞争力评价中的理论基础；（3）为不同城市、同一城市的不同阶段的城市竞争力提升战略制定提供切实可靠的政策依据。

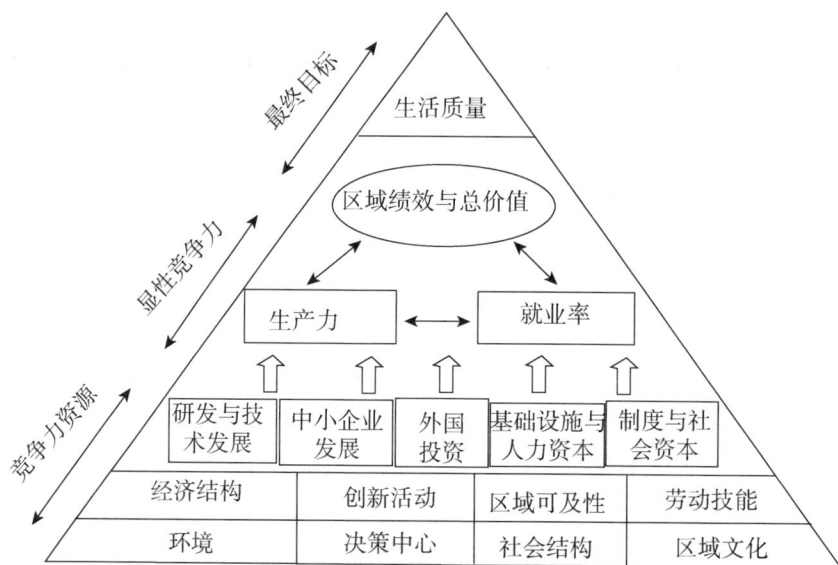

图 2 - 5　加德纳金字塔模型②

二、从经济竞争力到可持续竞争力

伴随着城市竞争加剧，"城市竞争力"成为很多学科竞相参与研究的领域，经济学、地理学、城市规划学等都在相应的理论框架中对城市竞争力的相关理

① 罗涛，张天海，甘永宏，等．中外城市竞争力理论研究综述 [J]．国际城市规划，2015（S1）：11 - 19.

② Ben Gardiner，Ron Martin，Peter Tyler. Competitiveness，Productivity and Economic Growth Across the European Regions. Presented at the Regional Studies Association's Regional Productivity Forum Seminar [J]，London，2004（01）.

论的方法论基础、核心概念、理论命题、各种理论假设、评价模型及政策分析提供学理依据。其中有代表性的研究主要有：中国社科院财贸经济研究所倪鹏飞主持的中国城市竞争力研究，其研究成果主要是《中国城市竞争力报告NO.1》（2003）到现在出版《中国城市竞争力报告NO.17：住房，关系国与家》（2019）；东南大学经济管理学院徐康宁主持的研究，其主要成果有《中国城市竞争力排行榜》和《中国城市经济发展环境排行榜》；此外，还有上海市社科院对中国10个最具代表性城市进行的比较研究等。

（一）城市竞争力内涵

国内对城市竞争力的定义主要从三方面界定：（1）从生产产品和创造财富等经济运行方面判断竞争力，城市竞争力是创造财富、推动区域发展、提高人民生活的能力①②。如郝寿义、倪鹏飞等人认为，城市竞争力是指一个城市在国内外市场上与其他城市相比所具有的自身创造财富和推动地区、国家或世界创造更多社会财富的现实的和潜在的能力。认为一个城市创造社会财富的能力越强，这个城市所具有的竞争力就越强。（2）从经济社会发展的各方面判断竞争力，认为城市竞争力的本质是资源配置能力③④。如宁越敏等人认为，城市竞争力是"在社会、经济结构、价值观、文化、制度政策等多个因素综合作用下创造和维持的，一个城市为其自身发展在其从属的大区域中进行资源优化配置的能力，从而获得城市经济的持续增长。"这个提法指出了城市竞争力是在多个因素综合作用下的产物，它侧重于城市的资源优化配置能力，强调了城市与区域的相互联系。（3）从竞争优势方面评价竞争力，认为城市竞争力是基于市场竞争条件下的城市获取各种流动资源（尤其是战略性资源）和占领市场的能力⑤⑥。如将城市竞争力定义为"一个城市在发展过程中与其他城市相比较所具有的吸引、争夺、拥有和转化资源，占领和控制市场及其创造价值和为其居民提供福利的能力。"这种提法侧重于城市对资源的控制能力和市场的控制能力。

---

① 郝寿义，倪鹏飞. 中国城市竞争力研究——以若干城市为案例［J］. 经济科学，1998（3）：50-54.
② 郝寿义，成起宏. 上海等城市的竞争力与城市建设关系的研究［J］. 南开学报（哲社版），1999（1）：41-49.
③ 黄旭成，唐礼智. 城市竞争力理论浅析［J］. 福建地理，2001（2）：20-23.
④ 宁越敏，唐礼智. 城市竞争力的概念和指标体系［J］. 现代城市研究，2001（3）：19-22.
⑤ 朱腊云. 入世后如何提高中国城市竞争力［J］. 武汉冶金管理干部学院学报，2002（1）：15-17.
⑥ 倪鹏飞. 中国：城市竞争力与文化观念［J］. 开放导报，2002（9）：13-17.

在某种程度上，上述三种城市竞争力的定义都是正确的，但都不能涵盖"城市竞争力"的全部，但都认同城市竞争力内涵的综合性和复杂性、承认城市竞争力是城市各要素的合力的结果。

徐康宁（2002）认为，城市竞争力是指通过提供自然的、经济的、文化的和制度的环境，集聚、吸收和利用各种促进经济和社会发展的文明要素的能力，并最终表现为比其他城市具有更强、更持续的发展能力和发展趋势。

郝寿义（1998）认为，城市竞争力是指一个城市在国内外市场上与其他城市相比所具有的自身创造财富和推动地区、国家或世界创造更多社会财富的现实的和潜在的能力。城市竞争力综合反映了城市的生产能力，生活质量，社会全面进步及对外影响。

于涛方（2001）提出，城市竞争力是一个城市为满足区域、国家或国际市场的需要生产商品、创造财富和提供服务的能力以及提高纯收入、改善生活质量、促进社会可持续发展的能力。城市竞争力是城市的生产能力、生活质量、社会全面进步及其对外影响的综合反映。

倪鹏飞（2002）认为，城市竞争力主要是指一个城市在竞争和发展过程中与其他城市相比较所具有的吸引、争夺、拥有、控制和转化资源，争夺、占领和控制市场，以及创造价值，为其居民提供福利的能力。

连玉明（2003）认为，城市竞争力是一个国家的城市在全球经济一体化背景下，与其他城市比较，在要素流动过程中抗衡甚至超越现实的和潜在的竞争对手，以实现城市价值所具有的各种竞争优势的系统合力。

廖远涛和顾朝林（2003）认为，竞争力的层次可分为微观层次的企业竞争力、中观层次的城市竞争力和宏观层次的国家竞争力。三者相互关联，密不可分。企业竞争力、产业竞争力、城市竞争力、区域竞争力、国家竞争力五者是一组密切相关而又独立的概念。差异之一是由于参与竞争的主体不同而造成竞争的方式、结构、内容、结果等存在差异；差异之二是从企业竞争力到国家竞争力存在研究层次的变化，由微观到宏观，由简单到复杂。从联系的角度来看，前一个概念是构成后一个概念内涵的重要组成部分。具体来说，一方面，企业和产业竞争力是城市竞争力的核心内容，城市竞争力最终应落实到提高企业和产业的竞争力上。因为企业是国民经济的细胞和经济发展的基石，同时也是参与市场竞争最直接的微观主体，产业竞争力通过企业竞争力来加以支撑和维持，城市则是企业和产业的地域载体。另一方面，城市竞争力也就成为世界城镇体系竞争的核心所在①。因为城市竞争力和国家竞争力分属于区域竞争力研究的两个不同的层面，在城市地位日趋重要的今天，国家或地区竞争力的提高越来越体现于城市竞争力的提升。

仇保兴认为②，城市竞争力的概念强调各个要素对城市发展的作用和贡献，只适应于产业和功能多元化的大城市，而对于量大面广的中心城市，城市核心竞争力更为适用。城市核心竞争力是一城市在某一时期拥有的对城市发展起决定作用的少数几个特有的要素，在资源利用、产品开发与生产、市场开拓及其服务中，与其他城市相比具有较大的竞争优势，且该竞争优势能够较长时间地保持，其所产生的巨大收益是其他城市无法或很难通过学习、模仿来获取的③。

城市竞争力的终极目标是城市可持续发展，城市竞争力是城市可持续发展的重要体现。"是一个城市生产适应大区域、国内、国际市场需求的产品和服务，同时增加实际收入、改善居民生活质量和促进社会可持续发展的能力。"（姚士谋，2001）城市竞争力是指"城市通过提供自然的、经济的、文化的和制度的环境，聚集、吸收和利用各种促进经济和社会发展的文明要素的能力，并最终表现为比其他城市具有更强、更加持续的发展能力和发展趋势。"（徐康宁，2003）两者的区别在于：尽管城市竞争力是城市经济、文化、科技、体制等多要素的合力表现，但其更强调城市经济竞争力，如在众多城市竞争力评价指标体系中都将经济发展能力放在首位，并给予重点考虑。对城市竞争力的定义经历了从经济的硬性指标发展到经济社会的方方面面，以及从静态发展延伸到动态发展的一个过程，对城市竞争力的研究越来越完善与深入。经济的动态变化、社会进步、可持续与竞争力是一体的。可持续发展是指经济与资源、人口、环境之间的协调发展，而城市可持续发展是城市经济—城市社会—城市环境系统持续、稳定、健康地发展。可持续发展强调环境、资源对城市社会、经济发展的支撑和制约，并将环境、资源放在与社会、经济同等重要的地位。欧盟制定的"欧盟国家2020年发展战略"中设立了三个并行的目标：精明增长、可持续增长和包容增长。精明增长指以教育、知识和创新为动力的经济增长；可持续增长指提高资源效率，实现绿色和环保推动的发展；包容增长指提供高就业，提倡社会和区域的和谐（EU，2015）。城市可持续竞争力是一个城市通过提升

① 王勇，杨新海. 国内城市竞争力问题研究综述 [J]. 苏州科技学院学报（社会科学版），2004（1）.

② 仇保兴. 城市定位理论与城市核心竞争力 [J]. 城市规划，2002（7）：11 – 13.

③ 赵修卫. 关于发展区域核心竞争力的探讨 [J]. 中国软科学，2001（10）：95 – 99.

其经济、社会、环境和技术优势，系统实现城市最优发展，更好、更可持续地满足城市居民复杂而挑剔的社会福利能力（杨晓兰和倪鹏飞，2017)①。

（二）城市竞争力的评价

城市竞争力评价模型是为城市竞争力测度指标体系设计一个理论平台，而构建城市竞争力评价模型及其指标体系是城市竞争力研究的一个核心问题。国内学者大致从两个角度进行研究：一是借用Porter的"钻石模型"或瑞士洛桑国际管理发展学院（IMD）的国家竞争力模型，把其用到对城市竞争力的分析上；二是从企业、产业竞争力的角度间接地分析城市竞争力，即把城市竞争力作为影响企业和产业竞争力的微观经济环境因素进行分析。国内几种典型的城市竞争力模型和测度指标体系如下：（1）南开大学模型。1998年郝寿义等人选择了城市的综合经济实力、资金实力、开放程度、人才及科技水平、管理水平、基础设施六个方面21个指标组成了城市竞争力评价指标体系，对上海、北京等七大城市进行竞争力实证分析。由于分析城市偏少，宏观分析效果不理想。后来进一步发展为十三大类69项指标，在此基础上，倪鹏飞研究提出了城市竞争力的弓弦箭模型。（2）宁越敏的城市竞争力模型。宁越敏等人结合Porter和IMD的国家竞争力模型提出了有自身特殊的城市竞争力模型，认为产业竞争力、企业竞争力、综合经济实力、科技实力是构成城市竞争力模型的核心因素，同时城市竞争力受金融环境、政府作用、基础设施、国民素质、对外对内开放程度、城市环境质量等支撑，在此基础上构建了39个具体的城市竞争力测度指标体系。但是用该模型的实证研究少。（3）上海社科院的"集散功能体系"。2001年，上海市社科院对中国十个最具代表性城市首次进行比较研究。该项研究从总量、质量、流量三个一级指标出发，下设14个二级指标和79个三级指标，通过定量分析十个中心城市在经济发展中的集聚和扩散功能的强弱，来体现每个城市的综合实力。该指标体系比较适合国内大城市研究，但没包括自然区位优势因素，不够完善。（4）倪鹏飞的"弓弦箭"模型。如图2-6所示，倪鹏飞认为城市竞争力是环境的函数，城市竞争力=F（硬环境竞争力+软环境竞争力）；硬环境竞争力=人才竞争力+资本竞争力+科技竞争力+结构竞争力+基础设施竞争力+环境竞争力+区位竞争力+集聚；软环境竞争力=秩序竞争力+文化竞争力+制度竞争力+管理竞争力+开放竞争力。城市竞争力可以归结为城市的产业竞争力。

---

① 杨晓兰，倪鹏飞. 城市可持续竞争力的起源于发展评述［J］. 经济学动态，2017（9）：96-110.

文化竞争力　区位竞争力

制度竞争力　环境竞争力　设施竞争力

政府管理竞争力　城市产业群　人力资本竞争力　价值体系箭

企业管理竞争力　资本竞争力　科技竞争力

开放竞争力　结构竞争力

城市综合竞争力　综合长期增长率　综合市场占有率　综合人均收入水平　综合地均GDP

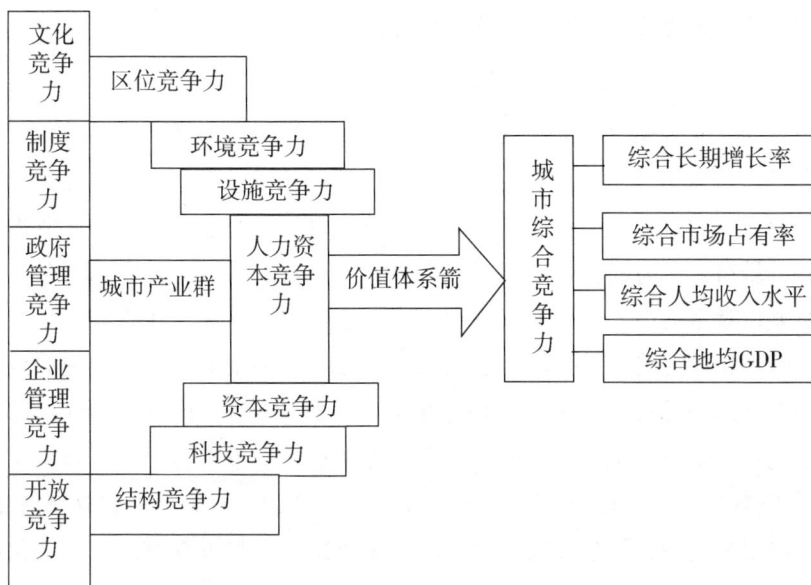

图2-6　城市竞争力弓弦箭模型

资料来源：倪鹏飞．中国城市竞争力报告 No.1 ［M］．北京：社会科学文献出版社，2003．

（5）北京国际城市发展研究院提出了城市价值链模型。其建立的"中国城市竞争力评价系统"由五个一级指标系统、23个二级指标系统和140个要素指标构成，是基于关联性、可度量性、可比性、导向性和层次性的基本原则建立的，包括统计指标和调查指标两大类。城市竞争力评价系统包括的五个层面（即一级指标系统）为城市实力系统、城市能力系统、城市活力系统、城市潜力系统和城市魅力系统。这就是城市竞争力的"五要素论"。

从以上分析看，目前尚无一种统一的城市竞争力评价模型和测度指标体系。无论是借助 Porter 的国家竞争理论和竞争模型，还是 IMD 国家竞争模型和测度指标体系，以及自创体系研究城市竞争力问题，还很难说已有成熟的理论和研究方法。现有理论大都侧重经济要素的解析和测评，因此其理论视角较少关注宏观层面和非经济因素，如制度、文化、教育等。于涛方等则比较重视创新能力以及组织学习、组织能力①，徐康宁注意到城市素质、城市环境、政府体制，

① 于涛方，顾朝林，涂英时．新时期的城市和城市竞争力 ［J］．城市规划汇刊，2001 （4）：12-18．

这些都是从经济类要素向非经济类要素的重要拓展和转变①。

（三）提升城市竞争力的策略

以往的研究多集中于企业竞争力的提高、产业结构的转换以及城市综合功能（服务）的提升等方面的讨论上，但在市场经济条件下，政府的影响越来越弱，企业竞争力提高和产业结构转换越来越多依赖于企业来完成。产业集群战略是提升城市竞争力的有效途径。城市规划与经营要为城市竞争力服务。政府在提高城市竞争力中的作用受到重视。国内多数学者认为，在政府逐步从直接生产经营性领域退出后，提供"公共物品"成为其主要职责；为微观的经济主体创造良好的外部环境、维护有序竞争的市场秩序应成为城市政府的着力点，同时也是塑造城市形象、推销城市、吸引外来投资的最有力手段。城市文化是一个城市普遍公认的价值观念、道德规范、社会意识、行为规则和管理制度等，是一个城市的灵魂，是城市核心竞争力的重要来源和强大支撑。世界文化产业与城市竞争力共生共荣。

国内学者对城市竞争力的研究进行了开拓性的研究，但是还存在如下方面的不足：①影响竞争力的因素很多且变化，对竞争力内涵缺乏准确而又统一的认识，往往将一些重要的经济与社会发展指标等同于竞争力指标，竞争力等同于城市硬实力，忽略软实力；②每个研究者从自己的理解出发建立理论框架和评价系统，偏重于测算和排名，测算指标体系缺乏理论支撑，没有一个整合的并被广泛接受的测度城市竞争力的方法及其指标体系，有随意抽取指标的嫌疑；③城市竞争力的研究主要集中在竞争力的外在表现形式，缺乏对竞争力产生的内在原因进行系统的理论分析，特别是社会创新的机理；④城市竞争力研究主要是国家视角，政策建议缺乏理论支持。总的看来，国内外学者对城市竞争力的研究强调了它对城市实现集聚和扩散功能的积极作用。还有动态的时间序列有待发现。

第三节　社会创新决定城市竞争力宽度

城市竞争力和社会创新研究不能仅仅从社会学或经济学方面，也不能仅仅从地理学或生态学方面来探讨。目前城市研究产生了持续的视角转变和多元化

---

① 徐康宁. 论城市竞争与城市竞争力 [J]. 经济学研究，2002（5）：89-91.

的思维，出现了研究转向与多学科研究整合的趋势。城市竞争力是经济学、管理学、地理学、规划学、社会学等学科理论的直接运用，要求用最新理论去观察、测度全球国际竞争力的发展及其过程与趋势。

城市竞争力是一个综合系统，包括经济、社会、生态三个方面子系统。城市竞争力是综合力。城市是以人类为主体，以地域空间和各种设施为环境的生态系统。城市生态系统是依赖性强、独立性弱的系统，是人类自我驯化的生态系统。城市作为生态系统，它包括城市社会和城市空间。城市是由许多不同类型、不同性质、不同层次的子系统所组成的复杂的大系统。它的和谐运转关键在于各子系统间的相互作用和协同配套。德国著名物理学家赫尔曼·哈根（Harmann Haken）认为，一个由大量子系统组成的巨系统，在一定条件下，由于各子系统间的相互作用和协作，这个巨系统就会形成具有一定功能的自组织结构。这个结构在客观上就会由混乱无序的状态达到新的有序状态。这就是协同导致有序。城市竞争力是由众多的要素和环境子系统以不同的方式存在，共同集合构成的城市竞争力，是城市经济、社会、科技、环境等发展能力的集中体现。城市竞争力是一个过程，也是一种结果，更多的是表现为一个过程。城市竞争力和社会创新的基础是城市可持续发展。城市可持续发展是一个动态过程，通过调控向组织优化、结构合理、功能完善发展。城市可持续发展是一个综合的系统工程，它涉及城市社会、经济、环境、文化、科技等众多因素，是各要素相互影响、相互作用形成的有机复合系统的良性协调发展。

城市是开放的、不断运转的有机体。城市具有凝聚、贮存、传递并进一步发展人类物质文明和精神文明的社会功能。研究城市竞争力和城市社会创新系统是以系统论、经济学、社会学、创新学为理论基础的，以社会空间为场域。

一、宏大叙事的历史观下的系统视角

城市、城镇化问题与发展战略转型、结构调整、现代化发展战略与推进策略、全球化进程、科学发展观等宏大的历史过程相关联。城市、城镇化是一个系统工程，需要从时间序列模型、跨学科角度和国际经验，研究不同类别城市、城镇化发展的内在逻辑与变化趋势。

现代系统科学经历了三个发展阶段：以控制为主的"老三论"阶段，以自组织现象为主要研究对象的"新三论"阶段，以复杂性研究为主流的当前的新的发展阶段。一般认为系统论、控制论、信息论（老三论）的出现，标志着现代的系统科学的真正起点。电子计算机的出现和哥德尔不完全性定理的证明对于系统科学的成长都起到了非常重要的推动作用。20世纪60年代和70年代，

研究的重点从外来的、被动的控制和管理，转向了系统自组织现象。包括耗散结构理论、突变理论、协同学的"新三论"是这一阶段典型的代表。到90年代初，许多从事系统科学与系统方法研究的学者，不约而同地提出了对复杂性进行深入研究的方向。

系统论的观点认为：城市由于其固有的特征与其所处的环境不断有物质、能量和信息的交换，因此，无论是环境的"均衡"状态还是企业的"均衡"状态都只是众多状态中的一种特殊情况。

城市竞争力与创新系统属于社会经济系统的范畴。它是由若干因素组成的具有动态行为特征的非线性系统，系统的各个子系统以及各个系统的各元素之间具有难以测度的相互依赖关系；它的形成和发展是一个具有时间和空间维度的动态过程，是一个包含企业、产业、城市区域和城市区域所处环境同时变化且相互作用的综合过程，这一过程不是静态的自我稳定，而是动态的数量积累和本质变化。

利用现代系统科学的新进展复杂适应系统理论，作为分析城市竞争力及城市社会创新的工具，在吸取现代经济科学和管理科学以及相关学科研究成果的基础上，建立城市创新系统模型，有助于研究技术创新和社会创新演进最本质的问题。同时，在系统模型中，把城市竞争力和社会创新看作复杂的生态系统，企业作为个体的行为及其与产业、城市区域之间的关系都可以得到单独的刻画，从个体行为到集体行为的形成机制以及其中涉及的组织和制度因素都在模型中得到了反映。以基于个体的演化模型来架起沟通微观行为和宏观行为的桥梁，它所提供的解释比一般创新理论更深刻，更贴近实际，更有说服力。通过对城市竞争力成长机制的分析，建立基于复杂适应系统理论的企业—产业—城市竞争力的创新网络及行为模型，能够真实地表现创新行为主体的多样性及其复杂的相互作用关系，探讨城市创新的动力来源和作用机理，揭示城市竞争力演进的规律，探索分析城市创新行为的系统方法。

但是城市创新演进的客观性质、内部结构和时间跨度，要求我们必须把握一个复杂的研究对象，从统计性、演化性和系统性的角度，才有可能找出城市竞争力形成与发展的条件、动力的产生和作用的机理，把握城市演进的机理，这是十分困难的。

二、空间聚集与极化的经济过程

现代城市本质上是作为区域、全国或全球贸易体系下的经济生产和交换的中心而存在的。城镇化是一个集聚和极化的动态过程。全球城市体系发展从商品贸易体系到要素贸易体系，再从产业链体系到创新链体系。经济学理论提供了城市竞争力和社会创新的经济学依据，经历了从"比较优势"理论下的城市竞争力研究到"竞争优势"理论下的城市竞争力研究的转向。国际贸易是国家之间竞争的最直接形式。城市竞争力和社会创新的经济学表述，主要包括国际贸易理论、新经济增长理论和制度经济学理论。

国际贸易理论经历了从比较优势到竞争优势说明国际贸易的产生。从经济学发展史认识，1776 年，亚当·斯密（Adam Smith）在他的著作《国家财富的性质和原因研究》① 一书中，提出了绝对成本理论。他认为，为了使各地区各国的资源、资本和劳动力得到合理的分配和有效利用，各地应当推广专业化生产，进行产品交换，就可以提高劳动生产率，使国家的财富不断增加。古典经济学的绝对优势概念使城市竞争力研究注重土地、资本、自然资源及劳动力等要素的衡量和比较。亚当·斯密强调国家出口的竞争力在于相对较低的生产成本。1817 年，李嘉图（D. Ricardo）在其出版的《政治经济学及赋税原理》② 一书中提出了比较成本理论，解决了一个经济不发达国家（含城市地区），所有产品的绝对成本都高，为何参与国际分工和贸易的问题。在某种意义上，李嘉图展示了国家间的竞争。俄林（B. C. Ohlin）提出了要素禀赋理论，后来又有人提出了新要素贸易理论，包括人力资本、研究与开发、规模经济与管理。克鲁格曼（Krugman）提出的新贸易理论，也承认国家之间的差异是贸易产生的原因之一。

在"比较优势"思想占据主导地位的时候，城市竞争力的相关研究认为：城市的竞争力主要来源于城市利用本土生产要素，发展具有比较优势的产业所获取的比较利益。而事实上，竞争的城市之间有相同的产业，但其相同产业的生产要素的素质是非常不同的，因此会形成同类产品的价格、质量、样式等多方面的差异，它们对城市（产业）的对外竞争力的影响越来越大。显然，比较优势理论无法解释产业内同类产品竞争所形成的竞争力问题。鉴于新古典贸易理论要素比较优势无法全面揭示竞争力的问题，波特教授突破原来的比较优势理论的束缚，提出了价值链分析范式，创立了竞争优势理论，为城市和区域竞争力的研究提供了新的思考出发点。

新贸易理论由克鲁格曼于 1991 年提出，其观点认为发达国家经济的比较优势必须通过满足国际消费者的特殊需求来获得，这一理论的贡献在于解释了知

---

① 亚当·斯密. 国民财富的性质和原因的研究［M］. 北京：商务印书馆，1972.
② 李嘉图. 政治经济学及赋税原理［M］. 北京：北京联合出版公司，2013.

识经济条件下，新的贸易环境为城市发展提供了更广泛的经济基础。更多的企业出口使城市形成了创新—出口—新知识—社会资本—经济在竞争中增长的良性循环，从而为城市寻找新的增长点提供有力依据。

Feldman 提出知识经济对于新产品、新服务的重要意义，城市对于知识经济发展的重要意义。创新项目的形成和发展需要大量面对面的商谈和会议来交换知识和经验，不同类型的会谈需求对于特定时间和空间的需求更为强烈。

新经济增长理论是城市竞争力研究的另一重要理论基础。20 世纪 80 年代中后期经济学家罗默（P. Romer）和卢卡斯（R. Lucas）等人提出的新经济增长理论，对于探讨城市竞争力有重要的指导作用。新经济增长模型理论是指用规模收益递增和内生技术进步来说明一国长期经济增长和各国增长差异的理论，又称内生增长理论。新经济增长理论认为技术知识如同资本一样是一个生产要素，是内生的，根源于厂商追求利益最大化，一个经济的技术进步速度和路径是其经济主体家庭、企业的行为决定的。外部性条件下的内生增长模型主要包括罗默的知识溢出模型（1986）、卢卡斯的人力资本溢出模型（1988）、巴罗的公共产品模型和拥挤模型、克鲁格曼·卢卡斯·扬的干中学模型、斯托齐的边干边学模型（1988）等。其中罗默和卢卡斯的模型最具代表性。罗默认为，知识或技术是私人厂商进行意愿投资的产物，企业的投资行为提高了知识水平，而知识是非竞争的，具有外部效应和溢出效应，知识溢出足以抵消固定生产要素存在引起的知识资本边际产品递减趋势，从而使知识投资的社会收益率保持不变或呈递增趋势。因此，知识积累过程不会中断，经济能够实现长期增长。卢卡斯认为，经济增长是人力资本不断积累的结果。干中学模型认为从事生产的过程也是获得知识的学习过程，边干边学中积累的经验使劳动和资本的效率在生产过程中都有所提高，会使经济长期增长。罗默、卢卡斯认为政府可以通过对研究和开发提供补贴而达到促进经济增长的目的。[①] 新增长理论认为，创新伴随着新知识的产生，这导致了知识的溢出效应。知识是自由获得且能增强经济的知识基础的公共产品。知识包括隐性知识和显性知识，隐性知识主要通过面对面的接触来实现转移，需要一定数量的参与者和人际沟通的机会，而显性知识通过信息基础设施就能转移。知识的溢出多发生在沟通机会和知识生产组织聚集的地方，如技术基础设施的机构。新经济增长理论强调了专业化知识、人力资本和技术进步在经济增长中的作用。

新制度经济学代表人物诺斯认为，"制度是一系列被制定出来以约束行为主

---

① 高鸿业．西方经济学［M］．北京：中国人民大学出版社，2000：42 - 745.

体福利或效用最大化的个人行为的规则、守法程序、道德和伦理的行为规范，它旨在约束追求主体福利或效用最大化利益的个人行为"①。根据新制度经济学的理论观点，经济活动中的资本、土地和劳动力这些基本要素只有在制度的作用下才能发挥功能，而"制度"又是一个涵盖范围极广的范畴，不仅包括体制、政策和法规等正式制度，而且还包括道德、伦理、价值观念、习俗、习惯、意识形态等非正式制度。现代经济发展的实践证明，经济制度直接影响资源要素的配置效率，进而影响经济增长。就区域而言，制度对其经济增长的影响主要表现在：一是政府通过制定区域经济政策这一正式制度安排，改变各区域的资源要素供给特征和资源配置效率，实现资源利用效率的最大化，从而影响各区域的经济增长速度；二是不同区域的道德、伦理和价值观念等非正式制度安排的差异导致各区域制度创新能力的差异，进而影响各地区的经济增长速度。

制度因素对经济发展的作用得到经济学家们的关注和重新审视，认为制度是经济运行和经济发展的内生变量，有效的经济组织与制度安排对经济发展起着不可替代的作用。产权是任何经济体制的前提。产权制度决定每个人的经济活动的方式。制度设立的关键是产权的设置。产权明确对经济发展具有重大的推动力。第一，产权排他性促使资源的有效使用。产权构成了滥用稀缺资源的屏障，排除了一切人的任何滥用，防止在利用稀缺资源上的搭便车。产权所有者通过对产权保障内的稀缺资源的利用和再生的统筹安排，在使其个人收益最大化的同时也使社会收益最大化。第二，产权激励创新。产权特别是知识产权使得发明创造者的个人收益率接近社会收益率，因而可以激励发明和创造。第三，市场经济的产权基础。明确的产权所以促进经济的发展，就在于排他性的私有产权支撑了迄今为止被历史证明了的最有活力、最有效率的市场经济。诺贝尔经济学奖获得者科斯教授指出，制度和合约的安排，决定性地影响了交易费用的高低，如果能够找到有效地降低交易费用的制度或合约安排，就能够提高效率。有效的制度是竞争与创新的必要条件。在缺乏有效制度或新旧体制转轨时期的区域，制度创新发挥作用的空间极大，改进制度所带来的效率是最高的。

区域制度变迁与区域经济发展的轨迹表明，制度变迁的初始条件的差异决定了其制度变迁启动与方式的差异，从而影响到区域经济发展的启动与进程。经济制度的发展过程对道路和规则的选择有依赖性，一旦形成行为规则就很难

---

① 道格拉斯·C.诺思．经济史中的结构与变迁 [M]．上海：上海三联书社，上海人民出版社，2000：25.

改变这种规则，这就是制度的路径锁定效应。诺斯认为，制度变迁与技术进步有相似性，即推动制度变迁和技术进步的行为主体都追求利益最大化。制度变迁的成本与收益之比对于促进或者推动制度变迁起着关键作用，人们在逐利互动的博弈中创造了制度并推动制度变迁，制度变迁又反过来改造人的行为，激发人们新的创造力和活力。路径依赖严格限定了将来制度的选择，因为从起点逐步形成了既得利益的结构，要摧毁这个利益格局，打破锁定状态是非常困难的。区域的初始条件也决定了区域制度变迁的主体。如果某一经济主体在当地经济发展中的作用特别突出，则必然会成为制度变迁的主体。随着经济社会环境的变化，不同的经济相关主体在经济发展中的地位与作用会随之发生变化，经济发展中的强势力量最终会成为经济制度变迁的主体。

城市竞争力与制度变迁是一种互动的关系。奥尔森在《权力与繁荣》① 里，解释国家间贫富差距的起因时指出：在任何一个社会里，只要巧取豪夺比生产建设来得容易，掠夺活动就会使投资、分工、合作等创造活动萎缩，经济就不发达，社会就贫穷。反之，只要存在激励机制诱使企业和个人积极地进行生产创造，经济就繁荣，社会就富足。奥尔森还发现，尽管"一手交钱、一手交货"的初级市场交易到处可见，在合同约束下进行的复杂市场交易却不很普遍。投资、融资、研发新产品等"产权密集型"生产活动只活跃于那些私人财产受到绝对保护、商业合同得到严格执行的国家。由此可见，制度对经济发展起着十分重要的作用。奥尔森的理论对于了解制度环境对城市竞争力的影响同样有用。制度环境是城市竞争力的关键变量，制度影响企业的创新力和商业发展的动力，非正式制度可以产生和改进经济效率。经济学理论从专业分工与合作、成本与收益的比较中说明了城市发展的演化和城市竞争力的提升，但是城市成长不只是经济现象，用经济学不能说明社会进步的全部。经济学理论提供了探索城市竞争力问题的切入点。

三、空间网络与分层的社会视角

社会学把城市视为区域经济关系中的一种空间分层，城市转型的扩散是区域繁荣与转型的途径。社会学更为关心城市的社会组织、生活方式及社会心理对城市的影响等问题。西方早期城市社会学家派克认为城市是商业结构，城市的存在完全是由于市场的存在。西方城市经济学和城市社会学研究学者沃思在

---

① 曼瑟·奥尔森，奥尔森，苏长和，等. 权力与繁荣［M］. 上海：上海人民出版社，2005.

"作为生活方式的城市特性"中提出城市性状态。城市是大量"在社会和文化方面有异质性人群"聚居的永久性居民点。城市社会学中的城市是城市整体，必然包括城市社会的文化环境和社会关系。20世纪20年代，芝加哥大学的社会学家把城市研究提高到学科化水平。麦肯齐的《邻里》、伯吉斯和帕克的《都市》、伯吉斯的《都市社区》是城市社会学的奠基之作。著名城市史学家刘易斯·芒德福认为："从历史上看，城市是社区权力和文化的最集中点。生活散射的各种光芒在这里全面聚集，并取得更大的社会效益和意义。城市社会整体关系的形式和标志。城市的生命过程在本质上不同于一般高级生物体。城市可以局部成长、部分消亡、自我更新。"① 城市社会学认为城市生态位置的空间是一个重要的资源，可以支持对经济利益的追求。城市的空间流动性属于生态过程，包括浓缩、离散、集中、分散、隔离、侵入、接替。

全球化突破了工业社会集体组织形式在更广阔空间中的社会整合，并且是从企业组织整合扩展到社会生活其他层面的总体性整合。全球化以其扩张性整合突破了传统工业社会的组织形式，而与之伴随的个体化却以碎片化的方式分解了工业社会的组织形式。②

网络空间或网络社会是在信息技术革命基础上产生的当代社会现象。信息经济学家马克斯·H. 布瓦索（Max H. Boisot）指出："我们将个人（认识论空间）和社会信息处理（效用和文化空间）会聚在一起创造一个三维的信息空间，通过该空间来理解时空分配和数据场中的数据流。"③ 卡斯特通过对信息技术革命推动下的全球金融市场、网络企业、新型工业、电子别墅、信息化城市等方面网络化或信息化发展的广泛考察，论述了"流动空间"："我们的社会是环绕着流动而建构起来的，资本流动、信息流动、技术流动、组织性的流动、影像、声音和象征的流动。流动不仅是社会组织里的一个要素而已，流动是支配了我们的经济、政治与象征生活之过程的表现。"④ "作为一种历史趋势，信息时代的支配性功能与过程日益以网络组织起来。网络建构了我们社会的新社会形态，而网络化逻辑的扩散实质性地改变了生产、经验、权力与文化过程中的操作和

---

① 刘易斯·芒德福. 城市发展史［M］. 北京：中国建筑工业出版社，1989.
② 刘少杰. 网络化时代的社会分化与社会表象［J］. 当代世界，2013（002）：55-57.
③ ［英］马克斯·H. 布瓦索. 信息空间，认识组织、制度和文化的一种框架［M］. 上海：上海译文出版社，2000：612.
④ ［美］曼纽尔·卡斯特. 网络社会的崛起［M］. 北京：社会科学文献出版社，2006：383.

结果。"① 在信息技术革命的推动下，在工业社会基础上形成了网络社会，社会空间分化为网络化空间与非网络化空间；在网络社会空间中，因网络活动是否脱离身份、条件和环境限制的区别而区分出在场网络社会空间和缺场网络社会空间；因是否脱离民族国家限制而进入全球网络社会空间而区分为全球化缺场社会空间和民族国家的缺场社会空间；此外，在企事业单位的内网中，员工也可以用昵称等方式形成初级程度的缺场活动或缺场空间②。

　　社会资本和社会网络是社会学重要的概念，它由法国学者布尔迪厄于 20 世纪 70 年代首次提出。社会资本理论是以社会网络为基础的，社会资本是指行为主体通过自己所拥有的网络及更广阔的社会结构来获取稀有资源的能力，它具有网络性、增值性和不可让渡性。社会资本是非正式社会组织的一个方面，它为一个或更多的行动者构成了一个可生产性的资源。社会资本取决于社会结构，稳定的社会结构产生广泛的社会资本。社会网络理论认为，一个社会网络是由一系列社会关系联结在一起的结点（个体或组织）的总和，通过这种社会关系能获得的资源，对个体、社会团体、社会组织和社区达成目标是至关重要的。市场的交易关系是社会网络关系的一个子集。社会网络是市场和等级组织以外的一种新的组织形式，它们由构成社会结构的要素组成，主要存在于人际关系和社会结构之中，并为结构内部的个人行动提供便利，形式有权威关系、信任关系、规范信息网络、多功能的组织、有意创建的组织等。2000 年埃里克·莱塞编著的《知识与社会资本》对当代比较典型的社会资本的研究成果进行了回顾和总结。保罗·阿德勒在分析了 18 位学者有关社会资本的定义后指出，社会资本是一种资源，这种资源是个人和具体的行动者通过他们比较牢固的关系网的结构和关系内容所创造的。莱塞认为，社会资本是由于个人的社会关系所带来的好处或者财富。阿德勒把社会资本的来源归纳到网络、准则、信仰、正式制度和章程（惯例）。信任、伦理和社会关系网络等社会因素通过方便合作而改进经济效率。

　　博特认为，在社会网络中掌握结构洞并且营造机会的博弈者，意味着在竞争市场的社会结构中获得较高结构自主性。"结构洞的信息收益可以抵达被动的博弈者，而控制收益则要求在配置信息方面有主动的行动"（博特，1992）博弈者利用结构洞在竞争对手之间制造张力和不确定性，从而达到建构并控制竞争

　　① ［美］曼纽尔·卡斯特. 网络社会的崛起［M］. 北京：社会科学文献出版社，2006：398 - 399.

　　② 刘少杰. 网络化时代的社会空间分化与冲突［J］. 社会学评论，2013（1）：66 - 74.

关系，以坐收渔翁之利。在博特看来，这种第三者就其动机来讲具有企业家精神。由于社会网络提供的机会很多，具有企业家精神的博弈者总是力求在成功动机的驱动下澄清机会，主动地澄清机会，甚至营造机会的博弈者也就是具有企业家精神的博弈者。结构洞、营造机会、结构自主性最终是为了说明竞争优势问题的。博特说："具有结构洞最大化的熟人网络博弈者，即具有提供了高度结构自主性网络的博弈者，对他们的投入享受较高的回报率，因为他们能够知晓、触及那些有较高回报的机会并对之实施控制"（博特，1992）博特强调他的理论的"新颖之点在于根据将结构洞当成一种在理论上清晰界定并易于为经验研究所运作的基本单元，而对经济……舞台上的竞争优势的表达。"①

社会资本关注到网络、规范、信任，强调集体行动和组织行为形成的社会联系。社会资本对城市竞争力、产业集群的影响表现在经济活动的社会和制度植根性，表现形式有网络、学习、创新和管制形式。Patchell（1993）强调生产体系的重要性。生产体系不仅仅是商品和服务的固定流动，而且是基于学习的动态体系。Stoper（1993）在区域水平上分析法国、意大利和美国生产网络中能够提升技术活力的社会关系和制度，他认为地方化规则、制度和"习俗"是支持生产体系的地理集中的关键因素。

地方网络和社会相互作用促进集聚区内公司间非贸易形式的交流。Granovetter（1985）认为，因为植根于地方支持网络的公司获得经济利益，所以这些网络会促进集聚的进一步发展。由于社会联系程度或地方制度结构的差异，就网络的范围而言，地方环境是不同的。O'farrell 和 Wood（1998）认为，与苏格兰相比较，不同的信用环境可能有助于定位在伦敦和英格兰东南部的企业服务公司的成功。

企业集中明显地促进了社会的相互作用，相互作用的强度被认为是区分顾客—供应商联系的关键的要素（Illeris，1989，1994；Toroir，1994）。因此，公司间的接近促进更加频繁的和有效的社会经济交流。Curan 与 Blackburn（1994）认为，"地方经济的死亡"可能由于地方联系作用的降低造成的。

Gertler（1993）分析加拿大、美国和英国成熟的工业区的制造厂不能有效地应用新技术的原因。他认为，既然加工技术是在社会中产生的，且由于围绕机械设备的生产和应用的社会政治环境将随区域环境而不同，因此，当先进的机械设备的应用者和生产者在自然、组织或社会距离彼此相距遥远时，人们能够预期困难的出现。

---

① 沈原. 论新经济社会学的市场研究［D］. 北京：清华大学，1998.

Perulli（1993）指出，在分析产业联系的演化中，区域方面是特别恰当的，区域不仅包括正式的集体交易，而且包括各种形式的非正式交易和协议以及有关人文资源培训和管理、劳动力市场和经济政策等方面的规范和实践的共享。当生产体系在区域群集时，主要的竞争优势（技能、R&D、灵活性、技术创新扩散）可能在区域水平上被发现。

四、知识管理与学习的创新扩散

彼得·德鲁克认为，知识管理是对于组织知识的协调和利用，从而创造更多的收益，以实现增强竞争优势的目的。知识管理中的知识主要划分为显性知识和隐性知识。相对于显性知识，有国外学者研究表明，有接近于 42% 的知识被存储在成员的头脑中。隐性知识是创新核心竞争力的一部分，知识是获得竞争力的重要源泉，知识的管理能够有效提高其运用效率。

美籍奥地利著名经济学家熊彼特提出创新概念之后的数十年中，经济学家和相关专家对创新产生了各种不同的解释。创新存在于科学、技术、教育、管理和经济等活动中的每一个环节，创新不仅包括基础研究和应用研究，还包括产品开发、加工制造、进入市场、售后服务、产品的修改和升级等过程，企业技术创新过程涉及创新构思产生、研究开发、技术管理与组织、工程设计与制造、用户参与及市场营销等一系列活动。在创新过程中，这些活动相互联系，有时要循环交叉或并行操作。因此，技术创新还包括组织与制度创新、管理创新和市场创新。

技术创新中形成了技术创新的新古典学派、新熊彼特学派和国家创新系统学派。新古典学派认为技术创新问题的研究是建立在市场失灵的假定上，公共产品、创新收益的非独占性、外部性以及规模与风险等经济活动对于社会整体的边际价值和对于私人部门的边际价值不相等导致了自由市场在资源配置上的非优。政府干预可以极大地促进技术创新活动的进程。主流经济学将技术创新视为资本、劳动力、自然资源一样的经济增长要素。新熊彼特学派秉承经济分析的熊彼特传统，强调技术创新和技术进步在经济增长中的核心作用，承认企业家是推动技术创新的主要动力，企业是经济的主体，承认经济结构对于技术创新的促进作用，肯定熊彼特所谓的创造性毁灭过程。在技术创新政策上，他们认为技术创新是一个相互作用的复杂过程，并在分析过程的基础上提出了许多著名的技术创新模型。德国学者提出研究开发系统的参与者包括大学、基础研究机构、应用研究机构。英国学者提出技术创新正在网络化。国家创新系统学派兴起于 20 世纪 80 年代末期到 90 年代初期，国家创新系统成为技术创新领域研究最为热门的话题。技术创新活动被认为是一个复杂的国家系统，强调从社会经济的宏观的角度来研究不同企业的技术创新行为的差异，方法上更多地借用新制度经济学的某些理论与研究方法。社会创新概念的形成与国家创新系统作为分析框架具有良好的解释能力有关。

霍尔《城市文明》研究了 30 个不同的城市，跨越了整个人类历史，认为创新城市分为艺术创新城市、工业创新城市、都市创新城市。研究结果发现艺术创新城市在财富过盛的中心城市，工业创新城市离大都市不会太远，都市创新城市是不断创造新的服务的城市。①

五、城市空间的社会创新视角

以上具有代表性的理论和方法分别从系统论、经济学、创新学、社会学等分析了城市竞争力，从系统论可以推断出城市竞争力是一个动态的社会经济系统，是一个复杂的生态系统；从经济学可以认识到技术创新、制度创新、管理创新是一个资源配置和利用的过程，认识到创新扩散与空间发展的进程和关系；创新学认识到不同创新行为形成创新系统，社会学认识到社会资本、社会网络对产业集群、竞争力的影响，关注到产业集群的社会、制度植根性。

城市、城镇化是一个空间生产的过程。"传统城镇化以发展城市空间为主要特征，并在推进过程中出现了人口、土地、环境等一系列不良社会问题。中国特色新型城镇化是坚持以人为本的城镇化，是一种从单纯城市空间发展向社会空间建设转型的社会实践。在这一维度上，空间社会学对于中国特色新型城镇化建设有着重要的启示意义。"②

空间（或地理）想象力在社会学理论中的引入在某种程度上为人们重新思考现代性和后现代性提供新的切入点，空间性成为洞察人类社会的重要纬度。可以说，对空间的社会学分析为我们提示一种新的实践方式，一种新的政治策略与视野。新城市社会学理论认为空间过程是资本集中、阶级冲突和工业生产的深远过程的结果③④。

---

① 刘林森. 城市：未来社会的创新主角 [J]. 世界科学, 2003（3）33－35.
② 刘迟. 空间社会学对新型城镇化建设的启示 [N]. 光明日报, 2017－06－30.
③ 文军, 刘雨婷. 40 年来中国城市社会结构研究的回顾与反思——以 CNKI 和 CSSCI 收录的论文为例 [J]. 华东师范大学学报（哲学社会科学版）, 2019.
④ 文军. 空间正义：城市空间分配与再生产的要义——"小区拆墙政策"的空间社会学 [J]. 武汉大学学报（人文科学版）, 2016, 069（003）：16－18.

列斐伏尔认为①，空间生产作为一种资本增值的工具，将自身转化为一种生产要素并纳入资本增值体系之中，让空间要素发挥资本增值的最大效用。资本推动空间生产的发展，空间生产的发展促进了资本增值。空间生产"作为一种追求利润的手段""作为一种权力支配的方式"。二者互动统一于"一种抽象性空间，它包括了'生产的逻辑''商品的世界'和'世界的战略'，也包括了货币权力和政治国家。"

卡斯泰尔《城市问题》认为，空间是社会的一个重要物质纬度且与其他的物质纬度发生关系，进入这一关系的人赋予空间以形式、意义和功能。马克·戈德纳在批判列斐伏尔、卡斯泰尔、哈维的都市空间阐述的基础上，提出社会—空间视角。他认为，城市空间镶嵌在一个复杂的政治、经济与文化之网中，社会与空间之间存在着相互交织的关系：一方面人类在社会结构限制下在一定的空间中运行；另一方面，人类可以创造和改变空间以表达自己的需求和欲望。福柯认为，空间是实实在在的、活生生的、由社会建构而成的空间之纬。空间的建构嵌入关系之中，并经由关系而确定，其背后隐藏着福柯试图倡导的权力观和知识，即权力和知识的空间化②。

马克·戈特迪纳（Mark Gottdiener）在《城市空间的社会生产》选择从社会空间的角度与社会空间辩证法来解释当前的城市发展模式。戈特迪纳认为，政府权威的政治形象与管控特征和房地产交易市场的灵活周转在土地改造中起到了重要作用。戈特迪纳认为，土地改造既与资本运作的房地产市场有着密切的关系，又与政府权威的政治因素有着紧密的关联。城市土地的改造模式已经从城市的单核心模式转变为多核心模式。

城市、城镇化是社会创新的空间。在全球化背景之下，国家竞争和区域的竞争日益加剧，竞争力的大小主要取决于创新能力的高低。很多研究表明，创新常常来自国家或区域内部企业集群的互动之中，但创新机理较为复杂。③ 城市空间是连接社会网络和创新生态系统的一个重要平台，创新是行为主体间复杂的互动过程，是嵌入到领土内的社会过程。城市空间通过建立强弱关系网络，促进产学研创新主体的知识交流，促进知识溢出和技术创新，但打造创新实体

---

① 李敢. 新型城镇化：从物理空间扩张到社会空间拓展：基于"东县刁民"人力资本提升困境调查的启示［J］. 社会学，2014.

② 文军，黄锐. "空间"的思想谱系与理想图景——一种开放性实践空间的建构［J］. 社会学研究，2012（002）：35-59.

③ 王缉慈. 创新的空间：企业集群与区域发展［M］//创新的空间：企业集群与区域发展. 北京：北京大学出版社，2001.

空间的前提是制度创新。政府需要在规划、财政、税收、金融、外贸、劳工、教育等方面进行制度创新，从而改善创新创业环境。① 认为城市公共空间促进创新有很多理由。从开发区到创客空间；从郊区科学园到市区创新街区；从社会网络到公共空间；从创新链到创新系统（创新集群）；从企业创新到社区创新；从产业创新到制度创新。总之制度创新是打造创新实体空间的前提。②

创新的区域差异明显，这些研究的局限性存在于政府视角中。虽然城市竞争力模型中考虑了政府治理能力，研究结果也为政府政策服务，但是不同级别政府的职责不同，对城市竞争力的态度和需求也不一样。国家宏观调控和治理视角应该结合资源整合、空间整合与市场整合的组织创新要求及不同政府的权限研究城市竞争力，提升城市竞争力和加强控制消极城市竞争力是政府宏观调控和治理视角研究的重点。另一方面局限性也存在于城市关系视角中。城市之间的联系使城市形成了等级体系，城市竞争不仅发生在城市之间，也发生在城市群之间。城市竞争的主体更多时候是城市群或城市群内部。城市群视角，不仅要研究城市群竞争力，也要研究城市群内部竞争力，也要研究城市群内部城镇竞争力与城市群竞争力的关系。单个城市的竞争力问题已经有了一些研究，相对比较成熟，而从城市群的视角研究城市竞争力则比较少见。虽然已有研究的城市竞争力提升策略中也提到以城市群、都市圈战略提升城市竞争力，但是用现有理论去研究城市群竞争力问题，也存在着理论的修正和完善。三是研究框架的动态化。城市、城镇化是不断发展的，城市治理面临的问题也是变化的。城市区域是动态的网络，具有整体性和关联性。城市竞争力研究视角、研究目的和研究方法的整合性，必然引起城市竞争力研究框架创新。跟踪竞争力研究的最新成果，关注城市面临的新问题，把握城市发展的新动态，补充影响城市竞争力的新要素，及时调整研究框架，保持理论的先进性和适用性，这是城市竞争力研究和城市空间发展的需要。

社会创新视野在系统论、社会学、经济学、创新学的理论和观点的基础上，研究认为有以下方面。

（1）社会创新是国家重要的发展战略，是提升城市竞争力的内在的社会性因素，也是促进城市可持续发展的重要基石。它既是促进产业集群、提高城市竞争力的关键，也是迎接知识社会挑战的必然选择。

（2）社会创新是涉及多层面的系统性、整合性、多样性、集群性创新。社

---

① 谢俊贵. 空间分割叠加与社会治理创新［J］. 广东社会科学，2014（4）：178 - 185.
② 魏心镇，王辑慈. 新的产业空间：高技术产业开发区的发展与布局［M］. 北京：北京大学出版社，1993.

会创新活动是一个复杂的多个主体的行动系统，包括社会创新主体子系统、社会创新客体子系统和社会创新运行和扩散子系统。动态复杂社会系统的演化一定是个人行为与整体社会网结构的共同演化（Padgett & Powell，2012）。

（3）创新网络提供了构建城市创新的实践内容和形式。创新网络是发展和竞争力的产品，创新网络来自于社会资本又创造社会资本。创新网络是社会创新作用于产业集群的形式。

由此可见，以上成果对于研究城市竞争力有着非常重要的意义，但是没有进一步构建包含社会创新的竞争力模型和分析社会创新是怎样影响着城市竞争力的，更没有建立社会创新与城市竞争力的关系模型。事实上，不同区域、同一区域内不同产业对社会创新的要求各不相同，所以产业结构创新的代价也不相同。这给研究留下了深入的空间。

第三章

城市空间生产：城市竞争力的空间

第一节　城市竞争力与城市群发展的空间实践

一、城市竞争力的空间实践场域

（一）城市空间的变化趋势

空间实践是以空间为对象的生产实践，是特定社会的空间中实践活动发生的方式，或者说，就是人对于空间的感知。空间生产首先是一种物质生产活动，它不仅改变了城市物理空间的存在状态和社会空间的矛盾关系，而且一定要反映到人们的思想观念中，进而引起空间观念的变化①。城市空间作为一种生产资料有着生产和再生产的职能。空间作为一个整体在生产中被消费和争夺，例如城市改造，城市区位优势的形成与竞争。城市空间也是一种国家利用空间确保对地方的控制的政治工具。城市发展与城镇化是空间实践的建构过程，又是空间实践的结果。空间实践是生产关系建构的过程，生产关系又反作用于空间实践。在资本主义场域中，城市空间实际上是资本积累动态空间的开拓，也是资本主义生产关系的新空间的渗透与复制，其空间生产由资本逻辑来主宰，城市资源配置实现利益最大化。

在哈维看来，城市化就是资本的过程，是无情与贪婪的资本控制下人造的空间不断建立与转换的过程。城市这个被创造出来的空间形式，只不过是为加

① 刘少杰. 以实践为基础的当代空间社会学 [J]. 社会科学辑刊, 2019, 240 (01)：25 – 30.

速资本的循环以获取更多的剩余价值服务（董慧，2010）①。

城市竞争力属于中观层面的竞争力。城市是国家的组成部分，城市发展必须与国家的社会经济相协调；城市又是产业的承载者，产业的发展和竞争力提升是城市竞争和发展的主要内容和动力。城市还是宏观与微观相统一，属于中观层面，因此既受宏观经济和微观经济的影响，又反作用于宏观经济和微观经济。

城市竞争是一个非零和博弈过程。一个城市竞争力提高不以另一个城市牺牲为代价，相反联合可以实现共赢。城市竞争不只是发生在城市之间，而且发生在城市各自的产业价值链之间，提升城市竞争力，一方面要实行价值链的分解战略，另一方面要对价值链进行市场整合，才能获得城市的持续竞争优势。城市竞争实质上是对市场要素和有利于社会发展的其他稀缺资源的竞争，目的是聚集更多的文明要素。城市竞争力是指一个城市为满足区域、国家或者国际市场的需要生产商品、创造财富和提供服务的能力，指城市通过市场化方式占有、配置、利用各种生产要素和资源的能力，它直接表现为一个城市的辐射力与吸引力的强弱。其竞争主体就是城市，竞争载体是该城市内的各个企业及其他机构所提供的产品和服务，竞争空间是指所有与生产和销售这种产品和服务有关联的一切地理空间。

从国际经验和动态变化中城市空间实践的主体和内容产生了重大的变化。全球从 1750 到 2050 年近 300 年领先城市的活动即生产、交换和消费的主导内容从货物转向劳务，再转向知识；领先城市的人口规模从数万、到数十万、数百万再到数千万的扩张；领先城市的空间由单一中心城市向多元中心都市圈，到连绵城市群到一体的城市带蔓延。先进城市不仅将世界带进城市，而且也改变着城市世界。全球城市经济体系的演化，从商品贸易体系到要素贸易体系，再从产业链体系到创新链体系。从分散的聚集到集中的聚集再到聚集的分散。从区域连接到全球连接，从商品要素的"硬连接"到信息和服务要素的"软连接"，从个别连接到万物互联，从基础设施贡献到公共服务贡献。人类对美好生活永不满足并不断升级的需求，是 300 年完成世界城市化的原动力。四次技术革命是 300 年城市世界形成的核心驱动力。市场经济体系的建立和扩展是城市

---

① 董慧. 当代资本的空间化实践——大卫·哈维对城市空间动力的探寻 [J]. 哲学动态，2010（10）.

世界形成的关键驱动力。①

　　中国社会转型期的城市空间实践中，城市化、新兴中产阶级与人口老龄化、发展不均衡程度加剧、资源可持续性、技术变革、工业集群和全球价值链、治理体系不断影响着城市的空间实践。城市竞争总结出很多竞争方式和经验，例如城市政府创新、人力资源能力、市民精神文化的整体构建与创新（张鸿雁2002）②，城市品牌和"城市文化资本"运作③。人口规模是形成大城市及大都市圈并使之成为一个国家及国际中心城市的必要条件，人口规模的控制不应是一种时点量的控制，而是一种动态的控制和动态的优化过程④⑤。都市圈城市的政府是否拥有足够的能力，履行政府职能，领导经济、政治、文化建设，政府能力是由许多子能力组成的复杂集合体⑥。

　　城市竞争力是个混沌的系统，由许多子系统组成，同时又是更大系统的子系统。城市竞争力系统构成是复杂的，其众多的要素和环境系统以不同方式存在，又处在不同维度和层次上，它们共同构成城市竞争力，决定城市的价值收益。城市竞争力是市场经济的产物，是反映和衡量一个城市的发展潜能和发展水平的重要方面，提升城市竞争力，特别是城市发展的核心竞争力，是新时代、新时期深刻认识城市化发展过程、本质问题的关键所在。城市竞争力作为一个综合性的社会经济概念，是一个城市集聚能力和扩散能力的综合反映，也是评价一个城市市场化、开放化、法制化、信息反馈化的重要依据。城市聚集能力和扩散能力的实现要素包括城市的主体竞争力、城市的要素竞争力和城市的环境竞争力。不同时期有不同的城市竞争力。竞争力指竞争主体在竞争中表现出来的力量，产生力量的不仅是竞争优势，还有比较优势。比较优势理论包括比较成本理论、资源禀赋理论、贸易条件理论和动态优势理论。竞争优势来源有

① 中国社会科学院（财经院）与联合国人居署共同发布. 全球城市竞争力报告 2019 - 2020：跨入城市的世界 300 年变局［EB/OL］. GUCP 全球城市竞争力研究网站，2019 - 11 - 12.

② 张鸿雁. 城市竞争力的"原动力因"——市民精神的整体构建与创新［J］. 南京社会科学，2002（06）：87 - 89.

③ 张鸿雁. 论城市形象建设与城市品牌战略创新——南京城市综合竞争力的品牌战略研究［J］. 南京社会科学，（zl）：327 - 338.

④ 彭希哲，任远. 人口因素与城市综合竞争力——对上海城市发展的一项研究［J］. 中国人口科学，2002（06）：33 - 39.

⑤ 张佐敏，邝雄，戴玲. 高房价对劳动力人口的"驱逐"方式——基于中国 35 个大中城市的实证分析［J］. 现代经济探讨，2018（2）：1 - 9.

⑥ 苗建军，崔俊富. 南京都市圈城市政府能力生态位分析［J］. 南京社会科学，2007（11）：118 - 123.

规模经济、国内需求、产品差异、技术差距等。

城市竞争力是以市场经济下资源的全球流动为背景的，城市竞争力是面向未来并可以营造的。城市竞争优势是与其他区域进行横向比较的、动态的、着眼于未来的优势。城市竞争力指一个城市在经济全球化和区域一体化背景下，与其他城市比较，在资源要素流动过程中，所具有的抗衡甚至超越现实的和潜在的竞争对手，以获取持久的竞争优势，最终实现城市价值的系统合力。城市竞争优势体现为一种开放、协调和可持续的发展状态和趋势。城市竞争力是以实现城市形态高级化和城市价值最大化为目标。

（二）城市竞争力的内涵

综合以上因素，城市竞争力的内涵应包含以下几个方面。

（1）参与竞争力的行为主体应是城市而非国家。城市竞争力实质上是把城市作为一个"企业"，区域内城市相互之间的竞争相当于企业与企业之间在市场上的竞争，因而城市竞争力体现为一个"企业"在国内外市场上较竞争对手获取更多财富的能力。

（2）城市竞争力是受经济、社会文化、政策制度等诸多因素综合作用的，其发展也是一个渐进的过程，不可一蹴而就。城市竞争力必须在一定的环境中加以培育，受企业管理、基础设施、国民素质、对外开放程度、金融环境、政府作用等环境因素推动或制约，这些环境因素既蕴涵着对城市竞争力提升有利的机会，也潜伏着对城市竞争力不利的影响。城市竞争力是获取持续竞争力的一种自组织力量，是组织系统高度有序的用于开发和配置资源的一种机制。因此，城市竞争力可以视为环境的函数。同时，城市竞争力对环境也具有一定的反作用。

（3）城市竞争力本质上是城市在所属区域内进行资源优化配置的能力，战略目标是促进区域和城市经济的高效运行和持续高速增长。据此，城市竞争力是在社会、经济结构、价值观、文化、制度政策等多个因素综合作用下创造和维持的，一个城市为其自身发展在其所属的大区域中进行资源优化配置的能力，目的是获得自身经济的持续高速增长，推动地区、国家或世界创造更多的社会财富，表现为与区域内其他城市相比能吸引更多的人流、物流和辐射更大的市场空间。

（4）主体竞争力、要素竞争力和环境竞争力共同构成城市竞争力的基本内涵。城市主体竞争力包括政府竞争力、企业竞争力、市民竞争力。要素竞争力包括资本、人力资源、土地、科技、企业家的竞争力。环境竞争力包括自然环境和社会环境。城市竞争力实质上表现为产业竞争力，而产业竞争力是通过企业竞争力来支撑和维持，产业竞争力和企业竞争力是城市竞争力的核心。技术创新和社会创新是经济发展的基本驱动力和源泉。

（三）城市竞争力的特征

（1）系统性。城市竞争力是由各种因素构成的有机统一整体，它的大小取决于各个要素综合作用的结果，如果只强调其中某一个因素或几个因素，都会陷入盲目性和片面性。因此，营造城市竞争力将是一项系统工程，必须从整体出发，全面考量，始终把握系统的整体特性和功能，从而达到在整体上增强城市竞争力的目的。城市竞争力是一种系统合力。它是资源要素及运作水平的有机结合。

（2）动态性。由于在经济运行过程中，各种因素总是处于不断的发展变化之中，导致城市竞争力的内涵也会不断地发生变化，因此城市竞争力是一个动态平衡的开放系统。同时，动态性也决定了提高竞争力将是一项长期性的工作，在实践中应注意克服存在的不利因素，不断调整和理顺因素之间的相互关系，从而保持较高的城市竞争力水平。

（3）相对性。城市竞争力一个相对的概念，强调与其他城市的横向比较，因为只有进行比较才能体现出竞争力的大小。另一方面，随着作用因素的不断改变，同一城市在不同的发展阶段竞争力水平也各异。城市竞争力是抗衡和超越竞争对手的一种力量。对手是现实的或潜在的，竞争力的大小取决于自身，还与对手竞争态势及竞争总体态势相关。

二、城市竞争力的空间经营

城市竞争力包括一系列硬性指标，而且包含作为一种整合力量的价值体系，是具有明显优势的能促进区域快速发展的独特的资源和能力。

（一）城市竞争力源于城市的竞争优势资源、能力

城市竞争力源于不同城市的区位条件、资源状况、产业结构、文化积淀等多方面的差别。每个城市都拥有独特的有形资产和无形资产，城市的竞争力与城市所拥有的资源直接联系。城市资源是城市竞争力最直接的来源，但只有关键资源才能带来持久的城市的竞争优势。

虽然资源是竞争力的基础，但具有相似资源的城市经常在使用资源的效率和有效性方面表现出巨大的差异。因此，一个城市的成功不仅在于其拥有丰富的资源，还在于其拥有隐藏在各种资源背后的配置、开发、使用和保护资源的

能力，这是城市竞争优势的深层次因素。能力特有的价值之一就在于与城市的无形资产一起构成了竞争力难以模仿、不可交易和转让的特征。

能力（包括核心能力和辅助能力）最终促进了城市资源的整合能力，有效的整合能力能够合理地进行资源存量的消耗与增值、资源增量的集聚和生成。因此，城市内部的某项关键资源和资源整合能力互动作用的合力，就构成城市核心竞争力（UrbanCore Competition Capacity）。

城市竞争的关键资源就是指那些城市拥有、控制和可以获得并为建立竞争力提供基础的资产。按 Barney 的观点，关键资源有三个评判标准：①有价值。占有和使用有价值的资源，能够给城市带来潜在的竞争优势。资源和能力通过开发机会和抵御威胁能增加价值。②稀缺性。具有价值但普遍存在的资源和能力是竞争均势的源泉。具有价值的、稀缺的资源至少获得短期的竞争优势。当资源和能力是有价值的、稀缺的，并且社会性质复杂时，那些资源成为可持续竞争优势的源泉。只有有价值且稀缺的资源才能给企业带来真正的竞争优势，但这种竞争优势能否持久，还取决于这种资源是否具备关键资源必需的第三种属性。③不可模仿和替代性。不可模仿是可持续竞争优势的关键。模仿至少包括复制和替代。难以模仿的主要原因在于模仿的代价很高，原因包括三类：创造资源的历史重要性——特殊历史路径，这些资源和能力反映了存在于主体内的独特经验和关系。由于开发、培育和利用资源时无数"小决策"及含义模糊、社会性质复杂使资源竞争力难以模仿，拥有有价值且稀缺的资源，城市就获得了某种竞争优势，这种竞争优势将持续到其竞争对手成功地复制或替代了这种资源。因此，有价值、稀缺且难以模仿和替代的资源才能带来竞争优势。城市资源包括资产、知识、信息、能力、特点和组织程序。可以分为财务、实物、人事和组织资源几个分类。关键资源具有不可交易性，别的城市几乎不可模仿，其他地区无法学习和转移，如区位优势和自然资源优势。关键资源是历史发展的长期积累，如现在的政治、经济、文化中心，表现为时间的某种函数，其他地区在短期内很难追赶。这些特色和优势，尤其是天然禀赋的比较优势，一直都是区域经济赖以生存和发展的重要前提。而非关键资源则相对不为特定场所所垄断，它具有较强的"流动性"，特别在当今流动性极强的网络社会里。

C. K. 普拉海拉得和 G. 哈默于 1990 年在《哈佛商业评论》发表了一篇具有标志性的文章《企业核心能力》，引入了"核心竞争力"一词，把核心竞争力定义为技能和竞争力的集合，对企业竞争成功有贡献的"学习的杂乱堆积"。认为核心能力是组织中的积累性学识，特别是关于如何协调不同的生产技能和有机结合多种技术流派的学识。资源学派认为组织是可用来获得特许市场地位的各种专门化资源的积聚，获取可持续的竞争优势。一个组织的历史和经历、特点和文化、优势和竞争力有助于它的战略实施，而且实际上对该战略的成功也是至关重要的。能力是一个动态学习过程，组织优势的潜在资源影响一个组织的内部社会因素，与外部环境一样影响组织的成功机会。组织资源资本化需要鉴别这些能力，开发和扩展能力。改进一个组织的学习过程能增进竞争优势，学习过程包括知识获得、知识共享和知识运用。通过强化或修正企业的学习定位，可以使现有学习系统更为有效，一个是改进各种促进性因素，一个是尝试对学习定位和促进性因素进行变革。城市的核心竞争力决定了一个城市未来的发展潜力，决定了该城市在较长时期内的发展地位和竞争水平，同时城市的核心竞争力也是其区别于其他城市的本质特征之一。一般来说，城市的"关键资源"既有"场所"关键资源，也有"非场所"关键资源。城市的"非场所"关键资源和内部能力属于城市的"非场所特质"，也就是说城市竞争优势的关键资源和内部能力是城市具有某些特色的充分必要条件，而另有一些城市特色则在某一时期内对城市竞争优势或者城市核心竞争力意义不大或者作用不直接，但也同样孕育着城市竞争的潜在优势。因此，城市特色与城市核心竞争力、竞争优势之间息息相关。竞争是一个动态的过程，维持城市竞争的"优势"是相对的，稍纵即逝。只有在各种环境中始终都拥有的竞争优势才算是真正的竞争优势。

总之，城市核心竞争力是历史中累积的，是协调和有机结合的资源和能力，其存在的形态是结构性的，隐性的。

（二）城市竞争力的本质是其集聚和扩散功能

城市集聚能力是充分利用、吸纳城市及城市以外的资源，增强城市发展的能力。集聚可以更经济地获得专业化的生产要素，可以更低成本地获得相关信息，增强企业间的互补性，低成本地获得公共产品，提供更加有效的激励。集聚能力引起城市的空间变化，导致区域极化现象，即诱发和推动资源要素向优势区位移动，加剧经济发展的空间差异和不平衡，促进产业集群和城市集中。城市集聚力来自城市经济活动的区位指向、内在联系和对集聚经济的追求。城市扩散能力是城市的资源、要素和经济活动渗入周边地区和城市，从而增加城市整体经济实力。城市扩散可以拓展城市资源占有、配置和利用的作用范围，构筑更大空间的经济协调体系，扩散城市的优势能力，确立城市的中心地位。扩散机制包括就近扩散、跳跃式扩散、等级扩散和随机扩散。扩散来自避免集聚不经济、寻求新的发展机会、部分经济活动的区位指向和政府的政策作用。

城市集聚是形成竞争力的必要条件。城市扩散能力是城市竞争力的关键因素。不同时期城市的集聚能力和扩散能力表现的强度不同，集聚和扩散能力发挥作用时，引起极化效应和涓滴效应。它们的作用有一定的惯性。城市集聚能力和扩散能力作用的过程就是城市竞争力演变的过程。

第二节　城市竞争力的空间变迁

空间的表征指的是特定社会描述或构思空间的方式，换言之，就是空间按照权力的意志被重构。空间的变革既是资本运作和权力分配的结果，也再生产着新的格局和社会关系。新的空间在社会关系和社会秩序的重组过程中被建构出来，而作为一个动态的实践过程，空间也会进一步对社会关系和秩序进行再生产①。伴随工业化和市场经济的城镇化使空间可以交换、生产和规划，城市竞争力的形成和维持也是一样。空间资源的使用和收益中体现了政府、市场和多元利益主体的互动和博弈。空间重构了城市社区，社区空间营造也充满了创新。

一、城市竞争力的形成

1. 城市竞争力首先来自城市适应外界环境的变化形成的竞争优势

任何一种竞争优势的形成都是在环境变化中产生的，其中重要的是外部环境的变化。适应外界环境变化需要的是把握外界信息——预测外界环境变化——识别和把握机遇——及时做出反应。识别和快速反应能力是由组织的文化修养及组织的开放性和行动能力决定的。快速反应还来自组织本身的软性程度。

2. 城市竞争优势还来自城市内部系统的创新

外部环境的变化提供了机遇，而内部系统的创新包括对内部资源的重新组合，是形成城市竞争优势的重要途径。要集中投资建立自己的特殊能力，保护自己的优势。城市竞争优势是整合、优化社会资源和力量的过程。

---

① 吴莹. 空间变革下的治理策略——"村改居"社区基层治理转型研究 [J]. 社会学研究，2017（06）：100－122，250.

二、城市竞争力的维持

1. 培育可持续的竞争优势

城市竞争优势表现为聚集、吸收、优化文明要素的能力。城市竞争优势的丧失往往来自环境的动态变化、模仿或是缺乏创新精神，因此要只有当城市的资源和能力是有价值的、稀缺的，并且社会性质复杂时，它们就能成为可持续竞争优势的源泉。可持续竞争优势也来自城市的国际竞争力。城市核心竞争力存在于组织的积累性学识、组织的独特资源和社会环境。区域或城市的核心竞争力是指其所独具的、使一个行业或其他领域取得领先地位所依赖的关键性的资源和能力。它是将区域的独特资源转化为竞争优势的一组政策、知识、技术和技能的有机综合体。区域竞争优势表现为物质环境和制度环境。

在城市竞争优势形成中起关键作用的因素有：自然资源和运输成本、规模经济与外部性、相关延伸产业的支持、外商直接投资、企业家精神、制度与政府政策。众所周知，物质资本的投入和技术进步在提高区域产业和企业的核心竞争力方面起着十分重要的作用。但物质资本的使用效率和技术进步的动力及其对经济贡献却取决于制度创新的水平和状况。中国东部地区的制度创新主要集中在两个方面：一是产权制度创新；二是企业制度创新。从产权制度创新来看，东部地区迅速发展了非国有经济，使生产能力得到了最大限度的发挥，企业主动寻求技术进步的动机明显增强。从企业制度创新来看，东部地区迅速发展了股份制公司及个人、合伙企业。尤其是允许以技术、专利发明、人力资源作为资本入股，极大地刺激了技术进步和人力资本存量的提高。从这个意义上讲，技术进步和人力资本自身的发展与积累及其对经济增长的贡献取决于相应的制度创新。东部地区经济实力的增强和发展的高速度实质上体现了其较强的区域经济竞争力和区域竞争优势，而这种优势的建立是与持续地制度创新分不开的。例如深圳的发展经过了几次转型，第一次是把地缘优势转变为政策优势，第二次是把政策优势转变为产业优势，第三次是把产业优势转变为环境优势，新的转变将要把环境优势发展为制度优势。

2. 加强城市核心竞争力管理

伊夫·多兹在核心竞争力管理理论中提出核心竞争力管理的关键过程包括竞争力培育、竞争力扩散、竞争力整合、竞争力发挥、竞争力更新。城市竞争力来源于资源、能力、组织内部的"干中学"，并随着资源、系统和过程、组织的互动作用成长。城市竞争力既是一种无须构造的自然过程，也可以是通过一系列的方法、规划和工具对过程构造和驱动的过程。社会创新在竞争力开发中利用规划发挥重要作用。竞争力的扩散过程不仅依赖于竞争力的性质和阶段，而且依赖于紧—松过程，使学习和共享成为可能。不同类型的竞争力需要不同的扩散方式。竞争力管理的核心是整合形成有价值的竞争力，综合竞争力把基本竞争力联合成一个有效的整体。尽可能发现和探索机会以便广泛有效地发挥竞争力作用，使收益最大化，通过提供不同但是相关的应用加速竞争力开发过程。以竞争力更新补充竞争力培育。更新竞争力比执行竞争力更难以把握，更新竞争力受到组织过程的抑制。内部变化是更新的一个激活条件，每个都是组织学习的一个过程，有自然的轨道和更积极的管理过程。①

　　社会创新是城市竞争力的重要驱动力。城市竞争力的构建包括政治、社会及文化方面，意味着一系列新的政治、经济、文化社会整合及个性建构对原有制度规范的取代，所以社会创新是城市竞争优势的重要动力。人们早就认识到非技术因素的作用，美国国防部曾经调查软件开发问题，发现失败原因 70% 是管理不善，并非技术理论不足。技术创新在国家、地区之间的差距扩大，寻求科技之外的动力或增长因素已经成为发展的新视角。一个国家、城市、企业能否提高竞争力，更多地取决于它的发展战略取向、资源配置和现有技术的创新。

　　3. 按照全球化和知识经济的需要提升城市竞争力

　　创新的竞争，根本是知识的竞争，是学习力的竞争。学习的竞争，是一种速度的竞争，是学习速度的竞争。中国城市的基本竞争态势概括起来讲，就是以城市群为龙头，以城市为单元，以企业集群为主体，以产业升级或者产业扩充为重点，以国际商务为核心，以提升城市竞争力为目标的区域性国际化的竞争态势。在这样的竞争态势下，为中国的企业和企业家提出了一个重大课题，就是要提高企业家对城市的市场预见能力、战略决策能力和资源整合能力。

　　影响城市竞争力的学习因素包括：①精心建立的核心竞争力作为新产品和服务的投放点；②支持企业增值链持续改进的态度；③进行根本性更新或再建的能力。这些因素鉴别了一个有效的学习型组织，该组织追求一种不断提高的知识基础，这种知识涉及竞争力的开发和渐进性或转型性的变革。一个组织的生存和成长能力是以优势为基础的，这些优势来自代表着集体性学习的核心竞争力。

　　早在 20 世纪 60 年代就出现了终身教育思想。1965 年法国教育部长保罗·朗格朗正式向联合国教科文组织提出终身教育议案。以此为基础，1968 年美国

---

① ［英］安德鲁．坎贝尔等，核心能力管理［M］．大连：东北财经大学出版社，1999：
64 - 89.

学者罗勃特·哈钦斯首次提出"学习型社会"这一概念，认为学习型社会是终身教育的基础。1972年联合国教科文组织所属的国际教育发展委员会在《学会生存——教育世界的今天和明天》中多次肯定和提出"学习社会"。随着知识经济的到来，学习型社会在国际社会受到广泛重视，许多国家如日本、美国、德国等在20世纪80年代就纷纷提出要从"学历型社会"向"学习型社会"迈进，并且作为21世纪教育和社会改革和发展的方向和目标。

城市的存在和发展，都需要有创新能力，因而将城市创办成为创新型学习型城市，是城市化的重要内容。凡是创新能力强的城市，其效益都非常高，是效益最佳的城市，而创新能力差的城市，几乎都是处于滑坡的境地。因此，应该注重城市的创新性的培育。城市的创新性，不仅要求城市的管理者有创新精神和创新能力，而且也要求城市的各种机构有创新精神和创新能力，当然也要求城市中的所有人都有创新精神和创新能力。在城市化进程中，任何一个城市都必须把创新作为重要的工作任务，使创新不仅仅表现在城市的"软硬"件环境方面，而且表现在城市的管理过程中，表现在人们的思想行为上，表现在城市生活的各个方面，使城市的各个角落都充满创新的气氛。学习型城市是以知识经济和知识社会为其生存背景和发展空间的。

所谓学习型城市，就是指整个城市通过各个方面而为人们的学习提供最为有效的学习机会和形式，从而使城市最大限度地提升人们的各种能力和素质，运用构建学习型组织的理念来经营管理城市，其核心是在城市内部大力构建学习型组织，通过一种组织化的学习活动，努力营造不断创新的城市文化。在城市尺度上创建一种学习型区域，既重视城市内部的个人学习和组织学习，又强调在各组织间建立网络联系与合作互动机制，即营建本地生产系统和创新网络。在政策领域建立终身教育体系是创建学习型城市的关键。这是国内许多城市采取的模式。

三、提升城市竞争力的战略

1. 提升城市竞争力的战略包括城市治理和城市经营

现代城市为了竞争的获胜，不仅在基础设施方面竞争，而且在社会资本、管理能力和治理结构方面竞争。城市管理强调行政手段，城市管治（urban government）或治理强调协商手段。城市治理关注的中心是政府，城市经营关注的中心是市场。治理是各种公共和私人机构管理其共同事务的诸多方式的总和，它是使相互冲突的不同利益得以调和，并且采取集体行动使之得以持续的过程。终极目标是创造条件以保证社会秩序和集体行动。城市中有大量的组织、机构和团体相互发生着关系，城市可以在其中担当政治、经济、文化和媒介方面的社会代理人，城市政府比国家在处理某些事务时有更多的灵活性和游刃的空间，占有更有利的位置。城市能够在促进经济效率和竞争力、推动社会文化整合，以及提供政治参与的舞台等方面做出贡献。历史上曾经有艺术创新型城市、工业创新型城市、都市创新型城市，例如罗马的水利工程将水渠铺设到城市的每个角落，19世纪的伦敦，为了消灭霍乱全面净化水质。一种新的城市治理模式是城市经营的体现，城市治理是城市政府与非政府部门相互合作促进城市发展的过程（Pierre，1999）。它一方面强调政府职能的稀释（dilution）和政府组织的精干（lean），要求城市政府管理方式的巨大变化；另一方面，它强调城市利益相关者对城市发展的广泛参与，以合力来促进城市的发展和城市竞争力的提高。作为城市政府和城市管理的新发展，它不仅增强了城市政府的效率、有效性、责任性、透明性和回应性，而且提高了市民对城市发展的主动参与，形成了城市政府与非政府组织共同关注、参与、促进城市发展的新机制。城市治理没有固定的模式，不同的国家和地区甚至是同一国家的同一城市在不同的时间也呈现各异的特点。城市经营通过在城建领域引入竞争机制，实现了城市投资建设主体的多元化；它通过对城市利益相关者积极性的调动，实现了城市非政府组织对城市的发展的广泛参与；它通过从经营企业到经营城市转变，实现了政府职能的转型和政府机构的收缩。因此，作为一种制度创新，城市经营可以被看作是在我国经济体制转型的特殊时期产生、发展起来的具有中国特色的城市治理模式，是我国传统城市管理模式的现代发展。

城市经营是城市政府在城市规划、建设和管理上引入与市场经济相适应的经营理念，实现城市功能最大化，促进城市居民福利的增长。现在城市经营存在侧重城市建设说、城市要素优化组合说和城市市容环境说。

2. 构建学习型城市，提高城市创新能力

学习型城市是以学习和教育作为最主要职能的城市。学习型社会是以城市空间形态为特征学习化的和谐社会。① 学习型城市是将学习型组织的理念和内容运用于城市管理和发展的一种实践，其理论来源于学习型组织理论。它强调学习型城市应具有将学习行为转化为创造性行为的能力，用创建学习型组织的框架来创建学习型政府、学习型社区、学习型事业、学习型家庭等各城市要素。"学习型组织"理论是由美国麻省理工学院教授彼得·圣吉在《第五项修炼——学习组织的艺术与实务》中提出的。他深刻揭示了组织不科学对组织生存发展

---

① 叶忠海. 创建学习型城市的理论和实践［M］. 上海：上海三联书店，2005：15.

致命的威胁，认为学习型组织不是个体而是团队，不是一时而是持久，不是个人行为而是组织行为——一个自由、开放、便于信息交流和知识传播的共享学习成果的系统。他所提倡的"组织学习"并不是个人学习的简单相加，组织应该规范其成员的学习内容，使其朝着组织的战略方向发展。所以，对组织核心能力发展有益的个人学习能力算是组织学习的一部分。"组织学习"能使组织成员更注重合作，形成合力以提高整个系统的学习能力。

学习型城市不仅强调城市或区域内个人的终身学习和组织学习，而且重视各行为主体间的集体学习与合作互动，强调网络与关系的重要性。这种模式在国外用得较多。研究表明，学习型城市都强调"合作""全球竞争力"和"社会资本"的重要性。学习型城市或区域中的"学习"包括个人学习、组织学习和制度学习。个人学习是指个人通过正式或非正式渠道获取知识和技能，其核心是终身学习。但组织学习和个人的终身学习只是建立学习型城市或区域的一部分，更重要的是学习型区域要能够加入全球和国际经济中去，这就需要运用必要的战略来提高区域的竞争力。

网络与合作关系的建立使学习和创新必要，并且可能。因为集体学习依赖于有关产品、流程和工作组织等信息的不断交流，所以组织之间经常发生联系，它们建立了一种基于信任的长期稳定的合作关系，这种联系也发生在城市与城市、区域与区域之间。

学习和创新是城市发展的核心。学习型城市就是一个把城市区域在整体上作为一个学习型组织系统来创建的学习型区域。个人的终身学习、终身教育体系的建立以及学习型组织的创建只是创建这种学习型城市的一个策略。构建学习型城市必须抓住几个方面：（1）将知识创造和不断学习作为城市经济发展策略的中心和原则。（2）每个市民都为学习型个人，时刻感受到学习的愿望和需求，并把学习作为一个终身持续的愉悦活动。社会为每个公民提供平等、广泛、开放的学习机会，每个公民都承担一些为他人学习的责任以参与"组织学习"、共享学习成果。（3）城市内相当一部分组织为学习型组织。（4）城市的各行为主体（个人、公司、政府、金融机构、商业行会、贸易组织、培训机构、创新中心等）以知识和学习为基础，分别构建自己的关系网络，通过网络联系和相互作用形成一种协同创新的区域环境。（5）城市具有快速产生、接近、理解和转换相关知识和信息的能力，能动的快速适应环境大背景的变化要求，对迅速变化的经济提供一个柔性的创新的区域反应。（6）在不断和外界互动学习的同时还根植于本地文化，强化城市的内生资源、制度创新和区域主体的"非贸易依赖"，如劳动市场、区域习俗、条例和价值、公共或半公共机构等，以保证区域经济发展的持久性。

3. 实施基于产业集群的产业发展战略

城市政府应及时发现和识别正在形成的城市产业集群，充分利用现有比较优势，推进优势产业集群，大力推进适应本地产业发展的技术型基础设施建设，扩大对外开放实现协同创新。

第三节　城镇化不同阶段的空间表征

不同的竞争力管理过程产生不同的竞争力，不同的城镇化阶段有不同的竞争力。城镇化作为推进经济结构战略性调整的主要手段，发展指向是走集约、智能、绿色、低碳的新型城镇化道路。

城市化过程中，大量的人口和资本聚集于城市中，使得城市发展获得规模效应，由聚集带来的知识溢出又使得城市成为创新和技术传播与扩展的场域。城市性与空间性的有机互动共同推动了中国城市化的发展①。李强等（2012）将中国城镇化推进的空间模式分为内部重组、连续发展和就地发展四种类型②。城市化过程中的社会经济协调发展③。城市化是一个涉及经济、政治、社会、文化、环境多维的问题。我国已经进入城市化快速发展时期，诸多社会经济矛盾将随之出现，因此如何创造性地选择城市化道路，促进国民经济良性循环和社会协调发展，就成为我国 21 世纪社会经济发展的重大战略问题。

一、城市化与社会经济协调发展的相关性

无论是从城市化的内涵和过程来看，还是从世界城市化的历史经验和中国城市化的现实矛盾来看，城市化都要求社会经济协调发展与之相适应，社会创新与城市发展相适应。

城市化是一个社会、经济和空间的结构形态变化的过程。它包括三个方面的转化，一是农业产业结构及生产方式向城市产业结构及生产方式转化，出现产业集中的过程，即农业工业化和农业现代化；二是农业人口向非农业人口的

---

① 潘泽泉，刘丽娟．空间生产与重构：城市现代性与中国城市转型发展［J］．学术研究，2019，411（02）：46－53.

② 李强，陈宇琳，刘精明．中国城镇化"推进模式"研究［J］．中国社会科学，2012（07）：82－100.

③ 李桂平，城市化过程中的社会经济协调发展［J］．湖南社会科学，2002（4）．

转化，出现人口集中的过程，即非农化；三是农村地域向城市地域的转化，出现城市形态的过程，即城镇化。产业、人口、城市的集聚过程既是一个联动的过程，又是一个顺序过程。

城市化是一个社会经济关系重构，城乡关系趋于多元化、复杂化的过程。城市化进程呈出"S"形发展规律，不同阶段有不同的城乡关系。起步阶段，出现限制劳动力流动，表现为城乡对立为主的城乡社会经济结构；快速发展阶段，城乡对立转变为城乡联系，劳动力向城市单向流动；基本实现阶段，城乡联系发展为城乡融合，劳动力出现双向流动；完全实现阶段，城乡融合发展为城乡一体化。城市化过程中不仅农村要素向城市要素转化，而且城市社会文化进行地域扩散。

城市化是工业革命和科学技术发展的过程。城市化进程同世界各国的工业化进程紧密相关，例如英、法、德、美是世界上最早完成工业化的国家，又是最早启动城市化的国家。当今世界各国城市化水平和各国经济、社会发展水平相一致，工业化与城市化互为因果，相互促进。从理论上分析，城市化与工业化同步协调是经济持续增长的必然要求。根据 H. 钱纳里和 M. 塞奎因的世界发展模型分析，初始城市化是由工业化的产业和人口集中形成的集聚效应推动的。到工业化率、城市化率同处于13%左右的水平以后，人均收入增长使城市居民需求趋向多样化，工业结构的内部调整无法适应消费、投资需求的扩大，城市化加速，并明显超过工业化率，借助于需求拉动，城市化反过来又促进工业化。钱纳里还从经济发展的长期过程中总结出不同经济发展阶段的不同产业具有不同特点的工业化理论。城市化也是一个国家或地区现代化不可缺少的部分和阶段，城市化既是以工业化为基础的社会现代化的结果，又全面促进社会现代化的进程。城市化与工业化、现代化有着密切的联系。

城市化是一个产生和治理"城市病"等社会经济负效应的过程。传统的城市化带来了环境污染、交通堵塞、住宅紧张、就业困难、社会治安恶化、水资源短缺为特征的"城市病"，引起了社会、经济、文化、生态的沉重负担，城市的可持续发展受到挑战，这是传统的产业理念带来的。传统产业理念认为，城市化过程是产业驱动的结果，随着科技进步，产业结构发展的趋势是生产要素不断流向利润高于农业的部门，导致第二、三产业集聚和扩展，但是集聚超过一定的临界点就会降低综合效益和提高综合成本。从世界各国城市化的趋向来看，人们已经从传统的产业理念转向经济与社会生态协调发展的现代城市化思维。中国如何避免西方从集聚—扩散—再到集聚的城市化发展弯路，减轻城市化过程的阵痛，成为最关键也是最困难的问题。

城市化是一个城市经济主导国家或国际区域乃至全球经济发展和社会进步的历史进程。现代城市是社会、经济、政治、文化发展的中心，具有强大的聚集能力和辐射能力，它是经济系统中各种资源流动和配置的枢纽。①

城市化是我国社会经济发展的动力和必要的过程。发展城市化，从短期效应来看，具有启动内需，从投资和消费两方面拉动经济增长的作用，可以缓解劳动力就业问题；从长远效应来看，有利于优化产业结构和区域结构，促进城市化向工业化—现代化—国际化—全球化递进，提高国际竞争力，而且城市化也是世界经济发展的潮流。因此，全力推进城市化进程，是 21 世纪我国经济社会发展不可推卸的历史使命，也是我国经济长期高速增长的空间所在。

纵观中国城市发展史可以看出，区域农业生产力的发展是城市化的初始动力，工业化是城市形成、发展的核心动力，第三产业的发展是现代城市发展的主要动力，知识产业的发展是知识经济下城市发展新阶段的动力。②

二、促进城市化发展的空间正义

空间正义是城市发展和治理的目标和价值追求，是达到社会全面发展、社会质量提高、社会发展成果共享、社会稳定与和谐社会构建的需要，是基于空间维度的资源公平性配置与公正性维护。城镇化的空间正义就是要按照空间正义的价值原则进行城市空间生产和资源配置，注重城市居民在空间权益、发展机会、社会资源等多方面的公平待遇与公正配置。城镇化是将农村地区或者郊区转变为城市，导致城市空间不断拓展和生产的过程，也是城市空间资源的整合、配置与再分配过程，通过资源配置不断改造、挤压甚至吞噬农村空间，演化新的城市空间与社会关系的过程。③ 城市化与社会经济协调发展的相关性及城市化现实中社会经济的矛盾表明，城市化要实现社会经济协调发展，不但要选择适宜的城市化道路，而且要选择适宜的产业结构来支持城市化发展，同时还要选择适宜的制度来保障社会经济协调发展。

1. 实施可持续发展的城市化战略是社会经济协调发展的前提

可持续发展战略是指城市化必须坚持可持续原则，即保持城市同生态环境的协调发展，在求取当代城市发展的同时不损害未来城市的发展。

（1）发展大中小合理布局的城市群落策略。即构建大城市带群关系，形成

① 丁健. 现代城市经济 [M]. 上海：同济大学出版社，2001.
② 叶忠海. 创建学习型城市的理论和实践 [M]. 上海：上海三联书店，2005：23.
③ 陆小成. 空间正义视域下新型城镇化的资源配置研究 [J]. 社会主义研究，2017（1）.

以城市为区域发展极的大城市、中小城市协调发展的战略。我国学术界对城市化道路一直存在三种选择与争论，第一种意见是大中城市发展核心论。第二种意见是重点发展小城市。第三种意见是走大中小城市协调发展的道路。根据我国的具体国情与城市建设的条件，兼顾城市发展的经济效益和社会效益应该选择大中小城市协调发展道路，并且不是孤立地发展某一类型的城市，而是形成大中小合理布局的城市群落。重点发展大城市和小城镇，从而带动中间网络环节，构建完整的城市体系。

（2）实行区域性城市化发展策略。由于我国各个区域自然条件、经济基础、社会历史条件的差异，使我国城市化发展极不平衡，必须根据各区域的特点和条件，适应社会经济发展水平采取区域性城市化战略。例如，东部沿海地区城市化水平高，大中城市比较发达，形成了以特大城市为中心的城镇体系，这一区域的城市化倾向于全域城镇化与城镇化溢出分散为主。中西部地区城市化水平低，社会经济条件制约着城市化的发展，应该采取适度集聚的道路。

（3）积极推进城乡一体化策略。城乡一体化是城市化的最高阶段，对我国来说是一个现代化的发展目标。全域城市化的提出将成为其推进的一种新模式①。根据 OECD（2013）关于协调城市和乡村关系，推动城乡经济一体化发展的研究指出，城市和乡村之间的紧密联系可通过地方政府自下而上推动、中央政府自上而下推动以及利益推动三种方式形成。诸如，芬兰通过地方政府之间的合作，自下而上推动城乡关系密切发展；法国通过中央财政刺激自上而下推动；澳大利亚协调的城乡关系是中央政府自上而下和地方政府自下而上共同作用的结果②。美国城乡一体化发展的过程，是以大都市区的发展带动城乡的发展，实现城乡的均衡协调发展。德国依靠城乡均衡持续发展，日本城乡综合规划，英国以建立新镇为引导。中国城乡一体化最初是 1982 年在江苏试行，1983年在全国实行的市管县的行政管理体制，使得地方政府可以对辖区内城市和农村、工业和农业、经济和社会事业进行合理安排、统筹兼顾，从而实现城乡之间协调发展。进入 21 世纪以来，面对城乡发展严重失衡的状况，破除城乡二元结构，推进城乡发展一体化的现实课题摆到我们面前。城乡一体化发展模式从地域角度来看，具有代表性的模式有：苏南模式、成都模式、北京模式、上海模式、重庆模式等。从城乡两大基本支撑点拉动的角度不同，可把城乡一体化

① 孙久文，夏添，李建成．全域城市化：发达地区实现城乡一体化的新模式［J］．吉林大学社会科学学报，2018（05）：71-80.

② 任杲，宋迎昌．城乡一体化研究文献综述［J］．城市，2017（11）：48-53.

的模式主要概括为以下几种：北京、上海的"大城市带小郊区"模式，重庆、成都的以"大城市带大郊区"模式，以及江浙地区的以"小城镇带农村"模式。① 2008 年，大连和重庆的城区率先提出了全域城市化的发展目标。现阶段推动城乡要素配置、空间布局、产业发展、基础设施建设、基本公共服务、生态环境等方面互动融合、共建共享，加快形成"工农互促、城乡互补、全面融合、共同繁荣"的新型工农城乡关系，促进农业农村现代化与工业化、城镇化、信息化同步发展。②

2. 选择适宜的城乡产业结构是社会经济协调发展的基础

工业的发展和工业的集聚是城市化的第一推动力，因此要利用产业结构的调整升级促进城市化的发展。产业结构是以往经济增长的结果和未来经济增长的基础，成为推动经济发展的主要因素。产业结构同经济发展相对应，它的变动趋势主要表现为产业结构由低级向高级演进的高度化和产业结构横向演变的合理化。从国民经济的产业结构发展来看存在着第一产业向第二、三产业转移、产业结构信息化的过程。从工业结构的发展来看，工业化过程表现为工业结构的重工业化、高加工度化和技术集约化的总体趋势。促进区城产业结构及时和顺利的转换，可以推动城市化、区域经济的较快发展。

（1）大力发展技术密集型、知识密集型产业。一方面这些产业的需求弹性大，市场竞争力强，有利于资本积累和就业，另一方面产业的关联度高，可以带动更多产业和新型产业的集聚和发展。

（2）大力发展第三产业。第三产业与城市化的进程密切相关。特别是在工业化后期，城市化的发展主要依赖第三产业的发展，同时城市化的发展又是第三产业发展的必要条件。第三产业和城市化的互相推动和加速发展成为经济发展的推动力。

（3）推动农业产业结构的优化升级。农业中加强对农业自然环境资源的合理利用和有效保护，要向集约经营转变，选择适宜的技术来支持农业的增长。因此要发展农业的规模经营，推动农业产业化，建立完整的社会服务体系，发展现代生态农业。

在加速城市化过程中，要摒弃高投入、高消耗、低效益、重污染的生产方

---

① 孙来斌，姚小飞. 中国城乡一体化研究述评 [J]. 湖北社会科学，2016 (04)：54 - 59.

② 张克俊，杜婵. 从城乡统筹，城乡一体化到城乡融合发展：继承与升华 [J]. 农村经济，2019 (11).

式，代之以低消耗、高效率的清洁生产体系；推广生态农业、可持续农业，才能达到经济快速持续增长，并且经济发展与人口、资源、环境的关系趋于协调。

3. 城市公共政策创新是社会经济协调发展的根本保障

城市化的制度改革和创新的滞后是制约我国城市化进程的主要原因之一，为了实现 2050 目标，要求进行城市化的公共政策改革和创新。

（1）户籍管理制度的创新。中国户籍制度实行了渐进式的改革，逐步淡化户口的作用，使户口迁移变得容易。目标是实现人口的自由迁移。第一，放宽农村人口迁入大中城市的管制。允许具备一定条件的农民自由选择进入哪一级城市就业和生活。目前主要是放宽城市居民在城市之间的流动。第二，循序渐进改进农村居民迁入城镇的条件。

（2）社会保障制度的创新。应该建立城乡相互衔接、相互协调的社会保障体制。一方面根据不同的保障内容实行不同的过渡性的办法，另一方面根据城市化过程的差异，不同的城市采取不同的发展政策。

这些制度的配套创新根本在于推动市场经济体制的完善，使资本、劳动、土地、信息、技术等各项城镇化生产要素实现自由流动，进行利益最大化的配置。以市场化推动城市化，并且加强政府对城市化的宏观调控，才能加速城市化过程。

总之，社会经济协调发展的城市化将逐步减轻城市化过程的负效应，使城市化加速并逐步与经济、社会的发展相协调，从而推动我国进步，实现长期稳定的发展。

三、城市发展不同阶段的区域结构

城市发展是一个实践的空间，是一个表征的空间。城市发展不同阶段有不同的产业结构和区域结构。科林·克拉克（Colin Clark）在《经济发展状况》（1940 年）提出了三次产业的划分。第一产业活动指农业或采掘业，受到自然因素的制约。第二产业是加工业，第三产业是服务业。克拉克认为技术进步带来第一、第二产业活动的减少和第三产业活动的增加，第三产业是一个现代化国家的主导产业。技术改变了空间的表征。

农业经济时代，城市竞争体现在比较优势上，城市竞争力体现在城市的区位特征上，区位优势建立竞争优势。

工业经济时代，对城市发展影响最大的是资本、劳动力、原材料的集聚，加工和交换的能力，以及交通便利程度，城市集聚能力创造了城市化本身。19世纪和 20 世纪初的欧洲和北美，工业化带动了城市地区的快速扩张。

后工业时代，城市活动分为市区性功能和区域性功能，对区外提供服务的功能，是城市发展的主要动力。城市扩散能力改变了城市化。发达国家的去工业化和金融与技术集群增长的结合不能验证工业化与城市化的关系，郊区化通过汽车业和房地产业推动了工业化。

信息时代，人才、信息、高新技术等生产要素与优良的生产生活环境是影响城市竞争力的核心要素。

城乡功能划分中，城市规划发展了工业区，然后发展了核心区，后来发展了金融互联网新经济区域。周边又有了园区经济、开发区等形式。技术革命与技术更新换代带来城市更新。

第四节　城市空间生产三要素

一、空间实践、空间表征和表征空间的互构

空间表征属于社会空间的被构想的维度，表征的空间指的是特定社会空间内具有象征意义或文化意义的建筑，是精神的一种虚构物，包括艺术和建筑，象征着空间内对符号更高层次和更富有创意的使用。城市空间生产从分散的聚集到集中的聚集再到聚集的分散。从区域链接到全球链接，从商品要素的"硬链接"到信息和服务要素的"软链接"，从个别链接到万物互联，从基础设施贡献到公共服务贡献。从硬件产品共享到软件产品的共享，从公共产品的共享到私人产品的共享。聚集、联系和共享加速城市的空间演变①。城市空间生产越来越多地出现内城和郊区的社会空间重构、不平衡发展、居住隔离（如种族和阶级隔离）、邻里效应、绅士化和郊区化等。

空间实践、空间表征和表征空间是列斐伏尔空间三元辩证法的核心概念，三者是社会空间的不同层面或分析向度，三者之间并没有所谓的先后关系，也不是类型学划分，而是一种互构逻辑，并且这一互构的过程是不断促进新的空间生产的过程。

---

① 中国社会科学院（财经院）与联合国人居署共同发布．全球城市竞争力报告 2019－2020：跨入城市的世界 300 年变局［EB/OL］．GUCP 全球城市竞争力研究网站，2019－11－12.

二、城市空间生产与空间消费的均衡

城市空间的生产要素包括了权力、资本、历史、文化。马克思看作是诸如生产处所、市场区域之类的自然语境，隐约论及空间的社会性。涂尔干的空间具有社会性，特定社会的人都以同样的方式去体验空间。齐美尔认为空间是社会形式得以成立的条件。列斐伏尔的空间是社会关系的产物，产生于有目的的社会实践。建构社会空间的类型学，正是经由不同空间类型的转换才实现社会的演变，即从差异空间到抽象空间的转型。空间是作为一个整体的空间在生产中被消费。布迪厄空间是一个关系的体系，空间的建构由位居此空间的行为者、群体或制度所决定。吉登斯空间形塑社会互动亦为社会互动所再生产。社会互动在空间结构下如何以不同的形式延展并改变社会的资源分配结构和运行机制。时空分延与重组以及由此而产生的社会系统的抽离化，成为现代性成长的两大动力机制。新城市社会学理论认为空间过程是资本集中、阶级冲突和工业生产的深远过程的结果。卡斯泰尔空间是社会的一个重要物质纬度且与其他的物质纬度发生关系，进入这一关系的人赋予空间以形式、意义和功能。马克·戈德纳在批判列斐伏尔、卡斯泰尔、哈维的都市空间阐述的基础上，提出社会——空间视角。他认为，城市空间镶嵌在一个复杂的政治、经济与文化之网中，社会与空间之间存在着相互交织的关系：一方面人类在社会结构限制下在一定的空间中运行；另一方面，人类可以创造和改变空间以表达自己的需求和欲望。哈维强调空间的生产与空间是社会权力的源泉。在詹明信看来，现代主义是时间的文化，而后现代就是空间化的文化，后现代空间是资本主义和后工业化导致的超空间，这一空间是破碎而分裂的，具有平面感和无深度感。在福柯看来，现代社会是一个纪律社会，而空间成为权力运作的重要场所或媒介，是权力实践的重要机制。空间的建构嵌入关系之中，并经由关系而确定，其背后隐藏着权力和知识的空间化。索亚认为社会性、空间性与时间性形成社会的"三重辩证法"。①

城市空间的消费决策同样要回答类似于生产什么，怎样生产，为谁生产，谁来决策的资源配置问题。城市空间消费受到谁生产、谁设计、谁消费的影响。拥有生产空间的话语权和有权规划空间生产空间者的利益偏好影响空间实践。优化城市空间资源配置，城市公共空间的住宅化和满足本体性安全的需要，支配性利益和城市发展的逻辑，市场的空间偏好，边缘区域开发与内城区域的重

---

① 文军. 西方社会学理论：经典传统与当代转向［M］. 上海：上海人民出版社，2006.

新发展等因素，带来了城市社会空间消费的极化、空间的隔离及其生产与再生产，形成了城市贫民区的孤岛经济效应，加剧了传统城市社区原初归依情感和心理的磨损和销蚀，加剧了城市空间消费的社会贫困。①

城市空间的均衡就是空间生产者与消费者的选择达到一定的稳定的状态，如果不能均衡可能出现死城，空间形态没有生命力。城市空间的均衡也要适应技术变迁、消费者需求的变化。

三、城市空间重构的社会资本

社会资本都依赖于社会结构的稳定性。从传统社会向现代社会变迁过程中，社会结构的变迁就会影响社会资本培育和存量。现代市场经济对传统意义上的社区的解构，只会加剧社会资本的减少和弱化。城市规划和住房市场影响到城市社会空间的变化。由于政府新市镇的城市规划政策及市区重建政策，在空间上引起穷人居住区的隔离（residential segregation）以及富人居住区的集中，带来了社会空间的极化和隔离。现代城市化过程在创造城市繁荣的同时，也加剧了一部分人的社会资本的弱化和贫穷。②

社会资本自 20 世纪 90 年代开始，成为许多学科关注的热门概念和分析的重要起点。社会资本的研究中，布尔迪厄和科尔曼为社会资本研究提供了理论基础；普特南把社会资本理论运用于政治学，使得社会资本研究在社会科学界得以迅速流行、传布。1980 年，法国学者皮埃尔·布迪厄（Pierre Bourdieu）在《社会科学研究》杂志上发表《社会资本随笔》一文，文中正式提出社会资本概念。他认为社会资本指的是"实际或潜在资源的集合，这些资源与由相互默认或承认的关系所组成的持久网络有关，而且这些关系或多或少是制度化的"③，强调的是"体制化关系网络"。之后，美国社会学家詹姆斯·科尔曼在《美国社会学学刊》发表的《作为人力资本发展条件的社会资本》（1988）一文，首次在美国社会学领域完整地使用了社会资本这一概念。科尔曼认为社会资本是"个人拥有的社会结构资源"，其内容包括社会团体、社会网络和网络摄取。社会中的个体只有通过社会团体的成员资格和社会网络的联系并在此基础

---

① 潘泽泉. 社会空间的极化与隔离：一项有关城市空间消费的社会学分析［J］. 社会科学，2005（1）：67－72.

② 潘泽泉. 社会空间的极化与隔离：一项有关城市空间消费的社会学分析［J］，社会科学，2005（1）.

③ Pierre Bourdieu, Loic Wacquant, Invitation to Reflexive Sociology［M］. Chicago：University of Chicago Press, 1992：119.

上进行网络摄取，才能得到社会资本的回报①。集中于个人层次的分析，普特南在其代表作《使民主运转起来》（1993）一书中进行了经典概括。普特南提出社会资本是指社会组织的特征，诸如信任、规范以及网络，它们能够通过促进合作行为来提高社会的效率。社会资本是生产性的，促进了自发的合作，使得某些目标的实现成为可能。他认为信任是社会资本的最关键因素，是社会资本的必不可少的组成部分。② 罗纳德·伯特提出："社会资本指的是朋友、同事和更普遍的联系，通过它们你得到了使用其他形式资本的机会……企业内部和企业间的关系是社会资本，它是竞争成功最后的决定者。"③

从以上定义中，我们可以发现，所谓社会资本是指能作为资源提供给行动者用来获取收益的那部分社会结构和社会网络的价值，行动者可以是单个自然人或企业。社会资本通过行动者之间相互关系的变化而产生，主要是指企业或创新组织所具有的一些特征和相应指标，如网络、标准、约定的规章和信任等，这些特征和指标为促进创新组织之间在创新行动与创新利益等方面的合作与协作提供了一个运行的基础。这里社会资本实际上就是不同创新组织之间的具有生产性和扩展性的合作或协作关系，即合作性的创新网络。城市社会资本是城市合作性创新网络。

社会资本与城市创新活力的增长。美国经济学家福山曾经指出："社会资本对于一国的繁荣与竞争力具有举足轻重的影响力。"具体到城市创新领域，社会资本发挥作用的形式有政府、公共研究机构和大学及国有企业、私营企业间的相互协同的机制，企业间相互合作与竞争并存的水平联系以及人才流动。社会资本是在信任、交流互惠基础上共同行动而产生的相互关联的社会结构，基于这种结构，单个企业减少了行动成本，改善了生产环境和企业运作的社会环境，并在共同行动中受益。城市创新能力的提高，不仅是依靠创新网络上单个结点，即各行为者的力量，而且依靠网络结点相互联系的完善。信任程度的提高可以通过从高级决策者到具体执行者之间的合作来实现；信息渠道可以通过在创新行为者之间建立水平渠道，也可以在机构内建立垂直渠道；最后，在任何没有

① J. Coleman, Foundations of Social Theory [M], Cambridge：Harvard University Press, 1990, p. 302. ; J. Coleman, "A Rational Choice Perspective on Economic Sociology" [M]. in Smelser, N. and Swedberg, R. （eds）, The Handbook of Economic Sociology, Princeton University Press, 1994, p. 312.

② R. Putnam, Making Democracy Work：Civil Tradition in Modern Italy [M] . Princeton：Princeton University Press, 1993, p. 167.

③ R. Burt, Structural Holes, The Social Structure of Competition [M] . Cambridge：Harvard University Press, 1992, pp. 69 – 70.

建立起合作的领域都可以通过建立规则和制度来约束。社会创新概念的提出，本质上是来源于社会资本在创新资源配置和激励中的作用的凸起。而社会资本的形成以及其能够作为一种不同于政府、市场和企业的配置创新资源的手段和力量，则是来源于一种富有效率的合作性创新网络的形成及其作用。

社会网络被认为是由提供诸如信息等资源的联系所组成，是主体获取信息、资源、社会支持以便识别与利用机会的社会结构。产生社会资本的联系可以在个体层次与组织层次产生，尽管它们常常主要归因于相关的个体行为者。这些联系可能是直接与间接的，它们的强度可能发生变化，并且产出（关于联合或连接的社会资本）取决于网络类型。社会网络在个体与组织的各种社会活动中都具有重要意义。在 Granovetter 的经典研究中，他强调了在获取资源中维持一个外部弱联系网络的重要性（关于任务的潜在信息）。弱联系是个体之间的松散关系。

弱联系在获取信息中是有用的而且成本低。诸如来源于家庭关系的强联系提供了获取资源的可靠、坚固渠道。而从网络背景来看，来自更高社会经济团体（更高阶层地位）的个体更可能具有更多的金融与人力资本赋予，并且根据社会相似性原理，来自更高社会经济地位的团体也更可能在他们社会网络中拥有与他们具有相似商业环境的个体。

许多研究表明，强联系是有用知识的重要渠道。而（尤其疏远而且不经常的相互作用）弱联系更可能是创新信息的源泉，因为强联系往往与其他联系进行连接，而这些强联系是一个知识搜寻者所非常接近的、并且因此搜寻者已经知道了交换中的信息。弱联系不仅能够作为发现工作的工具，而且可以作为思想及技术建议扩散的工具。

第四章

城市空间生产：社会创新的空间

第一节　空间要素提质：产业集群与产业链

一、产业集群与产业链是国家或区域优势的核心空间

当今各国和城市的竞争优势都是以产业集群的形态出现的，某种意义上，国家或城市的竞争就是产业集群和产业链的竞争。现代化的产业链是开放的、全球化的产业链。产业链现代化，是指在一个国家内部由产品和服务生产各环节所构成的链条能够充分利用当代先进科技成果、生产组织模式和经营管理方法，整体发展水平处于世界领先行列。产业集群给区域经济发展带来外部经济效应、成本优势和创新优势等影响。缩小地区差距的方式就是建构产业集群，形成产业竞争优势。

（一）产业集群的特征

1. 产业集群具有外部经济效应

外部经济最初由马歇尔提出，包括外部规模经济和外部范围经济两个方面。企业利用地理上的接近而共同进行生产、销售等活动，通过产业的空间集聚，企业的整体规模增大，从而使单个企业在实现合作的基础上获得外部规模经济。另外，企业通过部门之间的专业化分工及在生产和交易过程中的密切合作可获得外部范围经济。德国韦伯的聚集经济理论尤其强调工业企业在空间上的规模化，将聚集经济视为一种规模经济效益，或者说聚集能够享受专业化分工的好处。而范围经济源于交易费用。范围经济的内涵是生产或交易上关联企业之间的一种协同效应。对外部范围经济的追求，也是企业地理空间聚集的重要诱因。专业化分工构成一个城市区别另一个城市的核心，一个城市的未来取决于它是

否居于技术的前沿，而不是它所拥有的已经成熟的技术。

2. 产业集群具有成本优势

产业集群内企业间由于在地理空间上的相对集中，形成了一个高效的专业化分工系统，从而获得了明显的成本优势。一方面集群企业的空间接近性可以降低企业间每一次交换的交易成本，从而在连续的交易过程中大大减少总的交易成本。另一方面，由于集群内企业拥有共同的产业文化、价值观和良好的信任基础，使信息高效传播，企业搜索信息的时间和费用大大节省，从而节省了信息成本。

3. 产业集群具有创新优势

产业集群促进了交流和竞争，从而为创新创造了条件、提出了需求。产业集群基本上是技术创新的中心，一定范围内推动着技术进步。美国的高科技产业区不仅是美国也是全球的技术创新中心。集群的产业氛围可以培养生产要素——劳动力要素对该种产业相关知识与创新的敏感性，尤其对于创造性要求高的产业，如计算机软件、高档时装业、工艺品制造业等，技艺的技术性与艺术性难以严格区分。产业集群内知识与技术通常以隐含类、非编码化的形式传播与扩散，技术创新通过在"干中学"而传承。① 集群模式方便了集体学习的进程。信息、知识和实践在整个集群区快速传播，从而提高了企业和机构的创新能力。集群区域化生产体系也增加了企业决策的可靠性和前瞻性，集群中存在的贸易网络、技术传播机构、贸易联合会和培训协会等组织形式分散了创新费用和压力。

植根于产业集群中的知识技能将产生可持续的创新优势。知识技能在产业集群内的扩散作用是快速的，而不同的产业集群间知识的扩散作用却是缓慢的。产业集群将外部新的人员、技术、公司、机构吸引到集群中，从而引发知识技能的聚集过程。知识技能的聚集作用将引发新一轮更大规模的知识技能的扩散过程。知识技能在产业集群中的聚集和扩散作用的循环进行，不仅能进一步提升产业集群的创新优势，而且还有助于产业集群的创新优势的可持续发展。

（二）产业集群对产业、区域竞争力的影响

产业集群沟通跨产业的知识和信息渠道，形成地方产业分工，应对经济全球化的背景。产业集群扩大产业规模，保证产业的持续创新，形成生产和开发的基础结构。产业集群促进新企业的衍生，打造区位品牌，吸引更多的资金和

---

① 马刚. 产业集群演进机制和竞争优势研究述评［J］. 科学学研究，2005（2）：188 - 196.

技术。产业集群构建有竞争力的价值链，基于本地资源基础，走区域特色发展道路。提升产业竞争力，有助于增强区域或城市核心竞争力。

二、提升产业集群竞争力的路径

集群是产业呈现区域集聚发展的态势，是一种柔性生产综合体的集群；集群是介于企业和市场之间的中间组织。产业集群中群体是竞争的主体。

产业集群的形成与发展的基础是产业的空间集聚、产业集聚过程中企业的分工与专业化、产业集群内的企业在专业化分工基础上的协作与结网，区域内创新网络的根植过程与整体区域系统创新能力的提高。总结影响产业集群形成与发展的因素，主要有以下几个方面。

1. 区位与空间因素

大量专业化企业在大城市郊区或中小城市集聚成群，可以比较容易地获得柔性劳动力。在研究产业集群的学者中，既有经济学家，又有社会学家和地理学家等，他们的研究角度各异，从而在产业集群形成、发展的作用机制等方面的理论探讨中出现了分歧。一般认为，在产业集群形成中起关键作用的因素有：自然资源和运输成本、规模经济与外部性、相关延伸产业的支持、外商直接投资、企业家精神、制度与政府政策。

迈克尔·波特教授认为，产业集群产生的原因大致可归纳为以下四类：（1）历史；（2）不寻常的复杂或紧迫的需求；（3）已经存在的供应链、相关产业或为新产业集群的产生提供种子的整个产业；（4）一两个具有创新性的公司。

产业集群消亡的原因有：（1）技术上的间断性使产业集群在技术上不再领先；（2）消费需求的转换；（3）产业集群内在的僵化，如过度合并、相互谅解、卡特尔和其他限制竞争的行为。产业集群的形成和发展过程中，市场的生成性要大于政府的建构性。包括天然条件、比较利益、政府投资、制度组织都发挥了作用，区位是因素之一，但不是唯一的决定因素。政府在产业集群的产生和发展的过程中也起着重要的作用。

2. 社会文化因素

区域内企业主或工人之间具有相同或近似的社会文化背景，企业之间在专业化分工和市场竞争过程中，能够建立密切合作的关系，因而相互信任和彼此满足，需求成为区内最有价值的资源。同时，区域内行为主体共同创造一个可以广泛接受的行为模式，这种社会行为模式由显性的编码知识和隐性的经验类知识共同构成，其中隐含经验类知识往往在创新发生过程中发挥着关键性的作用。

3. 产业组织与经济方面的因素

区域内存在一种前向关联、后向关联的劳动力联接，人与人之间、企业与企业之间以及各行为主体之间进行商品、服务、信息、劳动力等市场或非市场的交换。企业内部以及同行业企业或相关产业企业之间的关系是柔性的，即动态的合作与竞争关系。区域内企业的柔性专业化，不仅增强了企业独立生存的能力，而且使企业具有较强的适应性和创新性，即对市场中的新产品或变化的市场信号能够迅速做出反应。

4. 公共机构与组织支持因素

专业化的企业与当地教育、培训和研究机构、金融机构、中介服务以及政府等公共机构组织形成一种网络，共同促进区域的发展。在上述诸多因素的共同作用下，区域内的企业能够实现外部的规模与范围经济。而集群也由于内部形成的创新网络而保持着创新优势和竞争优势。

三、产业集群的创新网络分析框架

1. 产业集群的社会资本分析

Meyer Stamer（2002）分析了产业集群内企业合作的模式，研究企业合作的典型障碍，探讨了如何克服文化对合作的不利影响，最后提出了通过企业合作来营造创新的环境，从而提高产业集群的创新能力和竞争优势途径。

Mark Lorenzen（1998）探讨了基于信任的信息成本，认为在不同的环境下有不同的信息获取方式，不同类型的信任有不同的信息成本。所以，在不同环境下，不同类型的信任具有相应的主导地位。通过实证分析，他研究了产业集群企业的信息成本特点，解释了不同的信任在不同产业集群的存在原因和地理接近与信息成本的关系。

社会资本存在于不同创新组织的关系之中，是创新组织的无形资本，是一种公共物品或准公共物品，具有可转移的性质。

产业集群形成的社会资本包括创新文化、信任合作关系和企业家资源。集群的社会资本促进了企业之间的知识交流，降低了企业之间的交易费用，而违约、背信是负面的社会资本。社会资本促进了产业集群的形成与发展，产业集群中社会资本的价值决定产业集群的竞争优势。

2. 产业集群的社会网络分析

（1）产业集群竞争力的差异与企业网络的组织化程度有关。产业集群能力高的地区，网络的组织化程度往往也较高。其内在原因是网络组织化程度会影响企业间集体学习的效率。网络的组织化程度与信任、合作、能力的异质性与互补性等因素有关。威廉姆森（Williamson）、格兰诺维特（Granovettor）、理查德森（Richardson）、哈堪森（Hakansson）、拉森（Larson）等认为市场和企业不是相互对立的，而是相互联结、相互渗透的，连接企业与市场的组织就是网络组织。网络组织理论将社会经济活动放在了更加现实和更为广阔的背景下，分析的重点是企业内部或外部能够诱导和实际存在的各种交互作用的网络关系及其构造。网络关系不仅包括交易主体之间的贸易行为，也包括非贸易的相互依赖性——根植性。

Nicolai J. Foss（1999）比较了传统用来解释企业间关系的能力理论和组织经济学理论，分析了能力理论和经济学解释企业间关系的优点和不足。能力理论虽然可以解释企业间的合作，但是缺乏理论基础。Carlos Quandt（2000）认为，创新群和合作网络是促进区域发展，提升创新能力和区域竞争优势、缩小空间和社会不均衡的主要工具。Dirk Messner 和 Meyer Stamer（2000）则探讨了什么是网络、如何认识网络等问题，从三方面（即利益集团和决策风格、网络社会功能逻辑、七个网络的问题）对网络治理逻辑进行了研究，最后研究了网络治理对产业集群和价值链的作用。Jorge Britto 分析了企业间合作的网络形式，介绍了与网络结构特征相关的因素，探讨了网络竞争的决定因素。他把企业间的合作形式分为四种：传统网络、技术结构网络、复杂技术网络和基于技术的网络。

（2）产业集群的社会网络特征。产业集群的知识具有隐性、分散性和空间植根性特征，产业集群的知识网络提高知识生产、获取和利用效率。产业集群的能力是产业集群知识的函数；产业集群的创新系统是超越地理限制的空间创新系统；产业集群是生产网络、知识和社会网络的融合；产业集群治理结构创新是价值链治理和网络治理的互动。政府应该制定全面的、自上而下和自下而上相结合的产业集群政策促进产业集群形成与发展。台湾地区学者的探讨概括起来大致有两大途径：一是从社会学的观点出发所做的探讨，认为企业家的协作网络关系是建立在网络成员之间彼此的承诺与信任关系之上的，而这种承诺与信任关系则是需要依靠企业主之间社会关系的建立，因此企业主之间的社会关系是维持网络安定的主要力量；二是依据经济学的观点进行研究，认为企业因为降低交易费用、依赖稀缺资源、降低不确定性等原因形成网络关系。

（3）社会网络能形成和扩展创新能力。一个高信任度的社会能够容许多样化的社会关系的产生，发展相对健康的社会网络会有较强的创新能力。创新主体在社会网络中的价值大小是由创新主体已占有及可占有的物质、能量、信息权力的大小决定。取得网络内的组织认同，有效地扼制机会主义行为的出现是增加网络价值的有效方式。以外部经济内部化和互信为基础的集群文化不仅使得集群内企业可以以非契约的形式开展交易，而且能在一种信赖的气氛中交流和分享技术。产业群落能够提高群落内企业的持续创新能力，并日益成为创新的中心。

（4）集群具有直接的和间接的网络效应。集群的形成是一个网络外部化的过程，体现在企业的区位决策上。集群中的企业广泛发挥与外部网络的弱关系时，整个集群的创新能力提高，竞争能力提高。

3. 产业集群的创新环境分析

创新环境学派于 20 世纪 80 年代中期产生。欧洲 GREMI（Groupede Recherche Europesurles Milieu Innovateurs）区域创新环境研究小组提出了社会文化环境（Milieu），这个概念把产业的空间集聚现象与创新活动联系在了一起。① 该理论认为环境是一种发展的基础或背景，它使得创新性的机构能够创新并能和其他创新机构相互协调。创新环境是诱导创新的区域中由制度、法规、实践等组成的系统。这个概念将格兰诺维特的"根植性"概念转移到了地域上。创新环境理论以马歇尔有关知识和组织的论述为主要理论渊源，创新环境理论强调产业区内创新主体的集体效率（collectiveefficiency）的重要性，强调创新环境是一个能产生协同过程的综合体，是经济或技术上相互依存的一个组织或一个复合系统，在其边界内的生产系统、技术文化和各主体联结成为一个紧凑的整体。

4. 产业集群的创新网络分析

创新网络是产业集群保持长期竞争优势的基础创新网络（innovative networks），是指多个企业特别是中小企业为了获得和分享创新资源而在所达成的共识和默契基础上相互结成的合作创新体系。产业集群作为一种地方根植性网络，一个关键性特征就是内部企业、供应商、顾客以及其他机构间的互动、互补。通过给予产业集群内企业广泛尝试机会、降低创新成本与风险、增强集体学习机制、扶持企业衍生，赋予产业集群创新活力，最终形成地方化知识和能力体系，成为产业集群拥有长期竞争优势的基础。

Camagini 等研究发现，在产业区发展过程中，企业之间及其与外部的网络联接对于企业创新和区域经济发展起了关键作用。② Harrison 强调指出只有根植

---

① 王缉慈. 创新的空间——企业集群与区域发展［M］. 北京：北京大学出版社，2001.
盖文启. 创新网络——区域经济发展新思维［M］. 北京：北京大学出版社，2002.
② Camagni R. Innovation Networks：Spatial Perspectives［J］. London：Beelhaven－Pinter，1991.

于当地社会文化环境的创新网络才能更好地发挥作用。① Grabher 进一步研究发现，新产业区发展正是企业根植于特殊区域社会人文环境的基础上，凭借与区域内的相关产业企业、供应商和客商、地方政府、中介机构和研究机构等行为主体结成的网络，才得以持续发展。② Park S. O 指出，新产业区内的柔性生产体系和大宗生产体系并存，地方网络和全球网络同在。③

波特将产业集群视为在某一特定领域内相互联系、在地理位置上集中的公司和机构集合，他特别强调区内集群企业在获取雇员和供应商、专业化信息、互补性、获取公共品方面的优势，同时也探讨了区位选择、就地参与、集群升级和集体协作对提高集群竞争力的作用。④ Capello 在研究创新网络时发现，区域内的行为主体在网络联接过程中不断进行集体学习，促进创新网络与创新环境的互动，进而实现企业的空间集聚和产业区的持续发展。⑤ Amin、Thrift 认为，企业与其他组织之间的关系对于创新的重要性并不比企业之间的关系弱，非企业地方组织的"机构稠密性"（institution thick ness）对于增进合作、促进学习和创新活动非常重要。⑥ Askeim 提出的学习型区域（learning region）及 Cooke 等人倡导的区域创新系统（regional innovation system）也有类似观点，都强调非企业机构或组织在区域创新能力方面的作用。另外，Park 和 Markusen 研究发现，全球联系（或非地方联系）对发展中国家产业区的发展轨迹、经济绩效和地方发展产生深刻影响。⑦ Bair 和 Gereffi 进一步研究认为外向型产业区的升级与地方发展取决于集群内企业在全球价值链上的整合方式、价值链的权利

① Harrison B. Industrial district: old wine in new bottles? [J]. Regional Studies, 1992, (26): 469 483.

② Lazerson M H, GLorenzoni. The firms that feed industrial districts: Areturn to the Italiansource [J]. Indus trialand Corporate Change, 1999, (8): 235 266.

③ Park SO, Markusen JK. Generalizing new industrial districts: atheoretical agenda and anapplication froma non Westerneconomy [J]. EnvironmentandPlanning A, 1995, (27): 84 – 104.

④ Porter M. Clusters and the new economics of competition [J]. Harvard Business Review, 1998, (76): 77 90.

⑤ Capello R. Spatial transfer of knowledge in High Technogy milieux: Learning versus collective learning progresses. [J]. Regional Studies, 1999 (33): 352 – 365.

⑥ Kenney M, UvonBurg. Technology, entre preneurship and path dependence: industrial clustering in Silicon Valley and Route 128 [J]. Industrial and Corporate Change, 1999 (8): 67 – 103.

⑦ Park S O, Markusen J K. Generalizing new industrial districts: atheoretical agenda and anapplication from anon Western economy [J]. Environmentand Planning A, 1995 (27): 84 – 104.

主体以及权利实施方式。① 通过文献分析可以看出，大多数学者主要是从区域内的专业化分工和创新网络来解释产业集群形成与发展机制的，产业集群的差异和特征是由区域网络（区内行为主体间的正式合作和长期稳定的非正式关系）和根植性（深深根植于特殊区域的社会人文环境）决定的，产业集群正是依赖于所形成的深深根植于本地环境的创新网络才得以持续发展。

第二节 空间生产的优化：城市治理现代化

一、智慧城市的 PPP 模式

智慧城市战略是支撑未来劳动力市场、创造经济发展机会的关键，因此全球城市都在追求更先进的数字化。智慧城市建设是国家整体战略规划的重要组成。根据《国家新型城镇化规划（2014～2020）》要求，地方政府要在促进信息网络宽带化、城市规划管理信息化、基础设施智能化、公共服务便捷化、产业发展现代化和社会治理精细化等六个方向推进智慧城市建设。② 截至 2019 年底，全球超过 250 个智慧城市项目成功落地，在世界各国都在加大对城市数字化转型投入的背景下，我国长三角、珠三角、环渤海地区甚至不少西部城市也积极推进智慧城市建设。1990 年，美国洛杉矶国际会议提出"智慧城市，快速系统，全球网络"议题的论文集为早期研究智慧城市的文献。③ 美国 IBM 公司于 2009 年提出了"智慧城市"概念。④ 智慧城市建设的根本动力来源于城市所面临的生态、社会和经济问题，是人类运用高科技手段破解城市现实问题、探索城市未来形态的实践活动，"智慧"来自人而非高科技，必须确立人的主体地位。

从世界范围看，英国是世界上最早适用 PPP 融资模式的国家。美国政府数字化转型遵循以信息为中心、共享平台、以用户为中心、安全和隐私这四大原则，实现了由管制型政府向服务型政府的转变。智慧城市是"十三五"期间国

---

① Bair J, Gereffi G. Local clustersin global chains: the causes and consequences of export dynamism in Torre on's blue jeans industry [J]. World Development, 2001 (29): 1885 - 1903.

② 段霞. 智慧城市建设与城市的智慧化 [J]. 城市管理与科技, 2019: 646.

③ GIBSON D V. KOZMETSKY G. SMILOR RW. The Technology: smart cities, ast systems global networks [M]. Washington DC: Roman Little fielsd pibilshers, 1992.

④ IBM 商业价值研究院. 智慧地球 [M]. 北京: 东方出版社, 2009.

家重点关注和投入发展的经济增长点，也将成为推动国家供给侧改革、新型城镇化建设的重要着力点。智慧城市建设涉及体量较大，单独依靠政府财政投入难以持续，必须改变过去完全由政府主导建设的模式，国家和地方层面提出在相关领域发展推广 PPP 模式的建设模式。PPP（Public-Private Partnership）是指政府与社会资本之间，为了合作建设城市基础设施项目或者为了提供某种公共物品和服务，双方共同设计开发，共同承担风险，全过程合作，期满后将公共服务项目移交给政府的建设模式。

（一）智慧城市建设投融资需求分析

自从国家"十二五"规划实施以来，这个时间段，全球智慧城市建设开始持续升温，包括中国、美国、欧盟、日本、新加坡、韩国等各国都在进行智慧城市建设。据统计截至 2017 年 3 月，中国 95% 的副省级城市、83% 的地级城市，总计超过 500 个城市，均在《政府工作报告》或"十三五"规划中明确提出或正在建设智慧城市。[①] 国家"十三五"规划纲要也明确提出"加快新型城市建设""推进大数据和物联网发展，建设智慧城市"。推进智慧城市建设，是党中央、国务院立足于我国信息化和新型城镇化发展实际，为提升城市管理服务水平，促进城市科学发展而做出的重大决策，是落实新型工业化、信息化、城镇化、农业现代化、绿色化同步发展的积极实践。[②]

智慧城市建设内容广泛，包括无处不在的惠民服务、透明高效的在线政府、精细精准的城市治理、融合创新的信息经济、自主可控的安全体系等多重要素。智慧城市建设以提升城市治理和服务水平为目标，以为人民服务为核心，以推动新一代信息技术与城市治理和公共服务深度融合为途径，分级分类、标杆引领、标准统筹、改革创新、安全护航，注重城乡一体，打破信息藩篱。按照《智慧城市评价指标（2016 年）》考核要求，智慧城市至少包括政务、交通、社保、医疗、教育等 19 项具体的工作。

智慧城市广泛的建设内容推进需要资金不断投入，但大多城市可支持的财政投入有限，同时受地方融资平台的限制，财政资金来源渠道狭窄，因此资金缺乏已经成为保障智慧城市项目顺利推进的重要问题。根据国家 2012、2013 年智慧城市试点重点项目资金计划情况进行统计分析，仅两批试点 3703 个项目中统计的 2500 个项目其总投资预算就约为 1.18 万亿元人民币，资金来源包括财

---

① 国家发展改革委. 新型智慧城市建设部际协调工作组召开第一次会议［N/OL］. 中华人民共和国发展和改革委员会网站，2016-04-19.

② 陈振明. 实现治理数字化和智能化转型［J］. 国家治理，2020（3）.

政、社会投入、银行贷款和其他资金；其中财政投入、社会投入和银行贷款分别占投资总额的 26%、28%、26%，也就是说财政投入只约占计划总投入的1/4，其余需要不同渠道社会资金投入。

与之对应的是地方政府债务逐步收紧，截至 2016 年年末，中国地方政府债务 15.32 万亿元（人民币，下同），地方政府债务率（债务余额/综合财力）为80.5%。加上纳入预算管理的中央政府债务 12.01 万亿元，两项合计，中国政府债务 27.33 万亿元。2017 年 5 月，中国财政部会同国家发展改革委、中国司法部、中国人民银行、中国银监会、中国证监会印发《关于进一步规范地方政府举债融资行为的通知》，进一步规范了地方政府举债融资行为，依法明确举债融资的政策边界和负面清单，要保证牢牢守住不发生区域性系统性风险底线。

我国智慧城市建设规模超万亿元，传统的政府为主模式不能满足投资需求，需要更多市场社会力量来参与，将市场机制引入智慧城市建设已经成为必然选择。2015 年两会上，李克强总理在政府工作报告中提出，要多管齐下改革投融资体制，在基础设施、公用事业领域积极推广政府和社会合作模式，这是近年来 PPP 模式首次进入到政府工作报告。PPP 模式已成为智慧城市建设的可选模式之一。

（二）智慧城市 PPP 模式理论架构

1. PPP 模式常规理论架构

PPP 模式即 Public—Private—Partnership 的字母缩写，按照联合国开发计划署（UNDP）1998 年的定义，PPP 模式是指政府、营利性企业或非营利性企业基于某个项目而形成的相互合作关系（见图 4-1），通过这种合作形式，合作各方可以达到比预期单独行动更有利的结果。合作各方参与某个项目时，政府不是把项目的责任全部转移给私营部门，而是由参与合作的各方共同承担责任和融资、建设和运营风险。

PPP 模式最早源起 20 世纪 30 年代英国，用于保障性住房建设与管理。我国于 20 世纪 80 年代开始引入 PPP 模式，主要在公用事业和基础设施建设领域开展。2014 年我国财政部、国家发展改革委分别出台了《政府和社会资本合作模式操作指南》《关于开展政府和社会资本合作的指导意见》，规范推广运用政府和社会资本合作模式。2015 年 5 月 22 日，国务院办公厅出台《关于在公共服务领域推广政府和社会资本合作模式的指导意见》（42 号文），进一步统筹各部委关于 PPP 模式的意见，促进 PPP 模式健康发展。

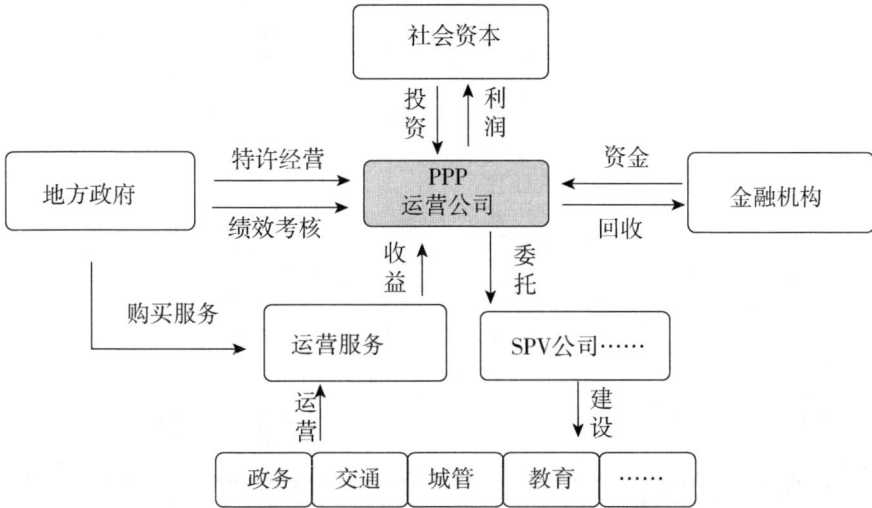

图4-1 PPP模式常规理论架构

根据相关文件可以看出，PPP模式的核心要素有几点。

（1）合作关系：非传统项目的甲、乙方的关系，双方要在某个具体项目上，长期共同合作以最小的资源实现最优的产品或服务。

（2）风险共担：风险分解并分配到最能有效控制风险的途径中去，让最适合承担风险的一方去承担。

（3）收益可调：兼顾公众利益与企业的可持续性发展，平衡局部与整体利益，协调短期与长期利益。

（4）监督管理：保护公共产品和服务的平直与充足，保护公众利益，通过绩效考核评价运营成果。

PPP模式主要有三种回报机制，如图4-2所示，使用者付费、政府购买服务、可行性缺口补助。

2. 智慧城市PPP模式特点

PPP模式相关理论和政策并不是专门针对智慧城市而设计，而是对广义政府和社会资本合作模式的指导和规范。对于智慧城市PPP模式，则具有它本身的一些特点。

（1）智慧城市很多项目属于公益性（不可运营）项目。

传统PPP模式大多应用在住房建设、城市供水、污水处理、轨道交通等具有成熟运营模式的项目中。但在智慧城市建设中的很多项目，如公共信息服务平台、基础数据库、智慧政务、平安城市、数字城管等都缺乏"使用者付费"

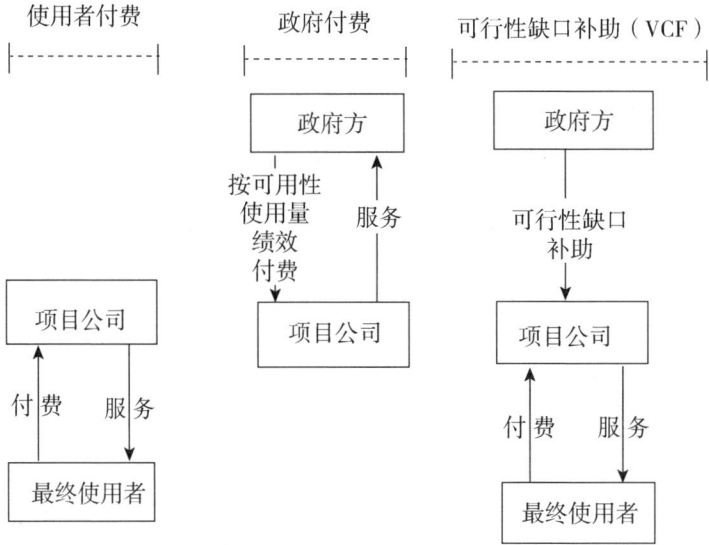

图 4-2　PPP 模式回报机制

基础，需要依靠"政府付费"回收投资成本，不具备可运营性，并没有可靠的经验可以借鉴。

（2）智慧城市大多数项目建设成果包含技术平台、数据资源等软性资产。

智慧城市建设投资除了硬件基础设施外，更多包含各类软件平台、数据资源等软性资产，由于这类资产从金融角度来看并不容易评估其具体价值，通过资产抵押、融资租赁等方式来获得资金的渠道受限。

（3）智慧城市 PPP 模式项目很多是由多个子项目打包。

根据城市规模不一，智慧城市投资规模大多为 10~30 亿元不等，但这并不是单一项目的规模，而是由众多子项目打包而来。

因此，智慧城市 PPP 模式应用更加复杂，社会资本募集也更加困难，其运营也面临更多的不确定性。值得欣慰的是，目前 PPP 模式社会资本方资金的来源也逐渐多样化：国家发展改革委办公厅 2017 年 4 月印发《政府和社会资本合作（PPP 模式）项目专项债券发行指引》的通知；国家发展改革委、中国证监会 2016 年 12 月发布《关于推进传统基础设施领域政府和社会资本合作（PPP模式）项目资产证券化相关工作的通知》，都在促进 PPP 模式项目融资渠道的多样化，直接融资在 PPP 模式项目中逐渐开始进行。PPP 模式项目资产证券化等融资模式一方面可降低融资的成本，另外还可以让风险的分散更为合理，政策性风险由政府承担，金融风险由金融机构承担，有利于充分激活资本市场，对于盘活存量 PPP 模式项目资产、吸引更多社会资金参与提供公共服务、提升项目稳定运营能力也具有较强的现实意义。

（三）智慧城市 PPP 模式对企业的要求

1. PPP 模式对参与企业的潜在要求

虽然 PPP 模式是一种较好的推动智慧城市建设的模式，但对于经验不足的建设运营方或条件不完善的项目来说，也存在失败的风险。历史上典型的案例如国家体育场（鸟巢）BOT 项目，由中国中信集团联合体、北京市政府国有资产经营管理有限公司组建的国家体育场有限责任公司作为运作主体，负责国家体育场的融资和建设工作，北京中信联合体体育场运营有限公司负责 30 年特许经营期内的场馆运营，在特许经营期满时，再将项目相关资产全部移交给北京市政府。但由于建设内容的不断变化、运营经验的缺乏、市场需求和开拓不足最终导致此次 PPP 模式融资建设模式的失败，最终由政府接手该项目的管理和运营。对于智慧城市来说，情况则更为复杂，大多数智慧城市项目不属于传统意义上的可运营项目，因此企业参与智慧城市 PPP 模式建设，需要具备良好的社会资源和政府关系，具有雄厚的财务和融资能力，具备 PPP 模式方面专业的技术、金融、管理等各方面的人才，需要在项目选择、融资模式和合作伙伴选择等方面进行谨慎评估和决策。

2. 参与智慧城市 PPP 模式建设企业能力

分析参与智慧城市 PPP 模式建设企业分析有必要对企业进行分类。企业传统能力分类标准，主要从营业收入、从业人员数量等角度，按一定的标准将企业分为大型企业、中型企业、小型企业、微型企业。如按照国家统计局《统计上大中小微型企业划分办法》2011 年划分的标准，从业人员大于等于 300 人、并且营业收入大于等于 10000 万元，即为大型企业等。

由于智慧城市建设内容广泛、项目类型多样，PPP 模式的复杂与较长的运营周期，本文提出结合企业传统分类标准，从企业规模、企业性质、业务范畴、投融资能力等多个角度对企业进行分析，提出不同类型企业参与智慧城市 PPP 模式项目的策略建议，供相关企业参与 PPP 模式思路借鉴，具体如表 4 - 1 所示。

表4-1 PPP模式建设

企业标签	企业规模	企业性质	业务范畴	投融资能力
优秀	大型	国有企业、央企、上市公司	全面型：包含基础设施建设业务开发、产业发展、建设运营等全面能力	具有直接融资能力
良好	中型	民营企业、非上市公司	行业型：侧重基础设施、业务开发、产业发展、建设运营等其中一类或少数几类	具有较好投融资能力
一般	小微型	个人/合伙企业	专业型：侧重比如政务、城管、教育、医疗等某一方面或少数几方面	投融资能力不足

首先具有两项（含）以上的标签为优秀的，适合作为PPP模式项目的直接参与方或牵头方，与政府全面合作开展智慧城市PPP模式的建设运营。其次则可以作为PPP模式项目的联合参与方，与牵头单位组成联合体参与智慧城市PPP模式合作建设运营；或者牵头参与单个专业项目的PPP模式开发运作。再次则不太适合直接参与智慧城市PPP模式项目建设，适合作为承建方以传统模式承担相关业务开发。

3. 地信类企业参与智慧城市建设启示

智慧城市建设需要智能化的时空信息基础设施支撑。城市统一的、具有时空特征的时空信息基础设施是智慧城市建设不可或缺的基础，是各部门、各行业相关信息有效衔接的桥梁，是基础信息资源和业务信息资源网络化汇聚和统一化管理的支撑。地信类企业在智慧城市建设中大有可为。

在"互联网+"、大数据、PPP模式时代下，地理信息企业参与智慧城市建设要积极拥抱新模式，逐渐从传统的项目建设模式转到城市发展所需的PPP模式合作发展模式，从管理服务提供运营和开展数据挖掘运营服务等，逐步提升建设运营能力。并依据企业性质、业务规模和业务类型等找准定位，积极融入产业全生态链合作中，共同开拓智慧城市市场。在应对具体PPP模式项目时，目前大多数地信企业需要组成联合体，增强竞争力，共同分担项目风险，则需要对双方或多方的资金、业务、文化充分分析，避免合作不畅导致项目失败。

（四）智慧城市 PPP 模式典型案例

以下以安徽淮北为例介绍智慧城市 PPP 模式的实际应用。

1. 淮北 PPP 模式基本情况

淮北地处苏鲁豫皖四省交界、淮海经济区腹心，市辖三区一县。淮北市"源煤而建，因煤而生"。2009 年 3 月，淮北被国务院确定为第二批资源枯竭型城市，依靠煤炭支柱产业支撑较高发展速度不再可能，"发展转轨、产业转型、城市转向、动力转换"成为淮北面临的现实难题。虽然经过努力取得了阶段性成效，新的增长动力仍不足弥补传统增长动力弱化造成的缺口，为在经济新常态下实现"产业精良、城市精美、文化精深、作风精细"的"精致淮北"战略目标，迫切需要加强创新驱动能力。

淮北市委市政府在探索资源枯竭城市创新转型发展路径的过程中，逐步加深对智慧城市作用和意义的理解，并将其与淮北城市发展战略、发展途径紧密联系。淮北市于 2013 年 8 月成功入围住建部第二批国家智慧城市试点名单，并提出了明确的智慧城市建设方案，初步计划在基础设施、建设与宜居、管理与服务、产业与服务四大领域实施 30 多个项目，其中重点实施信息化基础建设、综合信息服务平台、智慧政务平台等 13 个具有淮北特色的重点工程。

淮北市的主要智慧城市项目投入规模过亿元，淮北市政府充分理解并接受 PPP 模式合作模式，愿意与社会资本合作，按 PPP 模式设立智慧城市产业投资基金和智慧城市建设运营公司。先期开展了淮北平安城市项目、淮北市智慧城管平台项目等诸多项目建设，建设成效良好。

2. 淮北 PPP 模式资金筹集

智慧城市产业投资基金主体部分由金融资本投资，但通过有限合伙人分级，给予金融社会资本优先级来增信。投资基金通过项目收益偿还投资本金，项目的回报将通过运营公司提供运营服务产生的收益获得。运营服务包括以下三类：政府管理信息化项目（非经营性）、公益服务信息化项目（准经营性）、公共服务信息化项目（经营性）。目前依托运营公司开展的智谷科技园也已经建成并开园，打造"双创"平台，助力淮北转型升级。

3. 淮北 PPP 模式案例意义

淮北采用 PPP 模式建设智慧城市，解决了几个难点。

（1）投资市场化的问题。原来传统的模式更多是一种政府投资，流程一般是申请预算、招标、建设，存在的问题是项目分散、资金有限、周期长、建设质量难以保障持续。PPP 模式通过特许经营的模式解决了投资的市场化问题，不仅是财政投资，更多吸引社会资金的注入。

（2）运营市场化的问题。传统模式更多地通过政府自建、自我运营的发展模式，存在的问题是技术人员不足，流动性比较大，技术更新比较慢，运行效率比较低。新的运营模式是通过专业的 PPP 模式公司市场化运营，对城市的资源和资产进行充分整合挖掘，通过市场化的模式来运营发展，有专业的团队保障。

（3）机制市场化的问题。传统模式更多是各个部门各自为政，每个部门从自己主管业务考虑问题，协同也比较困难，共享基本上是靠行政手段，没有行政的强制措施共享基本上难以实现。新模式是靠政策引导之后市场来驱动，通过投资来协同，通过资金来调动各个部门参与的积极性，提出一些明确的标准和规范、要求以及协同的需要，市场推动的模式解决了比较好的市场化机制问题。

PPP 模式作为众多投资运营方式之一，是解决智慧城市建设难题的有效途径。未来将有更多的创新智慧城市建设运行机制和投融资模式涌现出来，激发社会活力，推动企业参与各地智慧城市建设，促进城市可持续发展。

（五）智慧城市向治理现代化的演进

1. 模式总结

智慧城市是在新常态下我国城镇发展建设的新模式，智慧城市建设体量庞大，PPP 模式推动智慧城市建设具有现实的需求和意义。地方政府可以避免政府债务持续扩大，对减轻地方政府财政压力具有重要意义；同时与企业开展市场化合作，优势互补，促进政府职能转变，助力为百姓提供更高效的社会产品和服务；企业角度则可以实现能力逐步提升，转型整体建设运营服务，拓宽社会资本投资渠道，实现节约资源，促进企业进一步可持续发展，实现多方共赢。

2. 城市空间的技术治理

地方政府推动的智慧城市建设大体有以下四种类型：基于网格化的数字化城管系统；基于城市问题的专项智能解决方案；基于惠民便企的电子政务服务系统；基于产业发展的智慧园区建设方案。

改革以来中国社会结构的一个重大变化，即是不再像前 30 年那样沿循着某种总体性支配的方式，或者通过群众性的规训、动员和运动来调动政治和社会经济诸领域的各种力量，而是为诸领域赋予一定程度的自主权，来释放基层社会的活力。渠敬东等基于中国 30 年改革经验认为，改革前的总体性支配权力逐步被一种技术化的治理权力所替代。① 数字下乡是技术治理在农村扶贫开发中

---

① 渠敬东，周飞舟，应星. 从总体支配到技术治理——基于中国 30 年改革经验的社会学分析 [J]. 中国社会科学，2009（6）.

的典型应用，通过将数字信息在地化、系统化和逻辑化，国家得以改善基层治理过程中的信息不对称，提高其信息能力，并实现对社会治理的合理优化。①

3. 问题探讨

虽然 PPP 模式是智慧城市建设的重要模式，但针对智慧城市其建设与运营并不成熟，还处于不断摸索和创新的阶段，以下几个方面还需要继续关注和探讨。

（1）PPP 模式立法还不完善，有待出台进一步规范的法规，提供稳定的法律环境，有利于降低企业运营风险；同时也可避免借 PPP 模式之名行变相融资之实。

（2）智慧城市很多 PPP 模式项目物有所值定量评价还存在一定难度，这给项目评估带来一定风险。

（3）大数据的分析利用可能成为未来智慧城市 PPP 模式项目的运营点之一，这将进一步增加企业参与智慧城市 PPP 模式项目的积极性，同时也将提升智慧城市的主体获得感。

二、城市社区的网格化治理

（一）网格化治理是创新社会治理的重要手段

作为一种新的社会治理技术，网格化治理模式在其初起阶段（2000 年前后）主要是以数字城市发展为目标，以整合资源、沟通信息、强化服务为主要内容，主要关注的是在技术、资源及公共服务之间建立起嵌合关系，更强调数字技术服务平台的建立。网格化城市社会管理模式具有明显的特色和优势，我们可以将之概括为规划实施的统一化、管理流程的规范化、管理权责的清晰化、管理效率的高效化、管理模式的创新化、管理效益的综合化等六个方面。完善城市网格化社会管理应当以社会前端管理为重点，充分整合现有的各类社会管理资源和管理力量，以推行人性化、多元化、精细化、智能化城市社会管理为支撑，以建立网格化的责任机制为基础，建立集综合服务与综合管理为一体的城市社会管理工作新模式，实现从单一被动到多元联动的发展。② 作为一种基层社会治理的创新实践，网格化管理首先出现于北京市东城区。北京市东城区的网格化管理模式很快被建设部定为试点标准，在 2005 年及随后三年里，建设

---

① 王雨磊. 数字下乡：农村精准扶贫中的技术治理［J］. 社会学研究，2016，031
　（006）：119 - 142.
② 文军. 从单一被动到多元联动——中国城市网格化社会管理模式的构建与完善［J］.
　学习与探索，2012（002）：33 - 36.

部在全国分三批共51个城市（区）进行了数字化城市管理新模式试点工作。

所谓网格化管理，即充分运用网格理念和现代信息技术，合理划分网格单元，以责任制为依托，全面覆盖人、地、事、物、情、组织等各种要素，进行精细化服务管理的一种社会管理常态化方式，主要特征是精细化管理、人性化服务、多元化参与、信息化支撑。最初网格化治理主要用于城市社区治理，以街道、社区为基础，将辖区内的居民楼按照地域分为几个网格单元体系，网格管理中心根据责任划分，指定社区站的工作人员对应负责各向网格中居民信息的采集、汇总以及网格中居民日常事务办理的管理模式，并对其工作情况进行跟踪、监督、考核。随着社会经济的发展，城市社区网格化治理的有效进行，乡村社区的网格化治理需求也越来越强。

网格化管理的思想来源与计算机网络管理（Mintzberg，1981）。Forte 和Keelman（1998）对"网格"做了详细的描述：网格是构筑在互联网上的一组新兴技术，它将高速互联网、高性能计算机、大型数据库、传感器、远程设备等融为一体，实现计算资源、存储资源、信息资源、知识资源等的全面共享，消除信息孤岛和资源孤岛。

城市社区治理中，政府"自上而下"的管理诉求与社区居民"自下而上"的权益诉求在社区服务上存在着衔接点，关键在于淡化网格化管理模式的行政色彩，做到"社区服务网格化，社区管理民主化"，从而使网格化管理模式与社区自治能够相互协作，并获得良性持久的发展。

（二）网格化治理模式及特色

2011 年 6 月以来，清华大学社会管理创新课题组调研了北京、上海、广东、深圳、杭州、信阳、巫溪、肃宁等省、市、县，调研发现，目前地方社会管理创新主要呈现三种代表性的体制：一是党委主导的大推动体制，以巫溪、信阳为代表；二是党政一体的大协调体制，以北京、广东为代表；三是依托民政的大社会体制，以上海、深圳为代表。①

陈志强、张红（2007）②介绍了上海社区网格化管理，指出社区网格化建设是一个综合工程，在党支部的领导下，居民理事会、居民委员会、业主委员会、物业公司要通力协作，处理好内部多元关系以及与地方政府、国家

---

① 王名，杨丽．北京市网格化服务管理模式研究［J］．中国行政管理，2012（002）：119 - 121.
② 陈志强，张红．构建和谐社会的社区视角——以上海社区网格化管理为例［J］．湖北社会科学，2007（001）：51 - 53.

政府以及驻地企业之间的关系。具体来说，主要包括以下内容：①完善社区事务受理服务中心的建设；②推进社区公共服务设施建设和资源共享；③加强社区就业服务；④拓展社区救助保障；⑤完善社区老年人和残疾人福利；⑥提高社区综合管理水平；⑦推进社区协同和公众参与；⑧健全社区工作体制和机制。

舟山市基层社会管理模式"网格化管理、组团式服务"分别针对乡村社区和城市社区有着不同的特色。网格组织架构：渔、农村以网格为基础设置党小组，形成"管理服务团队＋党小组"的组织架构；在城市社区，设置"居民小组＋管理服务团队＋党小组"的组织架构。工作渠道：在渔、农村，主要采取深入走访、普遍联系等方式以及"民情恳谈会"等载体，及时了解、听取群众的困难和意见建议；在城市社区，主要依靠各类自治组织。矛盾处理方法：在渔、农村，依靠网格服务团队和各级政府相关部门解决，是一种纵向的矛盾解决方式；在城市社区，主要依靠以居民小组为单位，由居委或物业公司等专业服务团队来解决，是一种横向的矛盾解决方式①（2010）。

孙建军、汪凌云和丁友良（2010）② 以舟山市"网格化管理、组团式服务"实践为例，分别从权力导向、行政范围、服务理念、服务主体、决策方式、资源整合等说明了"网格化管理、组团式服务"是一种在公民本位、社会本位理念指导下创造的新的社会管理模式。

刘涛、白华莉和赵君（2012）③ 指出郑州的网格体系在运转中由三个层级构成。乡（镇）办为一级网格；村、社区为二级网格；村组、楼院、街区等为三级网格。相应地匹配建成市、县（市）区、乡（镇）办、社区（村）互通的公共信息网络平台，通过直接的信息沟通平台实现快速反应问题、解决问题的目标，构成了"管理＋服务＋自治"的网格化管理运行体系。

国内的网格化管理已经有了诸多案例，但有着不同的特色。张大维

---

① 孙建军，汪凌云，丁友良. 从"管制"到"服务"：基层社会管理模式转型——基于舟山市"网格化管理，组团式服务"实践的分析［J］. 中共浙江省委党校学报，2010，30（1）：115－118.

② 孙建军，汪凌云，丁友良. 从"管制"到"服务"：基层社会管理模式转型——基于舟山市"网格化管理，组团式服务"实践的分析［J］. 中共浙江省委党校学报，2010，30（1）：115－118.

③ 刘涛，白华莉，赵君. 城市管理模式创新与基层秩序重建——基于郑州网格化管理模式的分析［J］. 四川行政学院学报，2012（005）：5－8.

(2006)① 以武汉市汉江区为例，指出城市网格化管理是一种数字化城市管理模式，它是通过地理编码技术、网络地图技术、现代通信技术，将不同街道、社区划分成若干网格，使其部件、事件数字化，同时将部件、事件管理与网格单元进行对接，形成多维的信息体系，一旦发现问题，都能及时传递到指挥平台，通知相应职能部门解决问题，实现城市管理空间和时间的无缝管理；童星 (2012)② 以南京仙林街道为例，提出网格化社会管理创新的重点在于组织创新，认为网格化管理的核心在于通过网格化组织创新的手段来增强基层社会管理的动力和活力，提升社区服务水平；竺乾威 (2012)③ 认为网格化管理的意义在于打破了部门、层级以及职能的边界，提供一种以公众需求为导向的、精细的、个性化的全方位覆盖的公共服务，重塑了公共服务的流程；陈家刚 (2010)④ 以上海市杨浦区殷行街道为例，社区网格化治理存在对社区党委定性和定位的两个根本问题。

北京市 2004 年以来创建网格管理法，开展网格化试点，推广网格化体系，逐步形成了网格化服务管理北京模式，首创"万米单元格 + 城市部件管理法"治理模式。

东城区：一是在区、街、社区挂牌成立社会服务管理综合指挥机构；二是以社区为基本单元，每个社区划分为 2~5 个网格；三是实行网格管理员、网格助理员、网格警员、网格督导员、网格党支部书记、网格司法力量和网格消防员"七种力量"进网格；四是实现"人进户、户进房、房进网格、网格进图"，通过动态编码定义网格运行状态，实现动态化管理；五是建立健全社区居民、驻区单位广泛参与的"一委三会一站，多元参与共建"的社区治理结构。

然后北京市西城区"全响应"网格化治理模式、上海市闵行区"1 + 3 + X + N"多元化协同治理模式等。

（三）网格化治理启示

上述地区的网格化治理，其中存在着很多借鉴的经验，当然也存在不足的

---

① 张大维. 城市网格化管理模式的创新研究——以武汉市江汉区为例 [J]. 理论与改革，2006（005）：56 – 57.

② 童星. 社会管理的组织创新——从"网格连心、服务为先"的"仙林模式"谈起 [J]. 江苏行政学院学报，2012（001）：53 – 56.

③ 竺乾威. 公共服务的流程再造：从"无缝隙政府"到"网格化管理" [J]. 公共行政评论，2012（02）：1 – 21.

④ 陈家刚. 社区治理网格化建设的现状、问题及对策思考——以上海市杨浦区殷行街道为例 [J]. 兰州学刊（11）：35 – 40.

地方。韩江（2011）① 指出，"强政府、弱市场、小社会"三元社会结构背景下，政府仍然承担了一些不该管、而且管不好和管不了的事务。所以作者强调政府逐步放权，并提出了街道、社区网格化管理综合治理模式的创新及实践：从"技术创新"到"制度创新"；杨光飞（2014）② 认为，如果从管控型网格化管理能演绎至服务型网格化管理，势必会形成一种"倒逼机制"，促使地方政府从压力型政府真正过渡至服务型政府。田毅鹏（2012）③ 指出，我们应以理性客观的态度来看待城市管理的网格化模式，处理好"网格管理"与"政府治理""网格管理"与"社区自治"之间的关系，寻找"政府社会治理"与"社区自治"之间有效的联结点，调适好"国家"与"民众"间的距离构造；杨宏山、皮定均（2011）④ 提出，网格化管理在提升政府回应性、拓展政府协作、改进管理效能方面取得了显著效果；文军（2012）⑤ 提出，网格化管理作为一种新型的城市社会管理模式，具有规范、清晰、高效、创新、综合、统一等优点和特征。

Foster 等指出⑥，网格化服务过程中需要注意：第一，网格内每个职位都要有精细化的行为规程；第二，社区中的网格员要按照职能的不同进行分组；第三，要有一个由预案流程组成的行为规划系统；第四，要有集权化的决策机制。

Mintzberg⑦ 为进一步加强中层网格的动态管理能力，建议在街道乡镇一级增加以下标准化要求：第一，要建立行业协会与行业技能标准体系；第二，要建立任务型组织制度；第三，要设置形式多样的横向联络机制；第四，要建立选择性分权机制。

网格化管理作为具有中国本土特色的基层治理模式，是推进全民共建共享、

① 韩江. 街道、社区网格化综合治理模式的实践［J］. 特区实践与理论，2011（01）：70－72.

② 杨光飞. 网格化社会管理：何以可能与何以可为？［J］. 江苏社会科学，2014（006）：37－42.

③ 田毅鹏. 城市社会管理网格化模式的定位及其未来［J］. 学习与探索，2012（02）：28－32.

④ 杨宏山，皮定均. 构建无缝隙社会管理系统——基于北京市朝阳区的实证研究［J］. 中国行政管理，2011（005）：66－69.

⑤ 文军. 从单一被动到多元联动——中国城市网格化社会管理模式的构建与完善［J］. 学习与探索，2012（002）：33－36.

⑥ Foster I, Kesslman C. The Grid：Blueprint for a New Computing Infrastructure［J］. San Francisco：Morgan—Kaufmann，1998.

⑦ Henry Mintzberg. Structure in 5' S：A Synthesis of the Research on Organization Design［J］. Management Science. Vol. 26，No. 3（Mar，1980），pp. 322－341.

推动社会管理精细化的重要抓手。国内其他地方的网格化管理也基本沿袭了北京市东城区的经验，其共同之处在于，全要素管理、服务与管理相结合、管理流程再造。① 截至2016年底，全国社区（村）网格化覆盖率达到93%。与网格化管理在中国兴起形成对照的是发达国家近年来兴起的网络化治理（governing by network）。网格化管理在促进政府城市管理机构扁平化、促进纵向和横向部门提供整体化服务方面（即"协同政府"）与网络化治理异曲同工，其在技术层面致力于"统一入口、统一平台"的整合目标也与网络化治理基本类似。但网络化治理是西方新公共管理运动潮流与新技术条件结合的产物，强调发挥市场、民间社会多元智力主体的作用。② 而网格化管理"在本质上，是国家在不触及现有行政管理体制架构，但面对日趋复杂化的环境下，行政系统因应信息掌控、问题解决和需求回应的需要而构建的行动机制，其基本性质是国家重建基层治理结构，统合多元资源，强化自下而上决策信息传导与自上而下责任到位的行政管理体系的过程，是行政权力及其资源向基层下沉并实现全方位管理的精细装置。"③

推动城市精细化治理，强化多主体联合治理，综合运用信息化技术，强化服务意识。

三、社区营造

（一）社区营造正在引领城市新型公共生活

城市化进入中后期，城市更新和社区营造就开始了。中国逐渐形成多种社区营造模式包括政府、学者、社会组织、企业推动型以及社区自我内生型，几种社区治理的模式包括政府主导、市场主导、社会主导和专家参与模式。空间、社会和文化是社区营造的三维框架。社区营造有效推进了多元主体以共建共享的治理方式来共同创造美好社区生活。

社区营造通过社区服务的发展创新城市基层治理的主体、方式、机制、形态，进而实现基层社会的深度整合。社区服务的内涵内在地扩展到社会质量的视野之中，包含以下四个方面：一是社会经济保障，二是社会凝聚，三是社会

---

① 张彰．城市网格化管理的两种代表模式及其比较分析［J］．深圳社会科学，2019（6）.
② 格里·斯托克．新地方主义、参与及网络化社区治理［J］．游祥斌，译．国家行政学院学报，2006（3）；陈剩勇，于兰兰．网络化治理：一种新的公共治理模式［J］．政治学研究，2012（2）.
③ 孙柏瑛，于扬铭．网格化管理模式再审视［J］．南京社会科学，2015（4）.

包容，四是社会赋权。① 罗家德教授：社区营造就是要政府诱导、民间自发、NGO 帮扶、是社区自组织、自治理、自发展，帮助解决社会福利，经济发展，社会和谐的问题。在这个过程中提升社区的集体社会资本，达到社区自治理的目的。

城市基层治理模式随着城市经济社会发展周期而动态调整和演进。不同地区的城市基层社会治理需要根据自身的实际情况，不断调整治理的基本单元与组织网络。创新特大城市基层社会治理从三个方面入手，构建以人口管理服务为重点的精细化社会治理模式；以化解矛盾为重点，构建政府与社会分工协作的社会治理方式；形成以应对社会风险为重点的政府主导型治理方式。②

（二）社区发展与社区自组织

1948 年，联合国提出了"以社区为基础的社会发展"，告诫居民依靠政府不是主要的，而是要加强社区居民的自助力量。1951 年，联合国经济社会理事会通过 390D 号议案，倡议开展"社区发展运动"，力图通过开发各种社区资源、发展社区自助力量、建立"社区福利中心"，特别是要推进发展中国家的经济和社会发展。1952 年，联合国正式成立了"社区组织与社区发展小组"，并于 1954 年改为"联合国社会局社区发展组"，这一组织在全球推进社区发展运动，取得了显著的成效。联合国社会局 1955 年出版的《经由社区发展推动社会进步》报告指出："社区发展是一种经由全区人民积极参与与充分发挥其创造力，以促进社区的经济、社会进步情况的过程③。"最初，联合国的社区发展计划侧重点在于发展农村，其主要援助对象限定在发展中国家的广大农村地区，意图通过扶贫性的开发促进当地的社会进步与发展，进入 50 年代末，联合国将社区发展的重点转向发达国家，试图通过社区发展城市更新解决工业化与城市化带来的一系列社会问题。社区发展成为世界范围内的区域社会发展策略和模式。安东尼·吉登斯（Anthony Giddens）④ 认为，"社区这一主题是新型政治的根本所在"，面对诸如"社区素质衰落、贫富差距继

---

① 黄锐，文军. 基于社区服务的城市基层治理：何以可能，何以可为 ［J］. 福建论坛（人文社会科学版），2015（9）：149－155.
② 李友梅. 我国特大城市基层社会治理创新分析 ［J］. 中共中央党校学报，2016，20（2）：5－12.
③ United Nation, Social Progress through Community Development, ibid, 1995：17.
④ 安东尼·吉登斯. 第三条道路：社会民主主义的复兴 ［M］. 北京：北京大学出版社，2000：82.

续扩大"等日益严重的社会问题，只有社区建设才能解决。曼纽尔·卡斯特认为，现代社会，新的社区及文化认同的形成，必须经历社会动员的过程，也就是说，"人们必须参与都市运动，并在其过程中发现彼此的利益，人们以某种方式分享彼此的生活，新意义也就有可能产生"①。社区建设的过程就是一个社区参与与赋权的过程。美国社区发展是一个通过社会动员实现社区发展的过程，是一个提高社会意识的过程。美国经济发展委员会就将社区营造综合界定为："为增强社区的规范、社区支持和问题解决能力而做出的持续而全面的努力。"② 而日本建筑学会对社区营造的定义强调以地域社会既存的资源为基础，在多样化的主体参与和协作下，对居民自身附近的居住环境进行渐进的改善，旨在提高社区活力与魅力，以实现"生活品质向上提升"的一系列持续活动。③ 日本社区营造基于对城市化问题的反思，由专家与居民结合，以自发性营造为主，恢复了许多城乡历史景观与自然生态环境，还原了邻里熟悉的街区，留住了"乡愁"，复兴了社区。④ 居住在同一地理范围内的居民，持续以集体的行动来处理其共同面对社区的生活议题，解决问题同时也创造共同的生活福祉，逐渐地，居民彼此之间以及居民与社区环境之间建立起紧密的社会联系，此过程即称为"社区（总体）营造"。

社区发展是二战以来由联合国倡导的一项世界性运动。联合国以工业国家社区组织工作的经验为基础，结合发展中国家开展成人教育、合作社运动、乡村建设运动等方面的实践，于 1955 年正式提倡通过社区发展达成社会进步。社区发展是指通过社区民众共同努力，且与政府合作，以促进社区经济、社会、文化发展变化，进而促进社区协调和社区整合的过程。1991 年 5 月我国民政部首次提出社区建设概念。城市更新阶段，社区软硬件建设、社区关系重建、社区内社会组织发育交错进行。

2011 年清华社会学系两位教授沈原和罗家德，带领团队在老北京胡同里做社区营造探索试验，大栅栏社区营造就是他们的实验基地。2011 年，政府主导的北京大栅栏更新计划启动。大栅栏有一平方多公里，居住人口达到五六万，

① 曼纽尔·卡斯特. 认同的力量 [M]. 北京：社会科学文献出版社，2003：69.
② Weil M O. Community Building: Building Community Practice [J]. Social Work, 1996, 41 (5).
③ 樊星，吕斌，小泉秀树. 日本社区营造中的魅力再生产——以东京谷中地区为例 [J]. 国际城市规划，2017（3）.
④ 西村寿夫. 再造魅力故乡——日本传统街区重生故事 [M]. 王慧，译. 北京：清华大学出版社，2007.

而且人口结构上，外来务工人员和老龄人口比例较大。设计师们进行建筑上的改建、微调，社区营造研究中心则介入社区居民的服务。

2014年2月，在清华大学沈原教授和罗家德教授的带领下，研究团队进驻了大栅栏。研究中心以培养社区自组织为抓手促进社区发展，首先从挖掘社区能人开始，由他们来团结社区居民，形成居民自组织，再培育其稳步发展。社区自组织的孵化好比"育种"——先从十几颗"种子"（有初级组织形态的定期活动）开始发展到二十几颗，然后这些种子中间大概会有十余颗长出"小苗"，成为关注社区公共事务及特殊人群的组织，再经过一段时间的培育，其中可能会有几个登记注册成功，成为具有独立运作能力的"小树"①。

培育社区社会组织的四个阶段。第一阶段是支持和培育"小种子"。只要是有组织形态的社区居民，哪怕是大妈跳广场舞，或者是这些居民能够去组织慰老服务，如果他们想集中大家的力量来做一些事情，都支持和培育他们。不对这些小种子的内容作限定。第二阶段是"小苗"。当他们的组织形态基本稳定了，而且已经关注社区的公共事务，做一些服务类或是民生需求类的工作，就可以称之为小苗阶段。之后如果他们再进一步有实体化的需求和发展，比如说想成立为社会组织，或者说想成立一家公司，视为"小树"的第三阶段。最后是"大树"第四阶段，从一个社区可以分支到几个社区，功能从一个分化成多个，相当于是社区发展协会的概念。

社区营造首先进行社区的人、文、地、产、景、自组织等资源调查；然后是社区营造培训，发掘、动员、观念改造；通过微公益创投发起或激活自组织；还有培育社会组织、评估社会组织。从2015年开始的第一年微公益创投培育了20个社区社会组织，第二年继续培育了24个社区社会组织，循环往复。第一二阶段的目标是形成公共行动，第三四阶段是形成可持续的公共行动②。

北京的"大栅栏社造实验基地"在社区社造化、组织社造化和行政社造化方面已形成规范的路径和流程。③

（三）社区营造的实践逻辑

日本实践总结的人、文、地、景、产五大社区营造议题，全面地概括了

---

① 柳森．罗家德：社区营造，为更好的社区生活而生［J］．决策探索（上），2018，599
　　（12）：86 - 87.
② 梁肖月，罗家德．大栅栏街道社区自组织培育历程研究［J］．城市建筑，2018，294
　　（25）：24 - 27.
③ 罗家德，梁肖月．社区营造的理论、流程与案例［M］．北京：社会科学文献出版社，
　　2017：12.

社区驱动力的来源。"人"指的是社区居民的需求的满足、人际关系的经营和生活福祉之创造；"文"指的是社区共同历史文化之延续，艺文活动之经营以及终身学习等；"地"指的是地理环境的保育与特色发扬，在地性的延续；"产"指的是在地产业与经济活动的集体经营，地产的创发与行销等；"景"指的是"社区公共空间"之营造、生活环境的永续经营、独特景观的创造、居民自力营造等。

人是社区行动的主体，社区营造中的核心主体是居民（村民）。社区各行动主体之间的相互关系及各主体的行动能力构成社区秩序的社会基础。

社区通过空间的再造形成社区共同体的再造，其实践逻辑及要求如图 4 - 3、图 4 - 4 所示。

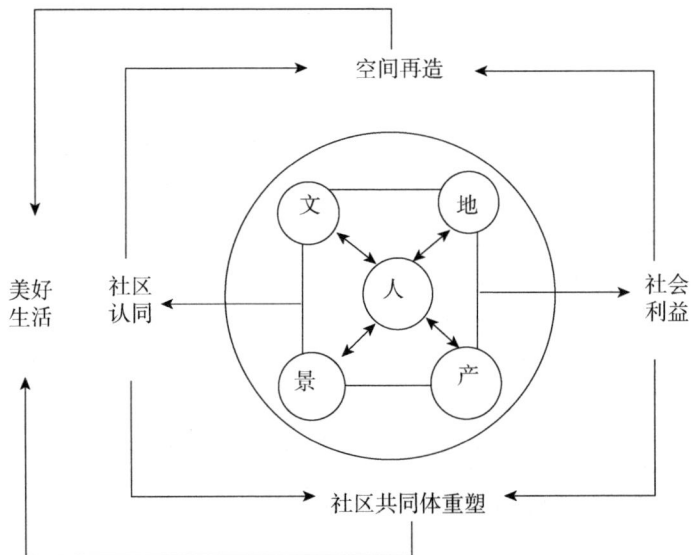

图 4 - 3　社区营造的实践逻辑图①

---

① 侯新渠，刘爽. 打造平台型枢纽组织，提升区域软实力——以四川省成都市蒲江县社区营造能力提升项目为例 [J]. 社会治理，2019，34（02）：66 - 70.

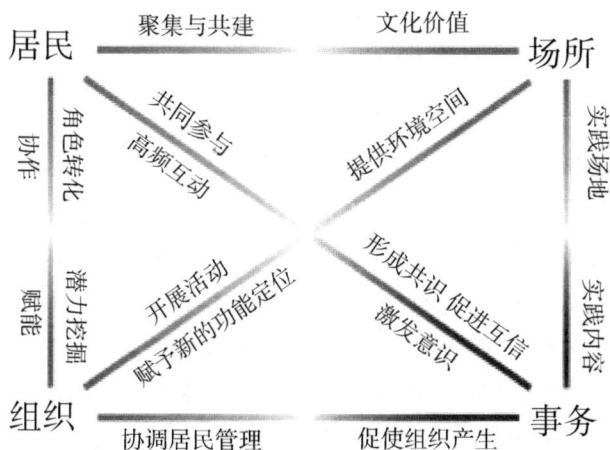

图 4－4 基于社会创新的社区营造四要素及其关系①

从图 4－4 可知，根据场所、组织、居民、事务这四个基于社会创新的社区营造要素，以及它们在社区营造中体现出的具体价值和作用，建设文化共享型社区场所，成立协作赋能式的社区组织，塑造邻里互动互信的社区关系，构建全民参与式线上社区事务平台这四个具体的社区营造策略非常重要。

目前，围绕着社区的生产存在两种"行动"方案：一种方案认为，都市运动和抗争行为会促进社区社会资本，继而生产社区；另外一种方案则是实施有目的性的社区营造，通过专家知识的"干预"来推动自组织治理的形成。李强主持的新清河实验中，社区干预主要包含两个部分：组织再造和社区提升。都市运动方案容易产生精英化和过于关注有组织集体行动的问题，而社区营造除了精英化之外还存在可持续性和社区参与问题。社区生产的不同方案存在相互转化和相互作用的可能，这就要求对社区生产的研究应该努力发现和动员各种类型的社区行动者，重视如何运用和尊重社区自生自发的实践知识以及都市运动所产生的社会资本，将这些资源转化为生产社区的有效力量。②

---

① 纪律，巩淼森．社会创新视角下社区营造的设计策略 [J]．包装工程，2019，40 (06)：294－298，305．

② 郑中玉．都市运动与社区营造：社区生产的两种方案及其缺憾 [J]．社会科学，2019，465 (05)：74－85．

四、乡村振兴

1. 乡村振兴是城镇化的组成部分

城乡关系是城镇化的表现，乡村发展是城镇化重要的一极。乡村振兴及城乡融合的发展是以国家现代化建设为逻辑起点，不断对城乡生产要素和空间进行资源配置分化的过程。研究资料表明，城镇化达到 50% 时，城乡融合加快，城镇化大于 70%，人均国内生产总值一万美元，我国实现了城乡一体化。

我国的城镇化和现代化进程表征的是一个新空间结构的建构过程，是乡村向城市、城市向乡村、城市与乡村互动协同的利益调整及国家政策调整与执行的过程。现代化过程中我国乡村发展及城乡融合的演变经历了从乡村支援城市，工业反哺农业、城市反哺乡村，城市乡村共同发展、城乡融合发展的转型过程。由于城乡发展的结构性矛盾影响着劳动力、资本、土地、技术等生产要素在城乡之间的流动和配置，从而导致城镇化的质量不高，特别是城乡空间的失衡与非正义，制约了国家经济社会的进一步的可持续发展。而新时期为了适应现代化、全球化、信息化、市场化的发展要求，乡村振兴及城乡融合表现出新的特点新的问题意识。

2017 年，党的十九大把乡村振兴战略作为我国农村地区发展的新指导方针，它与之前的城乡统筹、全域城市化是一脉相承的。乡村振兴战略本质上是在城乡统筹背景下，为新时代三农问题的解决找到思路，其根本出路是转型。农业产业化、农民市民化和农村社区化三大转型手段，其目的是构建现代农业产业体系，完善农村的公共服务，优化农民的居住环境。[①]

在工业化、城镇化过程中，不少乡村要素大量流失，乡村空心化、老龄化状况突出，人才极度缺乏，传统文化消失，面临污染严重、生态环境退化，这决定了依靠乡村自身的资源、要素和组织力量很难实现振兴。乡村必须开放，通过城乡融合吸引城市外部资源要素进入，才能为乡村振兴提供新动能，激活乡村的内在活力。乡村振兴的关键是盘活"人、地、钱"，让城市的人才、资金、技术流向乡村，改变乡村长期处于"失血""贫血"状态，因而必须破除城乡二元体制机制，建立健全城乡融合的体制机制和政策体系，以平等交换的制度环境促使要素自由流向农村，打通城市要素流入乡村的通道，激励各类人才返乡下乡创新创业，激励城市科技、信息、资金等资源优势反哺农村，形成

---

① 熊万胜、刘炳辉. 乡村振兴视野下的"李昌平—贺雪峰争论"[J]. 探索与争鸣，2017（12）.

城市要素源源不断地向农村流动的格局，唤醒农村巨量的"沉睡资本"，形成乡村振兴的内在持续动能。①

2. 乡村振兴是自上而下和自下而上过程的结合

当前学界、政策部门和地方政府的一大共识是，乡村振兴必须要以"产业兴旺冶为基础，发展农村产业，吸引人才回流，让农民富裕起来，才有可能实现乡村振兴。"乡村振兴及城乡融合既是一个自下而上自发的过程，也是一个政府自上而下推动的过程。城镇化过程中，城市发展获得规模效应，由集中带来的知识溢出又使得城市成为创新和技术传播与扩展的场域，乡村也要获得经济、政治、文化、社会和生态的综合发展与全面提升。农村是中国现代化的稳定器与蓄水池。现代化的农村，不仅要有发达的农业，而且要有发达的非农产业体系。乡村振兴战略的核心是战略，即是对标 2035 年中国基本现代化之后的乡村状况。②

20 世纪 70 年代，韩国的新村运动以主权国家成功的工业化建设为基础，农业领域也完成了土地改革，资本主义的生产关系在农业中得以实行。在具体建设内容上，韩国新村运动首先聚焦于农村生活环境和村庄公共设施方面，之后大力发展农村生产力，农业科技推广，农民增收和培训等工作，最后则将重点放在了农村精神文化建设方面。日本通过"造乡运动冶"（也称造村运动、造町运动）推动地方经济发展，进而解决乡村衰败的问题，"造乡运动冶在一定意义上解决了城市污染、交通拥堵和住宅紧张的问题。"③④。

中国的乡村通向现代化的进程将是一个长期和艰难的过程。强有力政府干预下的发展型政府在市场的自主性力量不断强大的条件下，正面临相当多的挑战。中国乡村正在摆脱以劳动力投入为主体的过密化结构，正在为未来的规模化和竞争力的增强进行制度上的铺垫，要求干预性的政策能够积极地支持自主性的变迁过程。中国农村贫困格局的变化在客观上要求调整农村减贫的战略与政策。2020 之后农村贫困的治理战略需要由长期以来的"扶贫战略"转向"以防贫为主"的新的贫困治理战略框架。2020 之后中国减贫的战略目标将需要从

① 四川乡村振兴战略研究智库. 实施乡村振兴战略的系统认识与道路选择 [J]. 农村经济, 2018（01）.

② 贺雪峰. 城乡二元结构视野下的乡村振兴 [J]. 北京工业大学学报（社会科学版），2018（006）：60 – 64.

③ 张利庠，缪向华. 韩国、日本经验对我国社会主义新农村建设的启示 [J]. 生产力研究，2006（2）：169 – 170.

④ 邢成举，罗重谱. 乡村振兴：历史源流、当下讨论与实施路径——基于相关文献的综述 [J]. 北京工业大学学报：社会科学版，2018（05）：12 – 21.

过去长期以来通过制定不同的绝对贫困标准并继而努力超越绝对贫困标准，转变为通过逐步实现城乡社会公共服务均等化等手段来缓解不平等为主要目标。2020后以防贫为主要目标的减贫政策应将现行所有的政策工具进行重新地梳理建立起相互衔接、互不重复、目标明确的新的减贫政策体系。①

城市更新主要是"用一种综合的、整体性的观念和行为来解决各种各样的城市问题；应该致力于在经济、社会、物质环境等各个方面对处于变化中的城市地区做出长远的持续性的改善和提高。"② 2019年春，浙江省委省政府在全国率先提出"未来社区"概念，表示浙江将继特色小镇建设之后，启动未来社区建设。乡村未来社区建设以"人口净流入量 + 三产融合增加值"为基础，以乡村更新为主线，兼涉产业、社会、文化、生态等多个方面，开启了乡村振兴的新格局。③

3. 社会组织参与乡村振兴

乡村振兴应该采取"进取"还是"保底"的思路，乡村振兴的发展要走出一条产出高效、环境友好、城乡融合的发展乡村振兴新道路，培育发展农村新产业、新业态，注入乡村振兴新动能；聚焦新型农业经营主体，创新乡村振兴经营模式；走融合发展之路，形成乡村振兴新路径；践行"两山"理论，创新乡村振兴绿色建设；通过科技创新，高效振兴乡村；推进体制机制创新，强化乡村振兴制度性供给。

乡村振兴的力量来自国家、市场和社会，重构乡村共同体。社会组织发挥了重要作用。

社会组织在开展扶贫脱贫项目中包括了产业扶贫、技术扶贫、就业扶贫、健康扶贫、旅游扶贫、教育扶贫，还包括职业教育培训、扶贫小额信贷、易地扶贫搬迁、电商扶贫、致富带头人创业培训等多种扶贫方式中发挥积极作用。

社会组织为留守老人、留守妇女和留守儿童提供服务。自1990年代以来，随着中国流动人口规模的迅速扩大，流动人口子女的规模亦快速增长，2000年达5000万左右，2010年更进一步翻番，规模达到1亿左右。2010年和2015年留守儿童和流动儿童人口规模各自基本持平，分别约为6900万和3400～3600万。农村独居留守儿童从2010年的200万下降到2015年的133万，这是最弱

---

① 李小云，苑军军，于乐荣. 论2020后农村减贫战略与政策：从"扶贫"向"防贫"的转变［J］. 农业经济问题，2020.

② Andrew Tallon. 英国城市更新［M］. 上海：同济大学出版社，2017：15.

③ 田毅鹏，乡村"未来社区"建设的多重视域及其评价［J］. 南京社会科学，2020.

势、最急需帮助的群体。①

　　乡村振兴战略实施离不开社会组织协同。提升农民创新创业的活力，助力产业兴旺。产业兴旺是乡村振兴战略的首要目标，一是依法组建各类农村经济合作组织，有助于推动农村经济规模化、组织化、市场化发展，强化农民的市场主体地位，参与产业融合发展。二是产业兴旺需要引入现代理念和生产要素，这对农业科技、农业人才等提出了新的要求。社会组织可以发挥其连接各方资源、广纳专业人才的优势，起到联结乡村居民与城市居民、农业技术人才与普通农民的媒介和桥梁作用，助力培育各类"土专家""田秀才"，同时为提供农技指导、产品营销、资金服务等创造条件。三是广泛存在的农业科技服务中心、农村专业技术协会等各类生产技术服务型组织，还在提供服务、推广和传播科技知识之余，推动传统农民向现代农民、职业农民发展，推动乡村经济的转型发展。增强农民协商参与的能力，助力组织振兴。丰富农民的精神文化生活，提升乡风民俗。②

第三节　空间生产的重构：大学驱动型产学研合作创新生态圈

　　创新生态系统的大学要素，具有基础性、活跃性、核心性地位，创新生态系统中大学具有人才培养功能和知识整合的功能、链接纽带和创新驱动的功能，产学研合作创新的大学驱动机制知识创新驱动、协调整合驱动、市场推广驱动、创新示范驱动；大学驱动型产学研合作创新的生态环境构建包括了创新生态系统的运行机制、创新生态系统的学习机制、创新生态系统的动力机制、创新生态系统的社会创新。

一、创新生态系统的大学要素

　　在知识经济和全球化时代，创新是经济增长的引擎，是城市的核心功能或核心竞争力。经济学领域熊彼特第一个提出了创新理论。他在1912年《经济发展原理》提出创新是建立一种新的生产函数，即实现生产要素的一种新组合。

---

① 陈金永，任远. 中国流动人口的子女［M］. 伦敦：英国劳特里奇出版社，2020.
② 杨义凤. 发挥好社会组织在乡村振兴战略中的作用［J］. 农村·农业·农民（B版），
2019（7）.

创新包括采用新的生产技术、新原料的发现和利用、新产品的推广、新组织形式的出现、新市场的开拓五个方面。经济之所以增长，来源于经济体系中不断地引入创新。所以熊彼特的创新观点既包括技术创新，又包括市场创新和组织创新。熊彼特把技术创新看作经济领域创新活动的外在因素。制度经济学家提出了制度创新的理论。诺斯的创新观点是，世界经济的发展是制度创新与技术创新不断互相促进的过程。美国国家竞争力委员会界定，创新是把感悟和技术转化为能够创造新的市值、驱动经济增长和提高生活标准的新产品、新过程与方法和新服务。

后来创新理论不断深入发展，对技术创新的关注从技术过程发展到社会过程、创新管理过程，从技术创新到制度创新社会创新，创新模型从简单到复杂，从线性模型（技术拉动、市场推动等）发展到集成网络模型（链联系、集成、系统整合与网络等）。20世纪50年代，经济学家开始重视创新对经济增长和社会发展的巨大作用，熊彼特的创新理论重新受到重视，研究重点是技术创新的规律。50年代初，索洛对技术创新理论重新进行了比较全面的研究。他在《在资本化过程中的创新：对熊彼特理论的评价》中首次提出技术创新成立的两个条件，即新思想来源和以后阶段的实现发展。1962年伊诺思从行为集合角度来定义技术创新；林恩从创新时序过程角度来定义技术创新。三螺旋理论和创新生态系统理论都属于非线性创新模式的分支。因此技术创新是一个链环回路模型，科学与知识是创新主链各节点上都需要的部分，任何一点都可能是创新的起点可能带来增值，创新模式是系统集成和网络模型。技术创新是新技术的产生和商业应用，而管理、组织和服务的改善在其中也发挥着重要作用。

创新生态系统理论框架包括创新主体、创新生产和扩散的过程和运行机制。创新生态系统是一个具备完善合作创新支持体系的群落，其内部各个创新主体通过发挥各自的异质性，与其他主体进行协同创新，实现价值创造，并形成了相互依赖和共生演进的网络关系。德国生物学家E·亥格尔提出了生态系统理论，在生态学的视野下，整个生态系统内部各生物体间相互依赖、相互制约，内部各要素和谐平衡、有序流通，并且保持与外界诸要素的互联互通。在此过程中，生物—环境之间发生互动：一方面生物的生长改变自然环境，另一方面自然环境对生物生长施加影响，两者共同作用于生态系统的和谐稳定。后来生态系统理论发展运用到组织领域和商业领域，产生了很多学派，例如将生态学中的理论观点、架构模型和研究的方法实施到组织环境当中，并侧重从环境、组织模式、群体动力等方面开展对组织发展动力的研究。Lynn（1996）运用组织生态学观点，分析组织环境对技术创新及扩散的影响，提出了创新群落的概念，创新群落是以科技为纽带而建立的紧密地社会及经济关系网络。生态系统理论也被广泛运用到创新领域的研究。创新生态系统描述的是一种状态，即新兴的区域产业集群形成了一个创新的"栖息地"，如同一个生态系统，主体产业相关的不同支持体系和合作组织之间形成了一个相互依赖和共生演进的创新生态体系。参照自然生态的概念，创新生态系统是指由各类创新主体、创新种群、创新群落与其环境之间，不断进行能量流动和物质循环而形成的复杂统一体。美国竞争力委员会在《创新美国——挑战与变革》报告中将创新生态系统定义为由社会经济制度、基本课题研究、金融机构、高等院校、科学技术、人才资源等构成的有机统一体，其核心目标是建立技术创新领导型国家。各类研究中心、孵化器和科技园的规划与实践在创新生态系统中显示了强大的生命力。Dhanaraj 和 Parkhe（2006）认为，创新生态系统的价值创造潜力是网络设计和业务流程两个维度的函数。创新系统生态系统不仅关注要素构成和资源配置问题的静态结构性变化，而且强调创新行为主体间作用机制的动态演化。

2003 年，美国总统科技顾问委员会（PCAST）在一项研究中正式使用了"创新生态体系"这一概念。2004 年，美国竞争力委员会在《创新美国：在挑战和变化世界中保持繁荣》的研究报告中，认为美国要提高国家创新能力和创新绩效，需要"企业、政府、教育家和工人之间建立一种新的关系，形成一个21 世纪的创新生态系统。"PCAST 在同年发布的《维持国家创新生态体系：保持科技竞争力》报告中提出，美国创新生态系统主要由发明家、技术人才和创业者、世界级水平的研究型大学、研发机构、风险资本产业等要素构成。[①]

"官产学"是日本产经联 1981 年开始实施的《下一代产业基础技术研究开发制度》中提出的，中心内容是保证"官、产、学"各方面力量相互协作和充分发挥各自优势。[②] Koves（1990）研究了官产学合作对 CIM（computer integrated manufacturing systems）教育的作用。官产学关系的"三重螺旋"（the triple helix）创新模式是由 Etzkowitz 和 Leydesdorff 在 1995 年提出，[③]（见图 4 - 5、图 4 - 6、图 4 - 7）产学研合作创新，是科研、教育、生产不同社会分工在功能与资源优势上的协同与集成，是产业链技术创新上、中、下游的对接与耦合。

---

① 曾盛红. 构建一流城市创新生态体系［N］. 南京日报，2019 - 07 - 10（A7）.

② 邓存瑞. 当前发达国家高等工程教育教学改革的几项措施［J］. 国外高等工程教育，1989（1）：19 - 21.

③ Etzkowitz Henry, Loet Leydesdorff The trip le he lix of university - industry - government relations: A laboratory for know ledge - based econom ic deve lopment［J］. EASST Review, 1995, 14（1）：14 - 19.

在这种三角螺旋关系中，大学除了传统的教学和基础研究职能外，还能起到促进企业的形成和推进技术进步和区域发展的作用。三角螺旋关系能够确保投入和技术创新的持续性。在知识资本化的不同阶段包含公共、私人以及学术层面的制度设置中的多元重叠关系发挥各自的能量，以推动知识的生产、转化、应用、产业化以及升

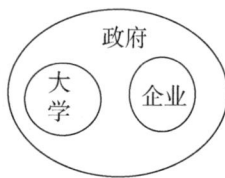

图4-5　三重螺旋 I

级，促使系统在三者相互作用的动态过程中不断提升。按照 Etzkowitz 和 Leydesdorff 的理论，政府、企业、大学在创新体系中有（Etzkowitz，Leydesdorff. 2000），即国家社会主义模式（etatistic model）、自由放任的模式（laissez-faire model）、重叠模式（over-lappingmodel）三种关系模式。

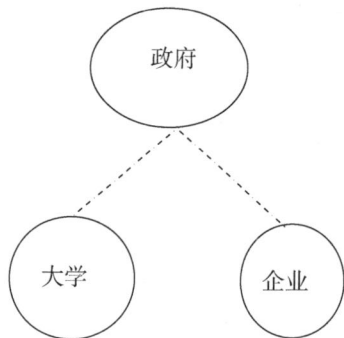

图4-6　三重螺旋 II

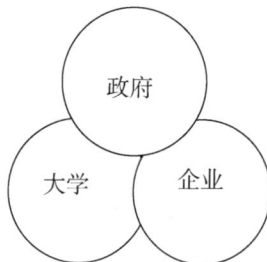

图4-7　三重螺旋 III

随着国家创新系统构建理论与实践的发展，政府过紧过松的调控都不利于国家创新能力的提升与发展，因此第三种模型被普遍接受。Veronica Serrano 和 Thomas Fischer（2007）提出，协同是涉及知识、资源、行为、绩效的全面整合①。Pierre Veugeler（2012）提出，产学研协同创新的动力来自学校和企业的异质性，即两者在知识运用和创新能力方面存在差异②。许多产学研合作创新成功和失败的案例都揭示一点，产学研合作创新必须有良好机制作保障。在产学研合作与社会服务创新诸要素中，教育是中心，其与社会市场的结合点是培养高级人才；联合科研是关键，是产学研结合的内在动力，社会服务是高校与

---

① Veronica Serrano, Thomas Fischer. Collaborativeinnovation in ubiquitous systems［J］. International manufacturing, 2007（18）：599-615.

② Pierre Veugeler. Identifying collaborative innovation capabilities within knowledge-intensive environments：Insights from the ARPANET project［J］. European Journal of Innovation Management, 2012：152-173.

社会的现实要求。产学研合作与社会服务创新机制是创新系统建设的主干，而生态创新系统研究来自技术创新研究。新古典学派强调干预技术创新的合理性；新熊彼特学派强调大学在创新中的作用和创新中的网络化特征；国家创新系统学派强调技术创新的系统化特点，科学技术对经济发展的作用是通过技术创新实现的。产学研合作创新理论分析知识在社会中的作用以及大学在经济中作用的扩张现象，并借助这些现象表征指标进一步反映或揭示出各国家/区域之间的差异比较和协同状况。"三重""四重"螺旋协同模式下的知识"洪流"形成了知识型经济。

随着全球化发展，产学研合作创新也出现了知识经济形态的去中心化或泛中心化趋势。例如我国台湾地区的大学，链接社区场域，专业知识与市民村民需求直接对接。社区、社会、企业与产业在多元的大学课程与工作坊中，彼此沟通、交流、碰撞，甚至结盟。大学、政府、产业各系统的边界也变得越加不确定了，产学研关系成为一种动态研究环境下的非稳态系统。因此从产学研的动态研究中可以发现，创新要素不断发现或者不同时期关键的创新要素各不相同，以往理论包涵要素不完备及动力如何驱动创新系统进化成为需要突破的问题。创新生态系统理论作为非线性创新模式对于提升国家/区域的合作创新关系和创新能力有着重要的意义。

就大学而言，是创新生态系统不可或缺的要素。

（1）大学是国家创新系统的基础性元素。克里斯托弗·弗里曼指出，创新不仅是产学研三方合作的一种行为，而且是一种国家行为，创新需要政府的政策干预和制度支持，以保证企业和国家长期战略的实施。国家创新系统理论的观点认为技术创新是创新重要的来源，知识是重要的经济资源，学习是一个重要的社会过程，创造、储存和转移新知识、技能和新技术是国家创新系统的功能。从历史发展维度来看，技术领先从英国发展到德国、美国，再到日本的路径，他们的追赶与跨越，是实现了技术、制度和组织创新，是国家创新系统演变的结果。国家创新系统的构成包括教育培训还有政府政策的作用、产业结构、企业研究与发展的作用。他认为创新是一种建立在国家水平上的系统性行为，并非是孤立性的行为。弗里曼认为日本的国家创新系统中社会创新处于中心地位。社会创新包括信息流动的方式，在企业内部鼓励良好的沟通与学习，在网络中企业进行合作的方式，科学、技术、产业和教育政策促进方式等。理查德·纳尔逊认为，现代国家的创新系统包括各种制度因素以及技术行为因素，包括致力于公共技术知识的大学和研究机构，以及政府的基金和规划之类的机构，其中厂商是创新系统的核心。佩特尔和帕维蒂认为，国家创新系统是决定一个国家内技术学习的方向和速度的国家制度、激励结构和竞争力。伦德瓦尔认为，技术创新是一个相互作用的学习过程，国家创新系统实际上是一个动态的社会系统，由在生产、扩散和使用上互相作用的要素和关系所构成的，国家创新系统的构成则包括了国家意义上的要素和关系。大学是国家创新系统中的重要行为主体，是知识创新系统的核心主体，一方面通过教育培训提供了高素质人才，另一方面是知识和技术的来源，而且推动高新技术产业化，所以大学是新知识、新技术、新成果转化成现实生产力的基本保障。

（2）大学是创新生态系统最活跃的元素。大学是知识创新的重要来源，大学是创新效率和创新扩散的推动者，大学影响每一个创新主体、创新要素及创新要素的组合与效率。创新主体或要素在一定的地域空间内集聚所形成的产业（或企业）的集合形成创新种群。在创新种群的形成过程中，成功的企业就像"领头羊"，能集聚并带动更多企业跟进，从而在一定地域空间内形成由具有异质性和互补性的不同规模的创新型企业及关联机构集聚的群落。为创新生态系统中各组成部分的正常运行提供必要的物质、精神及制度保障，其涵盖的内容既包括社会制度、法律体系、社会习俗与文化、社会网络等软性因素，也包括基础设施、技术与经济存量等硬性因素。创新生态系统中有着创新集群和创新扩散的作用。美国学者埃弗雷特·罗杰斯（E. M. Rogers，1962）认为，创新扩散是"在一个社会体系中的个人随着时间推移通过不同渠道传播关于新事物的信息并接纳新事物的过程"。创新扩散是指一种基本社会过程，在这个过程中，通过媒介劝服人们接受新观念、新事物、新产品。决定创新扩散的接纳率受到新事物本身的属性，接纳的决策方式，传播渠道，社会制度，以及变革推动者的推广力度五种变量的影响。提高创新扩散的方法一般包括增加新事物与现有环境的适应性，并重点针对社会网络中的意见领袖进行说服，扩散过程中的注意、接纳和再传播使创新的意义和价值逐渐显现和增强。大学教育是一种通过正规、系统的训练向其成员传播创新态度、知识、信仰、价值、规范和技能的社会制度。大学是社会化代理机构，教会学生为未来创新做准备，教育传播知识和文化，促进文化整合，鼓励文化创新，助长竞争力。

（3）大学是产学研合作创新中最核心的元素。大学是创新分工体系的核心要素。随着20世纪50年代斯坦福大学工业园的创立，并成功创造了"硅谷"的经济奇迹，产学研合作已经成为知识经济时代推动经济和整个社会发展的动力。硅谷至今是无法复制的产学研合作创新机制的成功典型。硅谷周边区域拥有斯坦福大学、加州大学伯克利分校、加州大学圣克鲁兹分校等近20家名牌大学，波士顿区域内则分布着哈佛大学、麻省理工学院等世界一流大学，他们提供的大量高素质人才和高水平科技成果，成为美国区域创新体系形成和发展的关键因素。大学作为基础研究的承担者和原始性创新的重要源头，在创新生态系统中更具主导性和推动性。大学可以成为创新生态系统的核心和主要驱动力。

"官产学"一词，首先来自日本《下一代产业基础技术研究开发制度》中，其中心内容是保证官产学各方面力量相互协作和充分发挥各自优势。Etzkowitz 和Leydesdorff 在 1995 年提出官产学关系的"三重螺旋"创新模式，它是指大学、产业、政府之间透过组织的结构安排、制度设计等，以加强三者在资源与信息上的分享沟通，达到科技资源运用效率与效能。在知识资本化的不同阶段反映了包含公共、私人以及学术层面的制度设置中的多元重叠关系。1996 年美国等西方工业化国家提出为实施国家创新战略，采用"三重螺旋"的运行模型促进它们整体协同发展。产学研合作创新观点产生于工业时代面向生产、以生产者为中心、以技术为出发点的创新，其形态是产学研、官产学研合作。随着信息时代、知识社会发展相适应的面向服务、以用户为中心、以人为本的开放的创新形态出现了政产学研用、政用产学研合作创新的发展。新的创新合作形态强调了创新中用户的角色、应用的价值、协同的内涵和大众的力量。政府在创新平台搭建，用户在创新进程中的主体地位进一步凸显。随着移动互联网、云技术、物联网、人工智能等新兴科技的蓬勃发展，用户越来越善于开发他们自己的新产品和服务，用户导向的创新成为创新模式的重要特征。产学研合作创新是国家创新系统有效运作的重要环节，它促进了国家创新系统内的知识流动。

产学研合作创新机制也是一国提升产业技术能力和竞争能力的重要机制。

以创新为特征的产学研合作过程是一个从新思想的产生，到产品设计、试制、生产直至营销和市场化的一系列活动过程，也是知识的创造、流通和应用的过程，其实质是新科技的产生和商业化的应用。它要求企业、高等院校和研究机构建立起更密切的战略联盟。Gertler & Wolfe（2004）运用创新系统、制度学习、技术动态演化和本地社会知识管理理论分析了区域层次的产学研合作活动是如何促进区域经济增长的。合作网络内的本地化学习和互动促进了本地经济的生产能力的动态增长。

产学合作方面 Peters&Fusfeld（1982）认为从企业的立场而言，与学校进行产学合作，企业除可获得来自学校教师的专业指导及最新的创新知识外，更能运用学校资源（例如使用学校先进的仪器设备），及建立技术标准。Geisler&Rubenstein（1989）指出通过参与产学合作，企业除了能降低企业研究开发风险、时间及成本、开发新技术与新产品外，还能协助解决企业难题，提高生产力以及激发企业内部研发创造力。Ruth（1996）更认为学校与企业是无法分割的一体两面，也唯有将学校与企业的资源相结合，未来学生才能面对21世纪的挑战。Huansik Kim 和 Seungil Na（2001）认为，产学研结合是产业界与学界之间的教育活动、研究活动，从广义的角度认为产学研结合是学界与产业界之间的教育和研究的协力活动。

产学研合作运用市场机制，合作的目标是获得市场价值。美国于1984年颁布了国家合作研究法案，以刺激战略研究合作伙伴关系的形成，促进知识和技术从大学和政府研究机构到企业的快速扩散。这些合作关系有：研究合作项目、战略联盟和网络、行业协会、合作研究与发展协议、技术授权和许可、大学的创业企业以及学术界与产业界的科学家论坛。欧洲的尤里卡计划同样强调产学研合作，要求申请项目的大学、科研机构必须寻找企业伙伴，共同申请、共同承担。日本早在1933年就成立了全国性的按重要课题划分的"产学合作研究委员会"，《关于产学合作的教育制度》的咨询报告，1960年底，日本内阁会议通过的《国民收入倍增计划》强调"要特别重视产学合作，加强教育、研究、生产三者之间的有机联系"。二战后，日本鼓励大学、政府研究机构和产业界之间的合作研究网络，这促使了全国范围内行业研究协会的成立。

二、创新生态系统的大学功能

大学教育具有人才培养、科研功能、社会服务功能，人才培养是大学的核心工作；科学研究是大学的重要职能，也是人才培养的重要载体；服务社会是人才培养和科学研究功能的延伸和运用。大学既不同于政府，无法按照政府的逻辑运作，又不同于企业总是需要利益博弈并进行理性的交易。大学是由专门的行动者所组成的独立的学术群体，创造和传播知识乃是大学的任务之一。创新生态系统中大学具有人才培养、知识整合、链接纽带和创新驱动的功能。

大学具有人才培养功能和知识整合的功能。大学一个功能是提供给所有学生一般教育技能与知识，提供专业工作者的教育，提供研究者的教育，提供教育者的教育。教育社会学家海斯迪（A. H. Haisty）在《经济发展与教育》中将大学的历史性变迁分为三个阶段：第一阶段是从中世纪开始到产业革命为止的象牙塔时代，通过教学保存和传递已有的文化知识。第二阶段是产业革命后以技术为中心的专门教育时代，大学从一个单纯教学的机构成为发展科学和创造知识的机构，从而扩大了大学教育的功能，即增加了科研功能。

从德国哈勒大学开始，19世纪初创建的德国柏林大学确立了教学与研究统一的原则，世界科学前沿的重大突破以及重大原创性科研成果的产生，大多是现代大学教育的产物。创建和发展世界一流的研究型大学，已经成为西方国家以及世界上其他国家的大学教育战略。19世纪末，以美国康奈尔大学和威斯康星大学为范例而确立的为社会服务的理念，使得西方大学更多走进社会和贴近社会。第三阶段是伴随20世纪技术革新的飞跃发展时代，增加直接为社会服务的功能。现代化的大学由单一功能向多元功能转变。培养学生使他们更熟练地学习和掌握专业知识；创造知识使大学引领科学技术的发展；服务社会使大学更好地以社会需求为导向。大学的科学研究逐步成为社会一个不可或缺的组成部分。

大学具有链接纽带和创新驱动的功能。美国的大学社会服务有几种形式，一是大学与企业合办研究中心，针对企业进行有目的的科学研究和技术开发；二是建立科技园和创新中心，加快大学新技术成果向产品的转化；三是大学向企业转让技术。大学本身的模式和大学教育功能必然会随着不同时代和社会发展的需求不断地进行着调整和改革。

创新生态系统中大学链接了企业创新、链接了区域创新、链接了政府创新。欧盟就曾多次强调欧洲创新系统中各利益相关部门和行为主体之间协同互动的重要性，并在实践上探索了"行为主体群族协同型""区域协同型""主题协同型"等多元"开放创新生态系统"模式。创新生态系统开始具有典型的特定地域性，地域创新集群"知识创新集群"转型，超越了地域和时空限制。

Atlan（1987）将产学互动分为六大类：一般性研发资助；合作研发；研发中心；产学研发联盟；大学中的业界协调单位；创业育成中心与科学园区。Bolton，Robert（1994～1995）列举了产学合作以来的几种类型：促成产业界的主要科学家回到大学校园，向大学的学生们介绍他们感兴趣的新思想、新技术；大学生在课余和暑假期间到企业的实验室工作；大学计划委员会的工业代表；使用大学暂不使用的实验场地和设施，一方面大学获得场地的租金，另一方面企业可以雇佣一些学生作为实验助手；咨询关系；大学学者到产业界参观或做报告；企业为大学的研究或教学提供各种仪器和设备。现在产学研发展有更多深度合作。

产学研合作模式主要有四种：（1）大学主导型合作模式。高等院校和科研机构利用自身的科研优势通过将成熟的科研成果以技术转让、专利出售等形式向需要该技术的企业特别是中小企业转移，或通过科技合作、大学科技园、成立研发中心等形式以达到获取科研资源和促进科研成果向生产力转化。大学的组织优势与知识与人才的创新要素加以组合。（2）企业主导型合作模式。企业为提升自己的市场竞争力，满足市场需求，以委托高校或研究机构开发或共同开发等形式，寻求大学和研究机构的技术支持、技术服务、技术咨询，开发新产品、改进工艺、提高管理水平等，提高企业的效益。企业的组织优势与市场、服务、技术结合起来。（3）政府主导型合作模式。政府为了提升国家与区域的科技经济质量、水平和效率，就某个项目、课题、目标组成长期或短期联合体，将与企业和高校合作的重要项目纳入国家或地方的发展规划，有重点地发展若干科技区域，制定一系列关于经费、税收等方面的优惠政策，营造优化的环境，吸引研究机构和其他合作方以项目的形式取得发展。政府动员组织资源的优势与创新要素的结合。（4）共同主导型合作模式。产学研各方采取多种形式、方法，促进企业、研究机构、大学的合作，建立密切而稳定的长期关系。松散型的创新组织与创新要素组合。

三、产学研合作创新的大学驱动机制

大学教育的多元功能是创造知识，整合知识，传播知识，应用知识。大学科研团队驱动科研发展的能力，以及科研团队为高层次人才培养提供有利条件，及通过互动实现隐性知识的摄取，构成了大学主导型产学研协同创新模式演进。

产学研合作与社会服务是一个可持续发展的动态过程，大学驱动型的产学研合作与社会服务创新机制也是不断调整、完善和创新产学研合作的运行机制的过程。大学驱动的产学研合作与社会服务创新机制能够有效地整合国家/区域创新系统内部的创新要素，促进科技成果市场化。

国外大学主导型产学研合作与社会服务创新的实践经验也证明，这是一种有效的创新模式，能促进科研成果化，也能促进大学与科研院所教学和科研能力，进而促进整个国家/区域创新系统能力的提升和优化。几个发达国家的大学驱动型的产学研合作与社会服务创新形成了各具特色的模式，是各国争相模仿的对象，但是这些模式融合在本国的制度组织中，不能简单复制。美国硅谷是随着20世纪60年代中期微电子技术高速发展而逐步形成的模式。主要是依托于斯坦福大学与高技术产业园区的开放性以及可扩展性的创新网络。波士顿128公路模式几经转型发展，曾是美国最重要的高新技术产业园区，被称为"美国科技高速公路"，它是麻省理工为了将大学科研成果与企业相结合，促进科研成果迅速转化为商品而发展起来的。128公路模式曾经深刻影响了硅谷、得州仪器等高科技园区和企业，并为它们所效仿。美国学者萨克森宁在《地区优势》中所说，"128公路能与硅谷有效竞争，最为重要的一点就是打破科技公司之间以

及科技公司与金融、教育、公共事业机构之间的界限。"① 通过对美国硅谷、128 公路高新技术产业带的比较分析，提出硅谷的成功在于合作与竞争的不寻常组合以及各要素构成的制度环境，基于竞合关系形成的产业化体系以及创新资源共享与人才聚集的协同创新模式，是技术创新的活力之源与根本所在。美国大学社会服务主要是通过面向社会开放设施，面向社会传授知识，学生及教师的社会参与，振兴经济与推动企业发展，建立公共关系等来实现的。美国于1990 年出台了《全国与社区服务法案》，强调服务性学习的标准。因此，美国以大学为基础的产学研合作与社会服务创新发展了园区经济；德国的大学为主的产学研合作与社会服务模式的典范是大学与企业交替共同培养人才；英国大学的产学研合作与社会服务创新模式主要有教学公司模式、沃里克模式和剑桥科学公园模式三种类型。日本大学社会服务职能以德国模式为内核参照美国模式以产学合作为主要方式的模式。这些成功的模式各自有着历史的背景，而共同的特点包括几个方面。首先，这些大学形成了区域经济和社会融合的创新网络。例如硅谷的创新网络包括三个基本的结构性要素——企业内部的结构、行业之间的网络组织和支撑行业发展的更大范围的地区性机构设施。大学建立的高校创新孵化园和创新企业集群，形成了独特的协同创新联盟。其次，政府的社会创新作用也是非常明显的，主要表现是以法律的形式把一些能够帮助社会资本有效形成和维持的有规律性的社会创新原则固定下来。例如某些特别的合同形式和制度安排的采用得到法律的承认，合同形式包括交叉许可、创新资源的二次开发协议、技术许可协议以及合作开发协议等。德国的大学与企业共同培养学生的双元制教育来自完善的立法保障、国家的适度干预以及跨国界、跨区域、跨学科的产学研的深度合作。英国大学产学研合作创新模式的优势在于政府完备的扶持政策以及大量经费的投入。同时，区域社会经济发展战略规划和培养了大学的区位品质。在硅谷所在的圣何塞市制订的经济发展战略中，为确保城市努力形成六项独特的品质，高科技立市是贯穿其中的一项重点战略。

目前国际上通用的创新政策工具主要包括如下方式：（1）长期科研领域支持协议。（2）大学内产业基地。这一工具通常运用在产业科研实验室入驻大学开展协同研发的项目，如大学企业孵化器、衍生公司、新创公司等。（3）协同研究项目。这主要运用在包括大学在内的多方协同研究团队围绕共同研究目标，解决共同科技难题的研究项目。（4）大学技术成熟项目。强调超越单个创新部

---

① Saxenian, A. Regional Advantage: Culture and Competition in Silicon Valley and Route 128 [M]. Boston: Harvard University Press, 1996: 119 - 186.

门边界，实现跨部门、跨地域协同创新。

大学主导型创新生态系统已成为西方协同创新战略背景下高校组织模式变革的逻辑基础和典型特质。整合教育（创新人才培养）、科研、创新三大知识领域，以释放"知识三角"的协同放大效能；注重多层组织结构的构建，实施协同生态运作模式，推动大学组织模式变革，真正实现崇尚学术与服务国家二者并行不悖，为国家创新驱动发展战略下高等教育强国建设提供制度保障。

1. 知识创新驱动

麻省理工学院从创新到创业一般经历七个阶段：创意、技术发展、商业化计划、企业计划、形成企业、早期成长、高速增长。MIT 具有一套创新创业流程，各种项目和组织构成了 MIT 内部的创业体系：有最初鼓励发明创新的莱梅尔逊项目、媒体实验室；有负责申请专利、为初创公司发放牌照的审批部门和技术许可办公室；有帮助改善商业企划、组建公司的列格坦中心；有通过匹配业内人士为创业者提供一对一长期指导的服务机构，以及将创业服务贯穿始终的创业中心。但 MIT 的经验证明，一个致力于服务社会的大学不仅能够在创业方面独树一帜，还能在科技方面引领前沿。究其原因，在于 MIT 打通了科研创新与创业之间的通道，构建了完善的创新创业生态环境，使二者不断融合、助长，形成了良性循环。创业教育目标是高远而非功利的。例如，牛津大学 MBA创业课程关注的是影响全人类生活的气候变化、能源、教育、失业等全球性社会问题，通过社会企业解决各种挑战。英国创业教育目标突出体现在对社会创业教育的重视和支持上。社会创业在英国参与渗透到各个领域。

创新驱动发展战略的生态系统中，知识是实施创新驱动战略的基石。知识能够在组织之间以专利转让、交叉许可、专利捐赠等方式转移，也能够通过组织间人员流动、人员借调等方式实现共享。在创新驱动发展战略实施过程中，需要识别知识链上各个环节组织，寻找实现这些组织在知识层面的规模、经济和学习效应的路径。在此基础上，通过组织间知识转移、知识学习和知识共享实现知识创造，通过隐性和显性知识的循环转化、螺旋升级实现知识资源的持续增殖和动态匹配。

在知识的创造、扩散和利用方面知识的商品化不但改变了高校教授对他们研究成果的认识，同时也改变了高校与企业和政府之间的关系。

2. 协调整合驱动

大学成功创建创新生态系统并确保其稳定性，主要取决于大学内部对开放创新的支持度，与外界环境建立协同伙伴关系的能动性。大学与大学、企业、地方、区域、国家、国际等多层面上的创新系统主要行为主体的协同关系，其创新生态系统成功实施依赖于大学与市场主体之间开展协同创新活动的互信程度。大学主导型创新生态系统主要是通过多元创新政策工具的实施予以实现的。

在实施创新驱动发展战略的生态系统中，各组织分别位于知识链的不同位置，如高校和科研机构扮演着知识生产者的角色，企业扮演着知识消费者的角色，政府和各类中介组织担任着监督者或协调者的角色。企业与高校、科研机构之间的合作创新类型在不同情境下会产生不同绩效，必须根据企业或项目的性质灵活选择合作方式。

制度环境是重要的组成部分。从所处层面来看，它包含国家层面的创新战略导向与政策、区域层面及产业与企业层面的创新政策。从政策类型来看，它包含在创新过程中与知识生产、知识消费、知识中介等相关的创新政策。（1）在国家创新系统层面、区域创新系统层面、产业创新系统层面、产学研合作创新层面分别设计推动组织协同的制度，形成相互补充、共同推进的层级制度。（2）构建具有规划、预测功能的创新指标评估体系，引导创新活动的目标和方向，实现创新资源的优化配置，提高创新效率，鼓励原始创新，推进创新成果转化和产业化，培养优秀人才，调动创新成员的积极性，避免重复创新等资源浪费现象。

知识创新整合是为了提升系统内部要素运行效率，组织和空间创新整合协同是为了优化系统（空间）结构，制度创新整合协同是为了保障在系统运行过程中规则匹配。因此，知识创新整合协同是核心，组织和空间创新整合协同是基础，制度创新整合协同是保障，驱动机制的本质体现为创新生态系统的构建和优化。

3. 市场推广驱动

创新生态系统中的市场要素主要是指涉及系统内正常的自然市场环境竞争中的要素和关系网络，包括有系统生境、资源禀赋和供需态势。市场要素可以从需求和供给两个方面展开。需求方面包括企业、科研院所、研发人员等；供给方面包括中间供应商、消费者等；另外还包括产业联盟、配套基础设施等。在创新生态系统中，市场要素是系统创新的原动力，市场的主体作用能够在系统中产生创新动力。

4. 创新示范驱动

创新示范区是创新的集合平台，链接了各类创新主体共生共赢的创新链和产业集群，是战略性新兴产业和高技术产业的集聚区和先行区。产业的空间集聚与网络组织能够为创新提供良好环境，集群内各主体间的有序竞争是开展创新活动的重要动力。

四、大学驱动型产学研合作创新的生态环境构建

创新生态系统是国家竞争优势的重要支撑。创新生态系统是区域可持续发展的典型借鉴模式，创新生态系统是产业创新实践与转型升级的关键因素，创新生态系统是企业创新能力提升的核心。迈克尔波特认为，企业竞争优势的关键在于企业自身的产业定位以及差异化程度、企业供应商议价能力、购买者议价能力、新进入者的威胁、替代品的威胁以及同业竞争者的竞争程度的综合效果，将决定企业在产业中获取利润与竞争优势的能力。Barney 进一步发展资源基础观，认为从资源视角衡量组织竞争优势决定竞争力，包含四个维度：资源的有价值性、资源的稀缺性、资源的不可模仿性以及资源的可替代性。

在数字化浪潮的冲击下，美国持续更新创新模式，培育平台经济和数字经济，加快构建独特的国家创新生态系统；德国内卡河谷高度重视应用型科研院所的建设，通过探索虚拟世界与实体世界的融合应用，不断助推德国"工业4.0"模式的诞生。大学驱动型产学研合作创新通过强有力的知识和组织的整合，包括制度创新和基础设施投资，来充分强化和发挥创新生态系统的功能，最终实现竞争力和可持续发展的核心目标。

1. 创新生态系统的运行机制

创新学习促使创新信息、创新知识和创新技术在系统中不断流动，使得创新技术的扩散速度和运用效率明显加速，各创新主体的协同创新能力得到加强。运行机制包括政府系统、大学系统、企业市场系统。

（1）政府系统。政府是政策出台、经费支持、咨询顾问、人才需求方，也是知识生产方。知识经济形态出现去中心化或泛中心化趋势，大学、政府、产业各系统的边界也变得越加不确定。美国政府在创新体系中的作用主要体现在以下四个方面。以计划、规划和战略来确定创新的方向，创造并且维护激励创新的环境。专利保护体系支持科技创新的政策，鼓励企业创新活动的几项政策制定实施对企业研发开支的税收抵免计划。"拜杜法案"把原来的"谁出资谁拥有"，改成"谁研发谁拥有""谁转化谁受益"，国家只保留优先获得许可的权利。整合创新资源直接或资助进行"种子研究"布局、发现、辨识和培育具有潜在军用价值的前沿性战略性颠覆性技术，带动全局的科技创新。创新的不同时期政府发挥作用不同。对于初创期、孕育期的区域创新生态系统，由于市场缺陷，政府需要通过产业规划、税收支持、制度创新、政府采购等方式完成基础设施建设和必要的产业引导发挥重要作用；而对于成长期、成熟期的区域创新生态系统而言，由于市场比政府更能敏锐地意识到未来科技创新的走向政府

的介入一般是在市场失灵或者创新生态系统内部演化失灵时，政府通过国家的宏观调控职能，来维持整个区域创新生态系统的生态平衡。

（2）大学系统。高校的原始基础创新。经过企业进一步的商业创新，研发出新产品新服务，培育出新产业新业态，有效促进科研成果的商业化，实现科技与经济、创新与商业的紧密结合。增加知识源头和创新人才的供给。开放式学习连接课堂外的社会实践。深化假期社会实践及调研活动，举办大学生创新创业年会，组织学生参加各级各类竞赛，全方位提升学生创新创业意识和能力。创新平台共享和科技创新资源全开放。依托学校科技园、大学生创业园，实施实验教学，全方位促进研究性学习和创新训练，促进学生创新创业实践；依托学校训练中心、实验室、科研平台等，建设"创客空间"，为学生把创意转化为产品到商品，提供场所及多元化指导和服务。链接纽带和创新驱动。建设校外创新创业教育基地，实施产学合作，完善校校、校企、校地、校所及国际合作的育人机制和模式。还有从事技术研发、技术服务和产业孵化的新型研发机构，事业单位企业化运作模式。有的把新型研发机构称为四不像，既是大学又不完全像大学，既是科研机构又不像科研院所，既是企业又不完全像企业，既是事业单位又不完全像事业单位，文化、内容、目标、机制各不相同。

（3）企业、市场系统。创新常常来自国家或区域内部企业集群的互动之中，企业始终是创新活动实施的主体，主导着从科技创新到商业创新和产业化的全过程。创新影响组织，组织影响创新。产业聚集发展了产业集群，一个是发展了企业网络，一个是发展了区位的集中。发展创新型产业集群是推进区域创新的重要途径。产业链相关联企业、研发和服务机构在特定区域聚集，通过分工合作和协同创新，形成具有跨行业跨区域带动作用和国际竞争力的产业组织形态。园区经济和科技孵化器是其中的表现形式。

（4）跨国组织，诸如欧盟、世界银行、经合组织、联合国等也借助大学—产业—政府关系以实现它们促进经济发展的目的，积极接纳知识经济发展，支持把知识、生产、社会制度带入新的构架。

2. 创新生态系统的学习机制

知识的生产流动包括四个层次：第一层次是大学系统内部的互动学习交流及产业集群企业之间的互动学习流程，主要是创新知识和创新技术在高校系统内部、集群企业之间的传播流动；第二层次是指集群企业、政府、大学三者之间的互动学习，知识流动主要表现为政府、大学向企业提供知识技术、信息支持和政策支持；第三层次是指中介机构、金融机构等相关支撑机构，与企业、政府、大学三者之间的互动学习，主要是相关支撑机构为沟通企业、政府、大学三者之间相互联系而产生的信息流动；第四层次是指产业集群创新系统外部的支持要素与集群内企业和相关机构的互动学习流程，主要的知识流表现为外部的知识、创新主体与集群创新主体之间的知识交流。

3. 创新生态系统的动力机制

创新的产生是外部动力和内部动力共同作用的结果，由于内部动力的存在，促使创新生态系统内部各创新要素主动地积累自身的创新能力，从而产生创新行为；而由于外部动力和信息的作用，使得系统产生创新行为。内部动力包括企业追求利益、提高企业竞争力等因素，外部动力包括产业需求、产业竞争、政府创新引导和大学科研成果转化等因素。创新动机来自市场需求和竞争的推动力、经济利益的驱动力、政府产业规划和创新政策的引导力。

4. 创新生态系统的社会创新

在线社会网络等虚拟网络服务形式的出现，使得创新创意的来源更为广阔和复杂，创新的扩散传播也更为迅速和便捷。通过教育网络和社交网络的学习交流等内外部资源的积累，具备知识创新能力，解决方案和创意通过社交网络意进行筛选，网络研究开发和方案测试；广泛使用社交网络进行产品的宣传和推广；新产品市场化以后，通过社交网络收集用户反馈，持续改进产品，为下一轮创新奠定基础，螺旋上升。网络平台建立了有效的在线知识收集和分类机制，并且是有效的在线知识推介机制。

（1）波士顿是科教兴市的典范①。20 世纪末，基于产业领域的知识创新和以坎布里奇市为核心的高等教育人才与机构创新势能的释放，波士顿实现城市转型发展，成为美国领先的创新城市。科教资源集聚与人才资源激活相结合。波士顿积极为哈佛大学和麻省理工学院等 35 所大学大学生和科研人员，创造和提供广阔的创业和就业机会。

（2）创新文化的培育与创新环境营造相结合。波士顿激励人们不断勇于创新，整个波士顿创新文化深入人心，创新文化氛围浓厚。同时，波士顿建立了一套系统化的知识产权保护体系，为创新者提供完善的法律保障。

（3）完善的金融体系与市场化的风险投资相结合。波士顿是美国第三大金融中心，财富管理业务发达，由此衍生出各种形式的金融代理公司，为企业创新提供了较好的融资体系，为创新发展提供了资金保障。同时，波士顿也是美国最大的基金管理中心，以各种基金为基础创立了大量风险投资公司，为创新提供了市场化投融资保障。

---

① 丰志勇. 国外先进城市创新发展的经验［N］. 南京日报，2019 – 09 – 18.

（4）购买创新产品扶植企业创新。政府除了制定各种鼓励创新的政策外，还以市场化方式购买企业创新产品，为创新成果提供了稳定市场，间接促进了各种创新成果转化。

（5）产业发展与孵化器支撑密切相关。民办非政府组织与高校或研究院所创建的孵化器，是大波士顿地区最主要的生命科学孵化器类型，占27个孵化器总数的2/3。这些孵化器对周边医药企业、研究所、投融资机构、商业合作网络具有强大的资源整合能力，为入驻企业提供集研发、融资、服务为一体的创业网络。

美国管理学大师德鲁克认为，创新是"赋予资源以新的创造财富能力的行为"。他认为创新有两种，一种是技术创新，即在自然界中为某种自然物找到新的经济价值；另一种是社会创新，即在经济与社会中创造一种新的管理机构、管理方式或管理手段，从而在资源配置中取得更大的经济价值和社会价值。德国著名社会学家沃尔夫·查普夫认为："社会创新是达到目标的新的途径，特别是那些改变社会变迁方向的新的组织形式、新的控制方法和新的生活方式，它们比以往的实践能更好地解决问题，因此值得模仿、值得制度化。"① 社会创新既作为创新生态系统内部的技术源头和创新手段的部分，构成技术的核心和提高技术转移的效率，社会创新又作为创新系统的外部环境因素提供机制和资金、作为培养创新能力的土壤发挥作用，这不仅是必要的而且是必然的。

克里斯托弗·弗里曼指出，创新不仅是产学研三方合作的一种行为，而且是一种国家行为，创新需要政府的政策干预和制度支持，以保证企业和国家长期战略的实施。从历史发展维度来看，技术领先从英国发展到德国、美国，再到日本的路径，他们的追赶与跨越，是实现了技术、制度和组织创新，是国家创新系统演变的结果。国家创新系统的构成包括教育培训还有政府政策的作用，产业结构、企业研究与发展的作用。他认为创新是一种建立在国家水平上的系统性行为，并非是孤立性的行为。弗里曼认为日本的国家创新系统中社会创新处于中心地位；社会创新包括信息流动的方式，在企业内部鼓励良好的沟通与学习，在网络中企业进行合作的方式，科学、技术、产业和教育政策促进方式等。理查德·纳尔逊认为，现代国家的创新系统包括各种制度因素以及技术行为因素，包括致力于公共技术知识的大学和研究机构，以及政府的基金和规划之类的机构，其中厂商是创新系统的核心。佩特尔和帕维蒂认为，国家创新系

---

① 沃尔夫·查普夫. 现代化与社会转型［M］. 北京：社会科学文献出版社，1998：39.

统是决定一个国家内技术学习的方向和速度的国家制度、激励结构和竞争力。伦德瓦尔认为，技术创新是一个相互作用的学习过程，国家创新系统实际上是一个动态的社会系统，由在生产、扩散和使用上互相作用的要素和关系所构成的，国家创新系统的构成则包括了国家意义上的要素和关系。

第五章

社会创新与城市竞争的空间化

第一节　社会创新与城市竞争力的互构

一、竞争力影响社会创新

竞争是两个或两个以上的行为主体为了某一目标和利益而进行的争夺和较量。竞争具有静态结果和动态过程两个方面，还有竞争主体、竞争对象和竞争结果三个要素。从竞争主体来看，竞争力是竞争主体能力和资源的直接表现；从竞争对象来看，竞争力表现为竞争主体对竞争对象的吸引力或获取力；从竞争结果来看，竞争力表现为竞争主体获取资源和收益的能力。竞争力是竞争主体在竞争中表现的力量，这种力量既来自比较优势又来自竞争优势。竞争力是竞争的基础和源泉。竞争力就是竞争能力的简称，具有以下特点。

（1）竞争力一般是指特定竞争主体所具有的某种能力。竞争主体意指参与竞争并表现出某种能力的组织，它可以是国家、城市、产业或企业等。竞争主体通过空间生产形成新的知识、权力和资本结构。

（2）竞争力大小的测度要以一定的要素为载体。即竞争能力最终要体现在某种特定的要素上，这种要素可以是产品，也可以是服务。竞争力来自资源还是来自能力。其中创新要素、创新能力影响竞争力。

（3）竞争力总是与一定的竞争空间相联系。竞争空间是指竞争主体之间相互争夺各种生产要素和资源，竞相提供产品和服务的地理空间。它可以是某一座城市，某一个国家甚至全世界。空间是创新和竞争不可分割的部分。竞争力是一种空间的生产，创新能力的生产。空间生产反过来促进创新和竞争的更新演化。

竞争力的概念最早来源于企业，包括企业竞争力、国家竞争力等。世界经济论坛（WEF）在《关于竞争能力的报告》中指出，企业竞争力是指"企业目前和未来在各自的环境中，以比他们国内和国外的竞争者更具吸引力的价格和质量来进行设计、生产并销售货物及提供服务的能力和机会。"竞争力引用到区域之中，但主要研究的是国家竞争力。比较常见的论述有以下内容。

"国际竞争力是在自由的、良好的市场条件下，能够在国际市场上提供好的产品、好的服务，同时又能提高本国人民生活水平的能力。"——美国《关于工业竞争能力的总统委员会报告》。

"一国能获得经济（人均GDP）持续高增长的能力。"进一步提出以下的公式：国际竞争力＝竞争力资产×竞争力过程。——世界经济论坛（WEF）。

"国家的竞争力是社会、经济结构、价值观、文化、制度政策等多个因素综合作用下创造和维持的。在此过程中，国家的作用不断提升，最终形成一个综合性的国家竞争力。"——美国学者波特的《国家竞争优势》。

诺贝尔奖获得者、美国著名经济学家萨缪尔森与波特的观点完全相左，萨缪尔森在其《经济学》中指出，竞争力指的是一国商品参与市场竞争的能力，这主要取决于本国和外国产品的相对价格；竞争力明显不同于一国的生产率，后者是以每单位投入的产出量衡量的。他特别强调，正如比较利益原则所证明的，每个国家都不是生来就缺乏竞争力的。他还认为，通向高生产率进而通向高生活水平的必由之路是：对贸易、资本和来自最先进国家的思想开放自己的市场，并允许同那些已经使用最先进技术的公司展开强有力的竞争。

"在一定经济体制下的国民经济在国际竞争中表现出来的综合国力的强弱程度，实际上也就是企业或企业家们在各种环境中成功地从事经营活动的能力，就是一个区域为其自身发展在其从属的大区域中进行资源优化配置能力。"——联合研究组《中国国际竞争力发展报告（1996年）》。

一个国家或地区在国际上具有竞争优势的关键是产业的竞争优势，而产业竞争优势来源于彼此关联的产业集群。美国国家竞争力来自高科技产业竞争力，而高科技产业竞争力来自硅谷等高科技产业集群。中国的劳动密集型产业的竞争力，主要来自珠三角、长三角、闽南三角和环渤海地区劳动密集型产业群。波特还指出，产业集群是提高产业竞争力的基本因素，并认为一个国家或地区的竞争力，关键取决于其产业集群的竞争力。

二、竞争力的一般模型

如图5－1所示，竞争力的一般模型是参照波特的产业竞争力模型和IMD的国际竞争力模型建立起来的。构成竞争力的因素是企业竞争力、城市竞争力、国家或区域竞争力。国家竞争力、城市竞争力和企业竞争力之间存在密切的关系，一方面，国家竞争力与城市、企业竞争力之间存在差异。从区域层次来看，国家竞争力是宏观层，企业竞争力是微观层，而城市竞争力是中观层。国家竞争力是社会、经济结构、价值观、文化、制度政策等多个因素综合作用下创造和维持的。企业竞争力是企业在目前和未来的环境中，比其他企业具有竞争获胜的能力和机会。城市竞争力与企业、国家之间，在社会经济活动的内容、方式、绩效、环境以及利益追求目标上存在差异。另一方面，国家竞争力与城市、企业竞争力之间存在相互影响相互制约的关系。城市为企业提供了地方化的竞争力基础。城市竞争力受制于国家宏观环境，影响企业竞争力。在一定意义上，城市竞争力实质上表现为产业竞争力，而产业竞争力则是通过企业竞争力来加以支撑和维持，因此，产业竞争力和企业竞争力是城市竞争力的核心。

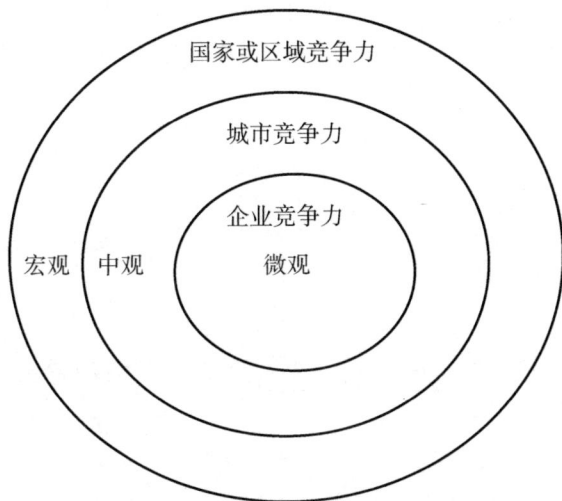

图 5 - 1　竞争力的一般模型

如图 5 - 2 所示，这是迈克尔·波特的产业竞争力模型。波特强调，全球竞争中，一个国家的竞争力集中表现在产业竞争力上。国家财富主要取决于本国生产率和一国所能利用的单位物质资源，国家竞争环境与生产率有非常密切的关系。波特在《国家竞争优势》将国家创新系统的微观机制与宏观运行实绩联系起来，在经济全球化的大背景下考察国家创新系统，因而属于国家创新系统研究的国际学派。他认为国家的竞争优势正是建立在成功地进行了技术创新的企业的基础之上的。企业维持长久的竞争优势在于不断的持续升级和创新，要求高素质的劳动力和强大的科研基础。根据波特的观点，政府的主要目标是为国内的企业创造一个适宜的鼓励创新的环境。他提出国家优势的四个决定性因素：①要素条件，如熟练劳动力的供给、基础设施状况等；②需求条件，该国对产业产品和服务的需求；③相关的支持产业；④企业的战略与竞争状况。国家优势的两个影响因素是政府和机遇，它们的作用是虚线表示。为了提高国际竞争力，政府要扮演四种角色。改善产业所需的资源状况，制定能创造产业发展环境、促进产业创新和改进的法定政策，协助产业集群和升级，政府成为竞争的推动者、挑战者、信息提供者。政府的影响体现在：①政府的补贴等政策可能影响生产要素条件、影响资本市场和教育等；②需求状况可能因为产品和工艺标准变化而改变，比如环境标准的管制规则、政府购买创新产品刺激需求等；③相关的辅助性产业可能因为无效手段而受到影响；④公司的战略与竞争结构也是一个可能受到不同政府政策影响的重要决定因素，比如资本市场管制、税收政策和反托拉斯法等。机遇也会对国家竞争力产生巨大的影响，如战争、重大科学技术突破和国家的作用等。图中决定性因素的作用用实线表示，影响性因素的作用用虚线表示。

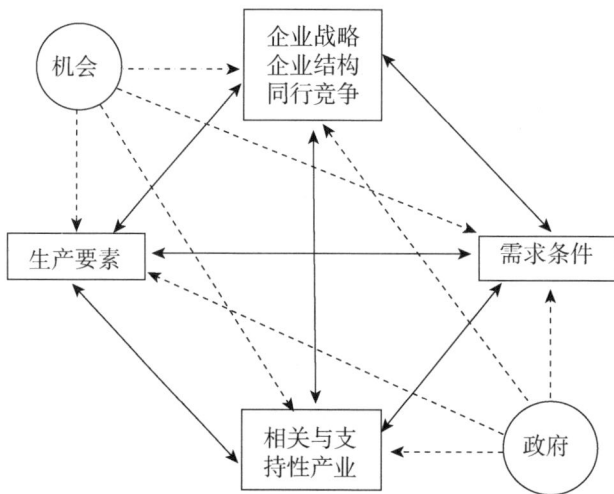

图 5 - 2　波特的产业竞争力模型

波特对产业群的研究和应用具有重大贡献。他阐述了集群对于群内企业提高竞争力的作用以及政府在培育和提升集群竞争力过程中的角色。

另外，波特还认为由产业集群带来的竞争优势的延续，意味着集群进入良性循环，而不是被孤立或解体。波特在其著作《国家竞争优势》中指出，当产业集群的地理位置性很显著时，它本身也隐含着自我崩溃的因子。最脆弱的产业集群内部多半缺乏国际化战略，也没有国际分工行动；产业集群的竞争优势要能持久，其内部的产业必须国际化。因此，集群竞争力的延续与国际化程度有直接的关系，换而言之，提高产业国际化程度是延缓和避免产业集群被孤立和解体从而保持竞争力的有效途径。①

与比较优势相比，竞争优势对竞争力提出更为全面地解释，但是竞争优势理论没有涉及不同产业的比较，重点分析微观领域，没有把更多经济、社会、政治等宏观因素纳入竞争力的分析中。

如图 5 - 3 所示，这是 IMD 国际竞争力模型，目的是探讨世界各国的竞争力排序。它是 1980 年由世界经济论坛（WEF）和瑞士洛桑国际管理发展学院（IMD）创立的，这一理论从概念到理论、从统计到方法以及在分析、政策和国家管理中的开发应用方面都取得了较大的发展。IMD 国际竞争力理论是以市场经济理论为依据，运用系统科学的统计手段，从经济运行、事后结果和未来发展的潜能，包括决定经济运行的各种客观因素和体制、管理、政策及价值观念等主观因素的研究出发，立足于对一国经济运行和经济发展的综合竞争力做出系列全面地反映和评价。IMD 在每年的世界竞争力年鉴中公布根据竞争力八大要素（2001 年后改为经济运行、政府效率、企业效率、基础设施和社会系统四大要素）计算得出的国家整体竞争力排名。

他们认为，国际竞争力是一个国家在世界市场经济竞争的环境和条件下，与世界整体中各国的竞争比较，所能创造增加值和国民财富的持续增长和发展的系统能力水平。设计包括 244 项计量指标，包括两个系统结构功能，即竞争力过程的系统结构功能和竞争力要素整体的系统结构功能。从竞争力过程的系统结构功能评价来看，包括系统实力、运行的系统关系、发展的成长能力。从竞争力要素整体的系统结构功能的科学体系内容来看，包括八大要素，国家经济实力、企业管理、科学技术是核心竞争力；基础设施、国民素质是国际竞争力的基础；国际化、政府管理、金融体系是国际竞争力的重要环境和激励因素。国际竞争力不仅包括综合实力，而且包括实现综合实力的社会经济环境条件和运行整体的竞争力，以及长期持续发展的内在的成长能力。

国际竞争力的评价体系的理论原则，一方面是从宏观经济、微观经济、经济环境三个层面系统考察一国竞争力，核心是企业竞争力，另一方面是动态与静态相结合，全面反映现实与潜力，发展与结果。

从竞争层次来讲，国际竞争力理论以国家竞争力为对象，适用于宏观竞争

---

① 波特. 国家竞争优势 [M]. 北京：华夏出版社，2002.

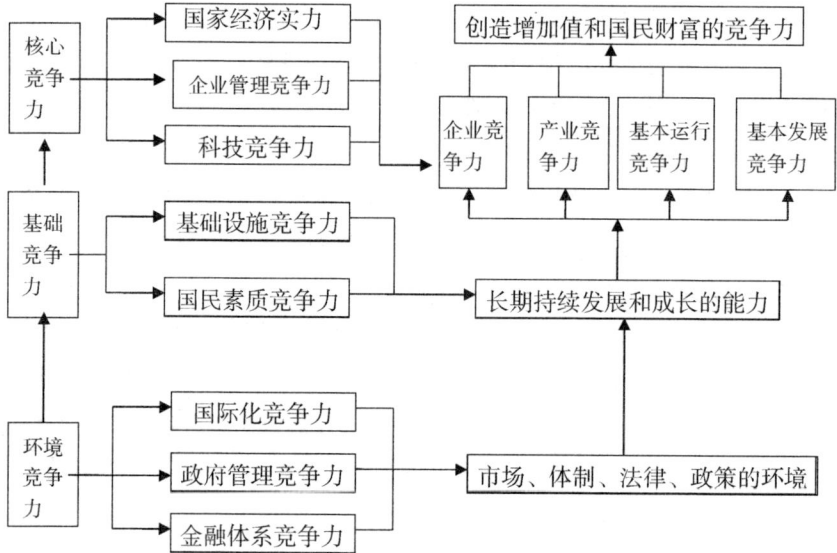

图 5 – 3　国际竞争力基本原理示意图

力；产业竞争力理论以企业为对象，适用于微观竞争力。就中观的城市竞争力方面，没有成熟的理论作为指导。但是国际竞争力和产业竞争力之间以持续发展为取向的关系，为城市竞争力模型奠定了坚实的基础和定位。

上述两个模型带来一些关键的启示：对外集聚生产要素以满足市场需求的能力；而内部环境条件，资源优化配置、组合效率和相关支持性产业（以非基本经济活动为主的产业）及其相互作用是影响城市竞争力的关键要素。城市竞争力理论模型应该包括内外生产要素的输入产出过程，是产业集群和升级的过程。其中，外部生产要素又包括初级生产要素（主要指自然资源）和高级生产要素（包括人力资源、知识资源、资本资源等），其中高级生产要素是市场更为稀缺的资源，对城市提高创新能力和资源配置效率有重要的影响，是资源竞争的核心。本地环境条件既包括城市物质性的"硬环境"（如生态环境、基础设施、土地资源），也包括非物质性的"软环境"（如城市生活环境、商务环境、服务环境及管理制度环境等）。"硬环境"和"软环境"是有机整体的两个组成部分，不能截然分开。二者只有协调统一、共同进步才能提高城市的整体环境条件。

从以上两种模型来看，IMD 的国际竞争力以国家竞争力为对象，侧重于宏观层次竞争力问题的研究；波特的产业竞争力理论以企业为对象，侧重于微观层次竞争力问题的研究，它们较为细致地探讨其内部结构及其关联性，并在此基础上建立起一套可以描述分析的工具，使竞争力具有现实性、测度性和应用价值，为城市竞争力理论提供了借鉴和基础。由此可知，城市竞争力是以企业竞争力和产业竞争力为基础的，城市竞争力强调技术竞争力，但是把城市作为研究对象，从中观层次上、从社会创新层面上对竞争力进行研究至今没有成熟的理论。

三、社会创新影响竞争力

（一）社会创新对 GDP 增长的影响

社会创新是中国 GDP 增长的动力。张孝德（1999）认为，推动中国 20 年的经济高速增长的社会创新资源主要有四个方面，并称之为"四大动力"，它们分别是：改革推动下的体制创新；开放中形成的资本、技术、管理和信息的引入和流动；在计划经济体制下形成的短缺经济和潜在国内需求的释放；政府对经济改革与发展的推动、正确领导和决策。在这里四大动力实际上就是社会创新。韩保江和李宝权（1996）认为，双重创新是中国经济增长的引擎，双重创新就是制度创新与技术创新。制度创新与技术创新是一种创新过程共同作用于整个国民经济增长。制度创新用产权制度变迁、市场化程度、分配格局、对外开放程度等四个因素进行描述。研究结果表明非国有化率、市场化指数、市场化收入比重、对外开放度等四个因素是经济增长的主要因素。北京大学的刘伟和李绍荣认为，非国有经济已成为经济增长的主力，包括在 GDP 中所占比重和在年增长率中所做贡献。这一特征体现在增长的均衡性上，即非国有经济受市场约束更强，因而对行政性干预所导致的高涨和紧缩具有相当大的淡化作用；这一特征反映到要素效率上，即非国有制比重的提高提升了全社会劳动和资本的效率，尤其是提高了资本效率。所有制结构的改变对资本要素的影响是对劳动要素影响的 900 多倍。①

美国社会创新与 GDP 增长的关系也证明了社会创新是 GDP 增长的动力。与 20 世纪美国人均 GDP 增幅关系密切的是美国在软技术方面的创新。从过去 200 多年美国人均 GDP 与商务技术创新的关联性看，1910 年～1950 年 40 年期间人均 GDP 的增长幅度远远超过 1820 年～1910 年 90 年期间的增幅；1950 年～1990 年 40 年期间人均 GDP 增幅超过前 40 年的两倍还多。200 年中人们普遍认为发生了四次技术革命，但是技术革命与美国的 GDP 增长存在时滞，而且不同国家

---

① 安立仁，王艾青. 中国制度变迁增长理论研究述评 [J]. 西安邮电学院学报，2004
（2）32－36.

时滞不同。19 世纪末 20 世纪初，一系列鼓励创新的商务技术和制度创新得到创造性的发展和应用，例如专利制度、股份有限公司、研究所机制、科学管理等的改革和应用。20 世纪 50 年代现代管理技术、公关技术、兼并、风险投资、后勤技术等在美国得到发展；20 世纪 90 年代全球化经营、跨国兼并、虚拟组织、现代物流等提高了产业生产率，并带动了服务业发展。

商务领域的创新直接推动了技术创新和促进经济发展。斯坦福大学经济学家查尔斯．琼斯研究 19 世纪和 20 世纪人类生活状况的变化指出，人类生活标准突然间远远高于人类过去几千年间的生活水平，能够利用电能、汽车、铁路和飞机，而且人口、教育水平等都发生了突变。原因是世界上很多国家推行了鼓励创新的机制，如专利制度、有限责任公司的发明，发展股票市场和风险资本，在公司和政府内建立和扩大开发机构，对研究和开发给予减税和其他鼓励措施。他认为鼓励创新是社会发展的动力。

包括知识创新、制度创新、管理创新、观念创新等的创新滞后于技术创新将会影响经济增长。1955 年，日本学者三隅二不二指出，现代社会的不幸是比起自然技术学的惊人的进步，社会技术学的极端落后，很多当代的不幸之原因就是两种技术的不平衡。当代社会出现了很多经济外、产业外的问题，只靠自然科学技术难以解决。

（二）社会创新对技术创新的影响

1. 一系列创新使技术创新由潜在的竞争力变成现实的竞争力。一般认为，技术创新是国际竞争力的核心，但是只有技术创新未必成功。美国与日本相比，二战后日本的成功的秘诀在于制度改革，正确的发展模式以及日本特色的经营管理。同样的技术在不同国家或不同地区转化的速度不同，原因在于过程技术的差别。技术创新的转移扩散同样要求有技术支持。商品化、产业化过程中的技术，是有别于传统技术的过程技术。一项技术获得应用，单靠技术自身不能成为产品，更不能赢得市场，还需要一系列企业用于内部管理的技术。企业为了在竞争中求得生存，还要进行组织结构调整和对外宣传。企业在技术转移过程中以及与其他企业竞争过程中，形成了一系列价值开发的过程技术。

2. 包括软科学创新的社会创新是创新的来源。

（1）软科学的研究开发实力是技术创新的源泉。知识产业和制定游戏规则的竞争是知识经济下竞争的制高点。科学技术的发展使集成和融合成为技术发展的特征。研究开发包括社会创新技术的研究开发。研究开发是创造核心技术的过程，必须有人力资本和金融资本投入。只有在认识制度的本质基础上对系统创新进行超前研究，不断进行制度创新，才能在全球性的游戏规则的竞争中占据主动；只有通过研究开发适应本国和本地的软科学创新，形成实力雄厚的社会创新产业，特别是知识产业，才能在根本上缩短与发达国家的差距，获得新技术和新产品的均等机会。

（2）包括软科学创新的社会创新是技术创新主体和资源优化配置的重要手段。知识和技术的竞争力通过商品化才能在市场上体现出来，而技术创新的市场活动实际上都是通过软科学创新发生的，因而技术竞争力的关键在于软科学创新的竞争力。从技术创新的途径来看，没有软科学创新是不可能把技术竞争力转变为现实的竞争力。一种途径是自主开发核心技术—产品技术—产业技术；一种途径是引进或购买核心技术—企业技术—产业技术；一种途径是应用通用技术—经过技术组合以及软科学创新变成企业技术—产业技术。从创造技术竞争力的过程来看，必须把技术转化为企业产品，使之转变为组织技术，再通过商品化扩散形成企业的市场份额，最终形成产业技术。从管理层次看，不管是企业内部的管理问题，还是产业的组织协调问题，或者创新环境都需要制度创新。现实中软科学创新比技术创新的差距大。发展中国家与发达国家的宏观环境不完善和社会创新的差距是提高产业竞争力的首要障碍。

（3）社会创新是激活知识和技术潜在竞争力的手段，包括社会创新在内的宏观环境是提高竞争力的前提和条件。良好的宏观环境是创造竞争力的基本条件。宏观环境是培养创新能力的土壤，是形成技术竞争力的前提和基础条件。宏观环境包括硬环境和软环境。软环境包括制度环境、国际环境、文化环境、市场条件和顾客需求等无形的领域，社会创新是不断创新软环境的依据和内容。社会创新和软环境是很多发展中国家长期忽略的因素。

3. 社会的系统创新、整体创新是中国提高技术竞争力的路径。（1）加强宏观管理是促进创新环境的保证。发挥政府调节和市场调节的作用，技术创新是企业行为，政府的任务是不断完善宏观环境，为技术创新创造条件。（2）加强社会组织的作用是促进创新环境的基础。重大组织创新的权力和城市管理权掌握在政府手中，政企分开是调整政府行为的关键。社会组织在市场和政府功能失效领域、制度创新、增加社会自律功能方面发挥更大的作用。（3）加强制度创新力度是促进创新环境的重点。每一种新技术的应用为一种新制度的诞生提供了依据和内容。创造新的游戏和制定新的游戏规则是竞争制高点。只有首先领悟新的游戏规则的个人、企业、国家，才能抢占竞争的制高点。（4）软科学创新在技术创新、产业创新和制度创新中的特殊功能，抓好软科学创新的研究开发和利用，可以弥补技术方面的劣势。加强软科学创新研究开发，为制度创新提供源泉。（5）文化和习惯对创新的影响是深层的，中国广东的技术创新来自观念创新。（6）创业创新文化必须形成合作和信任。技术创新的不同阶段必须与不同层次、不同资源进行组合才能保持竞争力。

（三）社会创新对创新组织方式的影响

社会创新推动了企业和各种创新组织的发展，形成了企业创新的社会资本。社会资本形成一种不同于政府、市场、企业配置创新资源的有效手段——创新网络。第一，社会网络可以为企业、政府管理机构和其他中介组织提供和相关的信息收益与社会资本。社会资本的积累和增殖能够有效地促进一个国家或社会的创新活力的增长。社会资本在推动科技创新中的作用最关键的特征就是信任的可传递性，从而提高了人与人、企业与企业之间的相互信任，知识的交流和沟通的速度得以大大提高，企业通过与外部知识源和信息源（如大学和科研机构等）建立广泛的社会关系网络而提高了技术创新的能力。在科学技术日新月异的现代社会中，企业的创新更多的是基于合作、快速学习和广泛的社会网络之上，这三者又必须以良好的社会资本（信任）为基础。政府制定一系列政策措施来降低机会主义和搭便车行为，培育人与人、企业与企业之间的相互沟通与相互信任。第二，社会网络有助于不同的企业之间建立一种有效的集体学习形式。处在合作性创新网络之中的企业或组织不仅可以相互学习新的技术和知识、了解新的机遇、分析交易的成果，而且还可以通过该社会网络内各单元之间的紧密联系与相互作用，及时地对上述种种结果做出快速反应。由于该社会网络中横向联系的企业或组织的观念和背景不同，它们之间的相互作用或学习必然要在一种讨论、辩论或理性博弈的基础上展开。而这种在创新网络中展开的既有竞争又有合作的理性博弈，不仅可以鼓励企业之间的合作，而且也能够激发其企业家精神。这种在地理意义上具有高度适应性的工商业网络就是学习区域。第三，社会网络还能够为企业提供一种重要的信息通道和高效率的信息处理机制。而就增强和激发一个企业创新活力而言，社会资本可以为企业、政府管理机构和其他中介组织提供一种重要的信息通道和相关信息收益。一方面，合作性的社会网络不仅能够更好地识别信息消费者，更准确地知道谁对特定的信息有需求，谁可以从特定信息中得到什么样的收益，而且还能够鉴别每一种信息的准确性、重要程度以及它的潜在意义；另一方面，它还能够导致企业之间形成信息的相互信赖关系，为不同的企业分享大量的时效性信息以及不同信息之间的相互依赖性质提供机会，如价值分享、目标分享、专门技能和专门知识分享、任务分担、决策分担、风险分担、信誉分享以及成功回报的分享等，并同时增加企业之间建立和应用信息资本的能力，即增加企业之间的信息流量和提高信息含义的丰富性、准确性。这种影响是互动的。企业或创新组织把创新活动的全部环节和程序分解开来放在不同的地方或委托给不同的部门，利用不同企业、部门、地区或国家的创新比较优势来降低创新成本，由此即导致了社会创新的发生和形成。企业与消费者之间关系的变化，也在很大程度上促成了社会创新的兴起。借助社会创新，企业不仅可以把服务创新的部分委托给中小企业，而且也可以通过跟踪征询顾客对产品的意见、掌握顾客的口味和偏好并与他们建立信任关系等，从而更有针对性、更准确地开展创新行动。

（四）社会创新对产业创新的影响

1. 社会创新影响产业创新

分析产业革命的历史可以看出，产业革命的动力是社会创新。第一次产业革命的特点是机械化，第二次产业革命是电气化，第三次产业革命是信息化。带动第一次产业革命的不只是纺织技术和蒸汽机技术。英国是通过世界性的流通技术、金融技术和后勤技术的优势来实现英国控制下的全球化经济秩序的，专利制度、流通创新、后勤创新、金融创新才是真正的幕后英雄。第二次产业革命的中心转移到美国，秘诀是管理技术、研究开发的制度化、灵活的移民政策、改进了的专利制度、股票技术的新的应用以及丰富的自然资源。第三次产业革命的动力是社会创新打造平台，提供强有力的动力。以美国新经济为例，表面上微电子、计算机、通信技术的结合，造就了大量的新公司、新产业，实际上全球化经营、跨国兼并和跨国公司、风险投资、虚拟组织等社会创新，加上取消管制、开放市场、稳健的财政和货币政策等制度和政策的创新推动了生物技术和信息技术的发展。

2. 社会创新影响产业分工和产业发展

根据配第——克拉克经济法则，产业发展的历史轨迹是：随着经济的发展，就业结构的中心将从第一产业向第二产业，再从第二产业向第三产业转移。第一产业、第二产业效率的提高和成本的降低，使得第三产业的市场价值相对提高是经济软化的原因。产业中心由生产产业转向服务产业，因此知识经济下第三产业将向知识产业转移。社会创新在第一、第二、第三产业中的主要作用是技术转移和扩散的工具，在以知识经济为基础的产业中是核心技术，深深渗透到技术创新中增加其附加值。社会创新将促进知识产业、服务产业、社会产业、文化产业的形成和发展。

（五）社会创新对社会发展的影响

创新社会化与社会发展创新化两种趋势的兴起，显示了社会创新与社会发展的互动以及社会创新是当代社会发展的内在机制。社会创新使国家更有效地产生、动员与组合各种各样的创新要素与资源。社会创新具有更广泛也更强大的社会资源动员和增殖力量，能够在合作性社会网络的形成、社会资本的积累和维持以及发展秩序的建构与扩展中发挥关键作用。

社会创新使国家形成一种具有扩展性质的创新秩序，有效地化解各种各样的社会问题。一种稳定的可扩展的社会创新行动秩序的建构和形成，不仅能够保证社会创新行动在个体或群体的微观层面上发生，而且也能够保证其在组织、制度和文化的宏观层面上制度化、长期性的发生和扩展开来。它不仅能够赋予社会系统的发展进程以一种内生的创新要素结构，而且也能够维系社会创新作为一种在该社会系统的发展进程中所固有的持续性机制和力量的存在，并使其最终摆脱周期性社会创新景气循环的陷阱。

社会创新是一种更重要也更具综合性、扩展性和适应范围的整合性社会发展行动系统。相对于技术创新、制度创新、管理创新和政策创新行动来说，社会创新更具综合性、扩展性和整合性。社会创新可以分别是技术创新的前提、伴随状况或结果。社会创新的功能依赖于人力资源的开发和转化以及大量的象征性资源。

从经济增长来看，无论是创新还是新兴产业的出现及国民经济的增长都是由技术进步和相关的社会创新决定的。

从社会结构转型来看，由社会创新尤其在发达国家与发展中国家之间的扩散产生的功效非常明显。

从文化价值规范来看，文化变迁很大程度上通过社会创新的文化示范效应而实现。社会创新是一种社会发展的内在机制、动力源泉和基本平台，社会经济功能的不断扩展。总之，从微观层次上，社会创新成为企业在市场经济中生存发展的主导性行动；从中观层次上，社会创新构成区域和社会发展的重要路径；从宏观层次上，社会创新造就了经济增长和社会进步效应，成为竞争力的核心和焦点。

社会创新是当代社会科学理论研究扩展的基石，它对于一个国家实现社会转型和社会发展极其重要。社会创新需要理论创新，社会创新也为社会科学发展开辟了空间和方向。

四、社会创新影响竞争力的实践机制

（一）社会创新的分类

社会创新是创造新的程序、法律、制度或者组织。社会创新是一种需要创造性的实践（或其结果），它运用新的手段更好地达到公认的目标（更好地治理社会问题）。社会创新是社会变迁的一部分：它是解决社会问题的新途径，能够改变社会变迁的方向；社会创新把一些获得共识，经过一定标准检验并证明是有效的和可持续的改革加以模仿、推广；在社会变革的情形中可以发现一连串的社会创新。社会变革是一个群体实施的有组织的活动，旨在说服其他群体接受、调整或放弃某些观念、态度、习惯和行为。社会创新改变着人们相互之间发生关系的方式，它解决具体的社会问题，使迄今还达不到的社会秩序或社会进步成为可能。哈维·布鲁克斯（1982）曾经将创新划分为纯粹的技术创新、社会技术创新和社会创新。

1. 社会创新既包括组织创新也包括程序创新。程序是组织在不同的环境下都可加以应用的方法。社会创新后会带来惯性和维持效应，社会创新的刺激往往来自体制外。一个组织被创新出来，它对创造新的方法提供服务或达到目标的问题很少予以关注。相反，它开始醉心于发展自我维持和延续的方法。因而只能期望在体制外做出最有启发意义的社会创新，尽管这些创新应该在体制内得到发展并加以应用。社会创新是一个系统，单一社会创新会创造一个社会系统。一项社会创新诸如法院、学校、县市政府或监狱，培育了许多辅助的创新，从而创造了一个社会系统。这个系统的每一个组成部分本身又是一项创新，不过要调整到与这个系统相适应。每一个社会系统都由一系列的社会创新所组成。有些系统，比如教育系统，是发展得比较好的，并且是难以改变的；而另外一些系统，比如集团之间的关系，几乎没有什么处理方法可以作为凭借，以致这个系统与其说是解决办法的集合，倒不如说是问题的堆积。另一方面，调停倒是一种解决办法，可以看到它在多个场合得到应用。社会创新的重大成果是创造社会制度。鉴于我们社会制度和系统的垄断性质，以及它们在适应新环境或采取自我更新的重大措施方面的困难，有必要像创造新的法律或程序一样创造新的社会制度。

代表社会创新的程序方面的例子包括：语言、文字、慈善事业、民主、罢工、审批、宣誓、检验、心理分析、培训。作为社会创新的法律方面的例子有：1388 年的《济贫法》、1601 年的《儿童领养法》、1689 年的《英格兰权利法案》、1717 年的《俄罗斯义务教育法》、1789 年的《瑞士失业保险法》，以及美国在 1875 年以后实行的《禁止虐待儿童法》。代表社会创新的组织方面的例子包括：学校、法院、下议院、工会、监狱、基督教青年会、儿童救济会、红十字会、童子军。如果一个组织正在学习他人的已有知识和经验，那么这个组织最初采纳一项社会创新对它本身来说就是一个创新。一项社会创新培育了许多辅助的创新，从而创造了一个社会系统。这个系统的每一个组成部分本身又是一项创新，不过要调整到与这个系统相适应。

"如果说代议制政府是 18 世纪的伟大社会发明，而官僚政治是 19 世纪的伟大发明，那么，可以说，那个有组织的私人自愿性活动也即大量的公民社会组织代表了 20 世纪最伟大的社会创新"。①

2. 市场经济是一种社会创新。市场秩序是一种利益共享、合作且富有效率的秩序。这种秩序最终的目标在于为社会分工、社会协作、社会交换和社会创新创造一种合作、竞争、和谐的环境，以便经济主体能够在合作中创造共享的利益市场秩序是一种利益和谐的秩序。市场秩序是一种规则约束下的自由秩序；市场秩序是一种不断扩展的秩序；市场秩序是一个具有自我出清、自我纠错、自我维持功能的秩序。

3. 城市化是一种社会创新。我国发展城市化和组团式城市群的过程中必须逐步实现几个经济社会变革，促进土地资源向土地资本转变，促进人口资源向人力资源转变，促进科研成果向规模产业转变，促进民间储蓄向民间银行转变，促进农民身份向股民身份转变。② 据世界银行专家估计，当前城市化水平每提高一个百分点，至少能带动 GDP1.5 个百分点。斯蒂格利茨认为，新世纪城市化是中国最大的挑战，中国的城市化将是区域经济增长的火车头，并产生最重要的经济利益。

4. 全球化是当代重要的社会创新。全球化将现代化的方案推进到一个前所未有的新视野中，然而它只是现代化的当代表现形式，而不是现代化问题的解决和终结。而全球化的挑战和问题正是当代社会创新的动力源泉所在。全球化在抵制趋同、克服同化的意义上引发和推动了社会创新。社会创新成为全球化下社会发展的一条主导性文化原则和价值精神。全球化在给人们带来机会的同时也对原有的世界及其规则提出了严峻的挑战，为当代社会创新提出了新的要求和动力。按照罗森柏格（Rosenberg）的技术创新瓶颈诱导论，瓶颈因素会形成一种压力，诱导厂家围绕这些瓶颈进行创新。每一次创新会造成新的瓶颈，诱导再次创新，如此循环往复。同样，全球化的挑战实际上就是瓶颈诱导，为社会创新实践提供了新的动力。

5. 社会创新是社会变迁的一个部分。社会创新通过一些制度设计来改变目

①　莱斯特·萨拉蒙，赫尔穆特·安海尔. 公民社会部门 ［A］. 周红云译，公民社会与第三部门 ［C］. 北京：社会科学文献出版社，2000.

②　付晓东，中国城市化与可持续发展 ［M］. 北京：新华出版社，2005：379 - 381.

前人类在应对一些社会问题的困境，诸如就业、社会福利模式等。社会的不断创新将缓解人类面对的若干压力，使经济社会发展协调，处于积极、合理状态。过去的500年人类通过技术革新、科学发展和经济增长得以生存。未来有意识的制度创新也许比过去任何一个时期都重要。人类可以创造新的意识、学习、发展和管理体制来应对日益严峻的挑战。社会变迁中全球化和城市化提供了社会创新的动力，社会创新又提供了城市化的动力。城市竞争力的形成和维持是城市发展的过程，一方面它集中了人力、物资、服务和机遇，带来了经济增长，另一方面它分裂和削弱了地方、传统和现有网络的完整性，带来了破坏，出现了边缘化的危险后果。社会创新动用社会动员力量，有助于缩减城市发展的社会代价，促使社会经济协调均衡发展。社会创新是解决问题的新的途径，能够改变社会变迁的方向。

从社会系统来看，所谓的社会创新，既是一种现代社会系统及其相关子系统为满足其社会经济发展的功能需要而采取的系统结构功能分化行动及其成果，也是一种达到目标的新的途径，它包括新的组织形式、控制方法和生活方式等。由于它能够比以往的实践更好地解决问题，因此是值得模仿和制度化的。

6. 社会创新的范围。沃尔夫冈·查普夫总结了各类文献中关于社会创新的论题，并将其归为七类：企业内部的组织变化，改变劳资关系，或者全面改组机构和新的服务行业的产生；社会技术创新，为了解决社会问题，将技术装备和服务结合起来；社会发明，相关人员参与到创新计划中去，用社会自我发明取代社会干预；政治创新，与常规的立法过程和执行过程相区别的重大的创新过程；需求满足模式创新，推出满足需要的新产品与服务相结合的模式；生活方式创新（生活方式指的是个人如何组织其资源支出），既要满足需求，又要表达价值观和身份要求。哈维·布鲁克则进一步将社会创新做如下分类：市场创新（如租赁）、管理创新（如新的工作时间规定）、政治创新（如首脑会议）、和机构创新（如自助小组）（沃尔夫冈·查普夫，1999）。

（二）社会创新的动力

社会创新获得有效性需要经过扩散（被广泛模仿）和制度化过程，这需要多种社会力量共同努力。创新活动是一个累积性的过程，通常总是从模仿创新开始，然后再通过"干中学"和"用中学"的努力和积累，逐步走向更为复杂而又高级的自主创新阶段，去从事所谓的"原创性"创新活动。

社会创新来自技术因素、制度因素和观念因素的诱导。技术因素是创新的物质条件，包括生产力的发展水平、科学技术的发展程度、生产与社会主体的发育状况、可支配的物力与财力等资源。技术因素又是创新的现实基础，它因其状况、矛盾和问题提出了创新的要求，它的某项进步扩散至社会成为创新。技术因素是创新的生产力要素。生产力的不断发展本身就包含着创新，生产力是创新的基本力量，技术进步往往导致生产力的创新。技术因素是创新的资源空间，它提供了创新可利用的物质资源，资源的结构、状况与水平决定了创新可能达到的层次。制度因素是创新的环境约束，制度对各种关系具有规范作用，对人的行为具有诱导作用。制度可以激励人的创新行为，也可以抑制人的创新行为。不仅非制度方面的创新要受到制度制约，而且制度方面的创新也要受到自身状况的制约。观念因素是创新的思想条件，包括社会心理、意识形态、知识等，其中最重要的是价值观，即现行文化对创新的肯定程度或否定程度。意识形态也是制度的一种存在方式。①

　　技术、制度和观念等因素都不是孤立地起作用的，任何创新的诱发因素有主有次、有显有潜，但都不是单一的、唯一的因素作用的结果。创新作为研究发展、设计开发、生产等要素同时展开的平行过程，它是在更为宏观的层面上的活动，成为一种战略性的活动。技术、制度、观念等因素在创新的发展中发挥着各自的作用，诸种因素的整合使创新得以实际地发生。

　　1. 社会需求力

　　知识经济下的竞争力较量为社会创新提供了动力源泉，经济、政治、文化发展的需求推动社会创新。社会创新产生于目标与现实之间的落差以及社会经济矛盾与问题之中。社会创新是具有明确的社会目标的社会变迁形式。当原有的社会机制和手段不足以实现社会目标时，创造新的方法、程序、组织、制度等去实现所确立的社会目标。社会发展过程中充满了风险、机遇、危机、不可预测性和不确定性等，社会前进需要新的解决社会问题的方式。一定意义上可以说，危机刺激创新，危机提供创新机遇。危机不但产生着创新即解决问题新方式的需要，而且也将为创新扫清障碍。社会创新是一种有目标、有方向的社会变迁行动，但成功的社会创新又不是主观随意的行为，必须依据客观情势而行动，否则必遭失败。创新的机遇在于洞察变化的征兆。成功的创新又在于善于及时地捕捉变化征兆，因势利导，促进事物的发展。德鲁克曾论述到这一点："系统的创新……在于有目的地、有组织地寻找变化，以及系统地分析这种变化可能为经济或社会创新提供的机遇。"这些变化的征兆包括：意料之外的成功或失败；事实上的现实和假设的现实不一致，生产流程、行业或市场结构中出人

---

　　① 颜晓峰. 创新的制度因素［J］. 杭州师范学院学报，2002（3）：28-32.

意料的变化；科学的和非科学的新知识，等等。在诸多变化的征兆中最有价值的创新机遇在于把握意料之外的情况，特别是意外的成功。

2. 利益驱动力

社会创新产生于创新主体及各种要素的多重协作构成的动力，特别是产生于政府部门和非政府部门。社会创新必须扫除组织系统的屏障。从创新的组织基础角度看，体制内的某些组织或群体容易形成路径依赖，或出于既得利益的考虑醉心于发展自我维持和延续的方法，而许多新型体制、制度、组织方式等的创新来自体制外的社会边缘层。在以知识为基础的社会发展中，任何组织要生存和有用，都必须学会创新和增强创新能力。社会创新活动以个人为基础，但不是个人行为，而是集体和社会行为。从西方发达国家的现代化史来看，社会创新的主体有一个变化的过程。社会创新的主体从政府转向了社会。在 19 世纪技术创新往往受市场推动，是私人部门的事，而"社会创新则是政府行动和政治行动"。到了现在，"私人部门，即非政府部门，已接管了社会创新。社会创新从一种政治行动，变成了一项管理的任务。"这表明在当今时代社会创新的主体和主导力量已由政府转到了社会，转到了民间。一般地说，在创新主体中最活跃的担当者是政治家、企业家和知识工作者。社会创新中自上而下的运行方式、自下而上的运行方式和上下结合的运行方式的创新主体及创新路径各不相同。自下而上的社会创新是市民社会自发地或有组织地创新，依靠的是特定的文化和日常实践，依赖于广泛的社会参与和民主化、多元化的社会环境。没有社会精英型人物推动社会变迁，就不可能发生创新。利益驱动造就创新活动的行动者。社会创新是在复杂社会系统中发生的现象，因此社会创新必然涉及方方面面的复杂关系。这些关系包括制度创新同技术创新的关系，基础性创新和辅助性创新的关系，综合创新与个别创新的关系，微观层面的社会创新与宏观层面的社会创新的关系等。还需要解决的是现代化发展中创新运行中的动力机制、调节机制、规范机制、修正机制之间的良性配置和互动的关系，以及创新成果向应用转化的机制问题。创新还必须有人文价值系统与之匹配。社会人文价值系统具有传承性、持续性，构成一个社会绵延不断发展的重要因素，具有永恒的价值。在人文价值领域需要保持稳定性和传承性，一个社会只有把创新和传承性结合起来，才能健康、有序地发展。

3. 制度激励力

社会创新需要激励机制和条件，因此需要市场与政府的推拉作用、技术创新与制度创新的结合。在实践中，制度创新滞后于技术创新，制度创新同技术创新的强势相比属于弱势创新。形成这种状况的原因除了有认识上的、指导思想上的问题之外，还因为：技术创新和发明可以申请专利，进入市场后可以获得丰厚的回报，企业和社会都有许多鼓励技术创新的机制，对于技术创新的风险也往往有风险基金作为保障；而制度创新则不同，制度创新往往不能通过市场获利和取得专利，对创新的风险也缺乏补偿，这些都不利于制度创新的有效开展。制度创新的成果往往不能进入市场，不直接产生经济效益，但其间接的经济效益和社会效益都是巨大的。因此大力扶持和建立相应的激励机制，应包括经济的和非经济的，并注意对创新失败和风险的保护。市场的需求与变动对社会创新的方向与方式有着直接的拉动和导向作用。政府的推动作用同样重要。国家积极转变政府职能，全面介入科学技术的生产、扩散和应用全过程中。目前政府和国际组织对创新资源的集成意识加强。

4. 科技推动力

科技推动力是科技技术发展产生的加快社会经济资源配置和利用并实现创新的力量。科技发展提高了创新主体及要素的水平和素质，提高和优化了创新规模、质量和效率。

第二节　社会创新与竞争力提升影响城市空间生产

社会创新与城市竞争力的项目、资金、指标体系和权力实施影响了城市空间生产的过程，社会创新与城市竞争力的指标化影响了城市空间表征的生成方式，各个城市在追求量化指标时进一步影响了城市空间实践的行动逻辑。城市创新和竞争的主体受制于不同的空间表征，在空间实践中采取不同的行动策略，制度性的集体行动和社会动员，在互动和博弈中不断创造表征的空间，不断实现空间的生产再生产。

社会创新与城市竞争力通过空间生产起作用，社会创新与城市竞争力自身的形成、维持、扩散是重要的命题。

社会创新通过创新环境、创新要素、创新主体三个方面影响竞争力，最终影响国家的聚集能力和扩散能力以获取城市竞争力。

1. 社会创新营造了良好的创新环境

社会创新通过法制建设、政策引导、制度规范和中介服务等营造了有利于创新的外部条件。社会创新是培育创新能力的土壤。社会创新形成的软环境、软实力是竞争力的重要部分，技术创新需要有利于创新的机制和资金支持即制度创新。制度是用来规范社会创新应用的手段，也是相关社会创新的一种产品。

制度创新是指能够使创新者获得追加利益的现存社会经济体制及其运行机制的变革，从而产生一种更为有效的制度变更过程，它不仅包括政治规则、经济规则和合约等正式制度，而且包括蕴涵价值观念、伦理规范、道德观念、学习风气、习俗等非正式制度。产业集聚实质上是正式制度和非正式制度因素综合作用的结果。有意识地促进社会创新的发展，才能不断推动制度创新。把社会创新的开发、应用、获得收益过程中的人们的行为加以规范化和程序化，使之成为被社会公认的行动准则和社会规则，就形成了相应的制度或机制。社会创新为制度创新提供依据、内容以及需求。制度创新为社会创新提供创新环境、创新需求和新的挑战。

2. 社会创新优化了创新要素的聚集

社会创新改进了创新主体间的互动关系，注重各种创新之间的协调配套，强化了政府的集成功能。社会创新提高了技术扩散的效率。社会创新提供创新工具和手段，使知识和技术成为现实竞争力。技术创新是指企业应用创新知识、高新技术、新工艺技术，采用新的生产方式和经营管理模式，提高产品质量，开发生产新的产品，占据市场并实现市场价值。它不仅是产业集聚的主要前提条件，而且也决定着产业集聚的收益。创新是社会创新的发明、创新和推广应用过程。社会创新提供技术创新的创新能力，创新的实质是社会创新。社会创新就是技术创新的手段和工具，为创造性地开辟市场、开发新产品和新服务提供了方法和工具，也是技术创新适应时代发展的媒介和桥梁。社会创新作为技术转移、商品化、产业化过程的过程技术，为其他技术的转化乃至产业化服务，是广义创新的工具和内容。社会创新为技术创新营造创新环境，技术创新必须通过社会创新得到创新，社会创新对技术创新提供创新工具和手段。社会创新扩大了技术创新空间，包括技术创新、产业创新、商务模式创新、制度创新、集成创新、均衡创新。社会创新与技术创新一样，可以作为独立产业的核心技术创新，创造新的产业。

社会创新是知识与技术创新、制度与管理创新、观念与文化创新的集成和整合的过程，社会创新有组合性和集成性特点，单一的社会创新是难以发挥作用的。社会创新成功是以综合运用为特点的，技术创新、产业创新、制度创新都是通过社会创新相互联系在一起，形成一套系统。

创新活动主体与技术创新系统。技术创新系统是由企业、大学及研究机构、社会团体、协会及其他非营利组织、政府、个人或者消费者、社会构成，这些主体在技术创新中具有不可或缺的地位和作用。个人是重要的创新主体，创新系统应该营造对人的投资的机制与环境，创新系统是互动的、开放的、协调的。

创新空间从生产活动扩大到创造价值的整个过程；从技术创新扩大到社会创新；从经济活动扩大到文化活动、社会活动、国际活动领域。社会创新通过创新系统发挥作用。

社会创新包括政府为主体的自上而下的路径，市民社会为主体的自下而上的路径，专家学者为主体的上下结合路径。

政府为主体的路径中，政府处于主导的决定性地位，是创新活动的发起者、推动者、组织者、实施者，这种路径动用的资源最丰富，具有权威性、直接性、低成本性、整体性、自觉性等特征。传统上，东方国家比较适应政府创新路径，但是创新涉及社会结构改造、重组和转换，容易出现内耗、重复、缓进等现象。

市民社会为主体的路径中，个人、群体、非官方的社团组织和一定的利益团体是主体，这种路径在创新资源的动员和利用上没有政府便利，成本高。我国典型意义上的市民社会不发达，但是，市民社会已经成为创新的重要力量。

专家学者为主体的路径，实际上是理论创新，具有自觉性、彻底性、先锋性、整体性特征，但这种路径基本上是自上而下和自下而上的有机结合，存在对政府和市民社会的依赖性。

以上三种方式不是对立和分开的，不同时期它们的地位和作用不同，它们之间合作才能真正实现创新。[①]

3. 社会创新推进了创新主体的建设

社会创新是通过主体的创新来实现的，创新主体包括个人和群体。创新主体是创新活动的发起者、承担者、主导者和组织者。创新主体建设需要培养和造就高素质的创新人才，增加企业、大学、研究机构和政府机构的投入，并促进主体间的协调与合作，提高社会整体创新能力。

第三节　空间生产影响城市竞争力与社会创新行动

空间生产中的知识、权力、资本通过社会创新和城市竞争力展示出来。空间实践的互动博弈影响社会创新和城市竞争力的指标产生、操纵和执行，空间表征在创新和竞争治理实施中容易发生分化变异，影响到创新和竞争的成长过程。

城市社会创新战略包括城市政府管治模式创新、城市创新环境、城市经营

---

① 韩志伟，等. 社会创新研究 [M]. 北京：人民出版社，2004.

与规划战略定位等。城市社会创新是城市的战略管理过程。按照安索夫的企业战略理论，城市发展战略的构成要素包括环境—战略—组织，三个要素协调一致时并相互适应时，城市战略才会成功地提高城市竞争优势，因此城市社会创新行动策略包括城市环境创新、城市经营与规划战略定位、城市政府治理模式创新等。

1. 城市政府治理模式创新

城市治理是城市政府和其他组织共同形成政策和战略的过程。西方政府的治理模式可以分为管理模式、合作模式、增长模式和福利模式，目前正从管理型向创业型城市管理体系转变（Painter，2000）。创业型城市治理体系是一种新的治理体系，它是通过城市空间形态和各种经济与非经济因素的创新增加竞争优势。市是中国最重要的行政单位，中国城市在改革过程中很大程度上是创业型城市，存在许多城市治理问题。城市治理模式创新要求城市政府从过去提供交通和住宅（管理型）转向积极地推行有风险的战略，以便在竞争日益加剧的世界中促进经济增长（创业型）。城市治理模式创新强调市场经济下政府执行公共职能。政府最重要的工作是去除影响企业运作的障碍，减低不必要的经营成本；城市利用任何机会推销自己，形成创业环境，支持经济增长；促进城市政府公共部门间的协作、民间组织和城市政府的协调互动；促进区域范围内城市之间的协调和组织。城市竞争在未来可能需要面对高风险和不确定的发展道路，因此城市治理模式强调城市从财富创造到场所创造。

2. 城市环境创新

创新环境，是"孕育创新过程的区域组织"（Maillat，1995）。据梅拉特的研究，创新环境有如下特征：（1）是本地化的一种网络结构。虽然这种环境是一种无边界的地理空间，但具有区别于其他地区的特殊行为模式的一种综合体。它是由物质资源和非物质资源所组成的，而这种资源是企业、研究机构、培训机构、当地政府等各种行为主体所创造并共同拥有的。这些行为主体具有决策的相对独立性，可以独立地进行战略选择。本地化网络可以减少企业经常面临的各种静态或动态的不确定性，使行为主体之间在功能和信息方面也结成密切的稳定关系。（2）为其组织的双重逻辑。创新环境是从外部的学习和企业内部创新相结合的逻辑来制订经营、创新战略的各种组织体的集合。佩林（Perrin，1989，1991）定义创新环境为一种空间集聚体，在这种集聚体里创新网络是通过行为主体在多边交易过程中的学习和不断发展进行创新的，通过这种学习系统的不断集聚而得到发展的。（3）是动态的学习过程。这种动态的学习过程，使行为主体具有根据环境的变化调整他们自己行为的才能，同时这也保证了创新的传播、交换和技术文化的更新，以及创新环境本身的更新。

　　城市环境具有不确定性，呈现出急剧变化态势。组织和环境结合的强度表现出不同的预测和反应能力。这里的城市创新环境包括很多方面，主要是指组织的创新，其中重要的是形成能孕育创新过程的区域网络组织形式，形成有组织的市场。组织是为环境服务的组织，包括政府和企业等。组织特性是由组织的开放性、能力、文化修养等构成。首先是建造本地化的网络结构。这种网络结构包括专业化分工协作的产业网络，互动互利和利益共享的官产学研合作网络，促进信任和合作的文化信息交流。虽然这种环境是一种无边界的地理空间，但是它是具有区别于其他地区的特殊行为模式的一种综合体。它是由物资资源和非物质资源所组成的，而这种资源是企业、研究机构、培训机构、当地政府等各种行为主体所创造并共同拥有的。这些行为主体具有决策的相对独立性，可以独立地进行战略选择。本地化网络可以减少企业的不确定性，使行动主体之间在功能和信息方面共享，降低交易成本，降低风险，迅速整合信息和资源。创新群和合作网络是促进区域发展、提升创新能力和区域竞争优势、缩小空间和社会不均衡的主要工具（Carlos Quandt，2000）。其次是网络组织的开放性。创新环境是从外部的学习和企业内部创新相结合的逻辑来制订经营、创新战略的各种组织体的集合。创新环境是一种空间集聚体，在这种创新体里创新网络是通过行为主体在多边交易过程中的学习，和不断进行创新的这种学习系统的不断集聚而得到发展的。第三为网络组织的动态学习过程。区域网络组织的形成是一个动态的学习过程。这种动态的学习过程，使行为主体具有根据环境的变化调整他们自己行为的才能，同时这也保证了创新的传播、交换和技术文化的更新，以及创新环境本身的更新。网络组织是一种学习型系统，在经验的基础上保护或改进业绩的能力或过程。有效的学习型组织追求一种不断提高的知识基础，这种知识涉及到竞争力的开发和变革。一个组织的生存和成长能力是以优势为基础的，这些优势代表着集体性学习的核心竞争力。

　　3. 城市经营与规划战略定位。城市经营与城市规划为增强城市竞争力服务。城市规划是城市资源配置的依据和手段，城市规划也是全体市民参与的过程。城市战略模式是城市战略的推动力。J. 弗里德曼认为，一个城市的地位与作用大小，不在于人口规模的大小，而在于参加国际经济社会活动的程度、调控和支配资本的能力。城市的地位和作用的大小正是城市竞争优势的具体反映。城市经营与规划战略的确定是通过对自身资源和体系环境的分析，确定自身最优的功能定位或发展空间，以达到最充分利用和最佳配置城市内外的环境和资源，最准确地把握机遇和应对挑战。城市定位包括资源环境、产业活动、基本功能、总体属性、综合定位五个方面，其中产业定位是基础，功能定位是核心，综合定位是灵活体现。这里城市创新环境、城市治理模式创新实际上都是组织创新，城市经营与规划战略定位是战略创新，而环境是外在的、不可控的，不同的环境—战略—组织的相互关系有不同的战略管理模式。

第六章

新型城镇化过程中空间生产的逻辑

城镇化是我国最重大的社会转型、社会变迁、社会进步，现代化、全球化、网络化和知识经济多重宏观背景影响着城镇化的发展路径。城镇化既是发生在我国历史文化动态的情景中又是嵌入到中层的制度环境、社区、家庭的运转中。列斐伏尔分析资本主义空间时从"空间中的生产"转向"空间的生产"，空间是生产资料的功能、消费对象的功能、政治工具的功能，孕育了阶级斗争。空间是有意义的，是过去行为的结果。城市大规模重建集中了财富、权力、权力者的财富、信息、知识、"文化"等一切，是决策、财富、知识、信息资源的集合，重组的过程制造了等级空间体系，也产生了普遍的隔离，形成社会区隔。新型城镇化有着多重制度变迁，城市空间生产的创新推动城镇化城乡一体化高质量可持续发展。新型城镇化的空间生产的创新驱动包括了内涵、主体、网络的创新。

第一节 新型城镇化的空间生产问题

一、新型城镇化改变了原有的空间过程

我国城镇化进入了快速发展时期，对于城镇化的阶段和影响因素的研判、战略配置、理念和制度创新决定未来的走向。据 2019 年国民经济和社会发展统计公报，我国常住人口城镇化率达到 60.60%，户籍人口城镇化率为 44.38%，人均国内生产总值 70892 元人民币。按照诺瑟姆曲线，城市化率在超过 70% 之后将会因为实现城乡一体化而处于停滞状态。根据研究预测当城市化水平达到 50% 时，城乡融合加快；当人均 GDP 达到 1 万美元左右，城市化水平大于 70% 时，城乡一体化发展目标得以实现（应雄，2002）。这些标志着现阶段我国城乡关系的发展经历混沌—对立—关联已经到了城乡一体化和融合发展的新时期，

不管是选择以城市偏向或农村偏向或城乡协调、一体化发展的理论，新的时期新的环境变化都在要求以新的理论视角和组织形式回应城镇化现代化的理论建构与实践决策。城镇化深度发展需要空间—组织创新推进城乡一体化战略的发展。随着新型城镇化的深度发展，我国空间结构演变面临更多的环境挑战，需要空间生产的创新推动城乡一体化，培育城镇化发展强大的核心竞争力。

新型城镇化是在现代化、全球化、网络化和知识经济多重背景下的发展。知识经济下科学技术的研究与开发日益成为经济发展的基础，信息和通信技术在经济发展过程中处于中心地位。知识和人力资本成为关键的生产要素。知识和创新成为经济增长的主要动力。网络成为发展平台。城市成为竞争和创新的重要主体。城镇化的空间战略和空间组织要应对这种环境的变化，环境变化要求战略改变，战略改变要求组织适应。

新型城镇化改变了原有的空间过程。城乡一体化是城镇化发展的高级阶段，是现代化发展的重要标志，也是新型城镇化战略的重要目标。十九大报告明确指出以城市群为主体构建大中小城市和小城镇协调发展的城镇格局。加速扩张的城市化过程中产生了多样化的城市空间形态。全域城镇化完全城市化也不再是假想，高度城市化将打破长期以来形成的空间边界——不仅包括城市与乡村、核心与边缘、都市与殖民地、社会与自然之间的边界，还包括城市、区域、国家与全球尺度的边界。新型城镇化作为一种过程，城市化不仅是城镇体系方面发生巨大变化，还会在城镇之间引起土地利用模式改变，社会生态改变，建筑环境改变和城镇生活的本质变化（保罗.诺克斯等，2011）[1]。新型城镇化作为一种过程，不仅改变了物理和社会经济结构，还改变了社区、家庭、个人的日常生活和生活经历，新型城镇化的影响因素不只是单一要素或者有限几个因素，而是整体的系统的进化。新城市主义主张的"链合网络型"城镇化模式及技术—社会治理是一种基本的路径。

二、新型城镇化的不同阶段要求有不同的空间组织保障

空间组织包括了社会经济客体的结合（过程）、相互作用（联系和功能）、地域集聚（结果）三个方面。城乡一体化空间组织是指促进城乡主体的互动以及各类要素的配置与流动的过程和状态。组织是制度的一个方面。城镇化社会问题往往表现为组织问题。改革开放以来的城镇化促进了社会经济极大的发展，

---

① 李健，宁越敏. 西方城市社会地理学主要理论及研究的意义——基于空间思想的分析[J]. 城市问题，2006（06）：84-89.

同时城镇化也催生了许多例如农村空心化、留守人口、就业不充分或无业可就、农药污染、落后文化滋生等问题，城市、城镇、农村发展不协调加速呈现，因此新型城镇化要在总结过去经验基础上升级换代。新型城镇化背景下要求居住和户籍城镇化、就业岗位非农化、技能与素质专业化、生活与行为城市化、身份与权利城乡同等化，这些转变都需要相关组织与制度来保障与确认。因此，新型城镇化不是放弃农村的发展而是实现城乡协调均衡发展，实现包容性发展、城乡一体化。新型城镇化战略必须依据中国的社会结构现状走多元化城市化发展道路，新型城镇化的质量和包容性发展受到极大的关注。

第二节　新型城镇化过程中的空间生产逻辑

空间性是洞察人类社会的重要纬度。城镇化的空间视野提供了一种新的实践方式，一种新的政治策略与视野。

一、社会学关于城镇化空间的内涵和演化叙述

空间是指区位，具有联系性和异质性。空间的内涵有物理的、经济的、社会的不同表达。按照列斐伏尔建构空间的理论认为，空间是社会实践中产生的社会关系的产物；建构社会空间是由不同空间类型的转换来实现社会的演变，即从差异空间到抽象空间的转型。空间的功能是可以成为一种生产资料，可以在生产中被消费，是一种国家确保对地方的控制的政治工具。弗里德曼的城市六个阶段的空间演化模式表明城镇化发展是"空间—产业"互动耦合发展的结果。城市化初期单个企业主导的价值链，增值来自企业内部能力要素重组与整合。城市化加速阶段，核心企业主导产业价值链，增值来自产业内部企业分工与专业化加深。城市圈层结构形成阶段，单个城市主导城市内部价值链，增值来自城市内部空间要素重组与整合。城市集聚、城市群阶段，核心城市主导城市间价值链，增值来自城市群内部城市空间分工与专业化加深。城市经济区阶段，全球城市主导全球城市价值链，增值来自全球城市对全球资源的空间重组与整合。城市区域化阶段，区域主导区域价值链，增值来自区域跨国、跨地区对全球资源的空间重组与整合。

1. 城镇化空间的社会性

城镇化与工业化市场化不可分割。马克思研究了资本主义社会的空间。工厂、生产处所、市场区域是资本主义发展的空间表现，资本主义再生产过程中

资本形态在空间上是并存的时间上是继起的。认为空间的形态在资本主义发展过程中出现了重大转型。空间反映了雇佣劳动的生产关系和空间的社会性。涂尔干认为，特定社会的人都以同样的方式去体验空间，社会组织是空间组织的模型。齐美尔认为，空间是社会形式得以成立的条件，但不是事物的特殊本质，也不是事物的生产要素。不同的人群不同的动机集结在一个区域内，但发生的种种事件都会受到空间条件的制约。布迪厄研究家庭的空间性，空间的组织将人们限定在不同的地方，有助于建构社会秩序，形成阶层、性别和分工。空间是一个关系的体系，空间的建构由位居此空间的行为者、群体或制度所决定。空间的结构受制于资本的分化原则，行为者对空间的看法取决于其在空间中的位置。社会空间具有一定的地理学基础，是行动者基于其所处的地理空间而进行的一项集体建构。

2. 城镇化空间的结构主义分析

吉登斯研究了空间的结构化，认为社会互动是在一定的时空下的社会实践构成，空间形塑社会互动亦为社会互动所再生产。吉登斯提出区域化、时空抽离、场所、在场、不在场、时空分延等形式辨识出社会互动在空间结构下如何以不同的形式延展并改变社会的资源分配结构和运行机制，同时亦将时间—空间关系直接地与权力的产生和统治结构的再生产紧密联系在一起。时空分延与重组以及由此而产生的社会系统的抽离化，成为现代性成长的两大动力机制。在吉登斯看来，时空分延的问题具有社会秩序的本质问题，其对现代性的转向具有至关重要的意义。新城市社会学理论研究了城市空间安排的结构化过程，认为空间过程是资本集中、阶级冲突和工业生产的深远过程的结果。卡斯泰尔指出，空间是社会的一个重要物质纬度，且与其他的物质纬度发生关系，进入这一关系的人赋予空间以形式、意义和功能。马克·戈德纳提出社会—空间分析框架，认为城市空间镶嵌在一个复杂的政治、经济与文化之网中，社会与空间之间存在着相互交织的关系：一方面人类在社会结构限制下在一定的空间中运行；另一方面，人类可以创造和改变空间以表达自己的需求和欲望。

3. 城镇化现实问题的空间解释

哈维用经济分析城市空间的重组。他阐释了后现代社会面临的时空压缩以及由此导致的空间重组。通过分析空间、资本与阶级的关系强调空间的生产与空间重组是社会权力的源泉。詹明信研究资本主义的空间逻辑。在他看来，现代主义是时间的文化，而后现代主义就是空间化的文化，甚至时间已被空间化。后现代空间是资本主义和后工业化导致的超空间，这一空间是破碎而分裂的，具有平面感和无深度感。福柯研究了知识与权力的空间化，认为空间是实实在在的、活生生的、由社会建构而成的空间之纬。空间的建构嵌入关系之中，并经由关系而确定，其背后隐藏着权力和知识的空间化。在他看来，现代社会是一个纪律社会，而空间成为权力运作的重要场所或媒介，是权力实践的重要机制。索亚强调空间弥漫着政治、社会关系与意识形态。空间有三种认识：第一空间是指可感知的、物质的具象空间；第二空间指的是人类认知形式中的空间性；第三空间既是对第一空间与第二空间认识论的解构，又是对它们的重构。空间想象力增加了新型城镇化理论与实践反思的切入点。

二、新型城镇化过程中空间逻辑的转换

城镇化发展逻辑主要指城镇化实现途径的宏观演变方式及基本结构范式。新型城镇化经历了空间逻辑的转换。

（1）土地城镇化转向人口城镇化的逻辑转换。城镇化是一个人口城镇化、空间城镇化、农村城镇化、城市现代化的过程。城镇化的空间发展要有资金、劳动力、土地、企业家才能的结合，不同阶段增长的来源要素的贡献各不相同。我国改革开放以来的城镇化是工业化带动的城镇化、城市建设用地扩张带动的城镇化。城镇化促进了经济的快速增长，但是也带来一系列问题。工业城镇化引发乡镇企业繁荣和政府经营，土地城镇化引起城市开发及更多的流动人口，总结经验教训，城镇化进入新的阶段，新型城镇化是以人为中心的城镇化。以人为中心是以市民、农民、农民工群体的角度去理解其行动的逻辑和意义。

（2）城市优先城乡失衡转向城乡融合发展的逻辑转换。我国城镇化过程是政府主导型模式，城市发展较快。城镇化的深度发展主张城乡互为补充、协调发展。城乡发展一体化强调中心城市的带动作用和农村的自我发展。

（3）追求效率转向空间正义和可持续发展的逻辑转换。城镇化过程就是空间持续地发生隔离、入侵和演替的过程。城镇化进程中不断出现非均衡发展、中心、极化与边缘化问题。芝加哥社会学派认为城市是不同社区竞争和演替的场所。卡斯特尔抨击芝加哥社会学派忽视了资本主义的本质才是社会组织的逻辑。卡斯特尔、列斐伏尔（Lefebvre）、哈维（Harvey）等人为代表的马克思主义理论认为城市是阶级斗争的舞台，土地市场是财富分配的机器，争取获得城市空间和资源是公民权的政治诉求。吉登斯认为，不应该把区域化仅仅理解为空间的局部化，区域化还涉及了各种例行化的社会实践发生关系的时空的"分区"。戴维德·哈维（David Harvey）为代表的结构主义学派考察了社会分层和城市空间格局的公平公正，将空间正义作为社会价值取向，增强政府对公众需求的满足，制定公平、公正的社会政策，谋求公共利益，实现政府公共性的回

归。同时，为解决城市化中空间多元利益和空间协调性的矛盾，要创造不同途径让社会各种力量参与城市建设，通过协商、沟通与合作达到多元利益的平衡。通过空间优化和制度优化的双重手段可以改善公共福利资源配置。制度因素可能会改变社会发展的空间布局，社会发展的空间布局也可能会反作用于制度因素。

（4）单向过程转向一个无所不包的过程的逻辑转换。城镇化是一个集聚/极化的动态过程，也是区位空间、土地利用和人类三者互动的过程。城镇化空间格局从单极化向多极化、扁平化发展。列斐伏尔1970年提出全面城市化。他认为城市化是一个无所不包的过程，横跨时空，全面改变社会，具有全球尺度。"扩张的城市攻击农村、损害农村、消融农村"。社会的全面城市化标志着决定性的转折点——社会从根本转变为城市社会。城市化为城市社会奠定了基础，但需要社会剧变或城市革命来释放和实现城市化过程产生的潜力。

第三节　新型城镇化过程中的空间组织逻辑

一、社会学关于城镇化空间组织的内涵和演化叙述

城镇化空间组织是调节城乡主体的互动以及各类要素在城乡之间的配置与流动的过程和结构，城镇化不同阶段有不同的过程和作用机理。空间组织具有网络化、层级性、多样性。水电路网等公共基础设施网络影响城镇化内部空间结构，区位空间与政策空间多种重叠，城乡关系多层级调控，空间要素流动多样性。

组织效率产生于组织结构和组织协作。在资源供给和制度安排既定的情况下，组织效率来自组织结构的合理设计和组织构成要素的有效组合、组织运作流程的妥善安排。组织作为一种新的资源配置方式可以获得比传统的、分散的个体生产组织形式更高的效率。在组织框架下，人的思维和行动影响工作效率。组织之间以及组织内部的权力和利益关系产生竞争机制。组织的生成机制和运作机制具有优势。城乡一体化空间结构可以划分为均质化空间、极核化空间、点轴化空间和一体化空间逐渐演变过程。

以组织形式而存在的社会关系成为工业化城镇化发展以来的主流。工业化、城镇化初期产生大量新型社会组织，要求管理模式创新，因此组织结构及其工作流程的设计是重点。单纯依靠理性、依靠组织正式结构无法全面持久地提高

工作效率。随着工业化、城镇化的现代化转型出现了大量利益群体，组织是将两个或多于两个人的力量和活动加以有意识地协调的系统。开放系统中组织如何与环境进行各种信息能量和资源的交换，一个组织与其他组织的关系及其与总环境的关系依赖于具体情境。组织是一个有机体，其发展演变是一个自然的过程，是组织与环境相互作用的结果。

组织与市场具有同样重要的空间资源配置意义。组织是一种行动联盟，与环境互相依赖。组织内权力和控制的分配受到外部环境的影响。组织是制度的一个主要组成部分。"制度"通常指稳定重复的、有意义的符号或行为规范。在这个意义上，制度包括正式组织、规章制度、规范、期待、社会结构等。威廉姆森从交易成本的角度提出，市场经济并非总是最佳的经济运作形式，在不充分竞争和有限理性的条件下，市场运作的交易成本可能会大于科层制组织。按照效率规律的经济学原理，科层制组织就会成为替代市场的经济组织形式。城镇化是一个组织设计和制度供给的过程。福山认为，制度供给包括四个方面：（1）组织的设计和管理；（2）政治体系设计；（3）合法性基础；（4）文化和结构因素。

城镇化是经济发展、劳动分工、集聚经济、专业化、商业贸易等相互作用的产物，城镇化通过集聚产生效率，现代城市本质上是作为区域、全国或全球贸易体系下的经济生产和交换的中心而存在的。城镇化为持续的经济增长提供坚实的基础。经济扩张与城镇化是一种循环的相互影响关系，关键是集聚过程创造了分享、匹配和学习的机制。集聚把人类活动、社会冲突以及不同的地方政治糅合成一个复杂的城市共同体。全球化使集聚与城镇化过程在全球范围内更加强化。

城镇化的空间布局是企业寻找生产区位和家庭寻找生活空间的行为共同塑造的。个体、公共与政治行动影响空间布局，例如区位的外部性影响或者由于市场失灵而引发公共干预，所以空间资源既是私人的又是公共的，既是个体的又是集体的，空间的形态反映了个体行动（企业与个人）与集体行动（管理机构）的交织的力量。形塑城镇化的组织过程不同，城镇化的道路不同。

二、新型城镇化过程中组织逻辑的转换

新型城镇化组织逻辑从政府—市场转向政府—市场—社会逻辑。交易成本影响空间组织的选择。市场经济是最有效率的经济组织形式。在充分竞争的市场条件下，消费者和生产厂家通过市场价格来调节双方的关系，以达到供求平衡。市场参与者按其自身利益，随着价格信号而采取最优化的行为。诺斯的一系列研究指出，市场经济本身的运行需要制度设施的保障。政治权力，社会文化，以及历史演变的途径都对经济形态有着重要的制约作用。这意味着市场经济并非一个自行演化的过程。

空间资源的分配是城镇化发展的动力，城镇化是不同阶层和群体争夺空间资源产生冲突的过程。空间是城镇化的内生性动力。空间是一种稀缺的资源，不可替代。空间配置是市场经济追求利益的结果。空间作为生产要素是资本积累的场所和工具被用来生产剩余价值，是现代资本主义的生产模式，城市空间及其各种设施乃是资本形态的构成部分。空间重构有资本、权力、文化等因素的作用。资本通过空间生产来创造价值加快资本累积，空间过程是资本集中、阶级冲突和工业生产的深远过程的结果。空间重构是多元利益主体争夺及协商的结果。公共产品与服务是政府干预空间重构的重要内容之一。空间过程就是资本集中、阶级冲突和工业生产的深远过程的结果。

列斐伏尔把资本主义城市化过程概括为"内爆—外爆"，形容资本主义集聚经济形态与更广阔的领土、景观和环境的转变之间的相互递归联系。集聚导致世界范围内城市集聚、农村人口迁移、城市肌理的延伸、农村完全由城市主导，完全城市化，陆地表面、海洋、大气和地下，这些领域将会被直接工具化和功能化，用来服务于贪婪追求工业资本主义增长的目的。在中国城镇化发展与改革中，许多旧的组织制度形式消失了，或者退居次位；新的组织形式取而代之，作用日益增长。

新型城镇化进程中空间作为重要的战略资源，为社会变迁提供了发生场所，也固化了社会变迁过程中的社会分层、权力冲突、利益争夺等一系列社会问题。空间的形成过程是由整体社会结构的动态所塑造的，社会关系赋予空间形式、功能和社会意义，城市空间的重构结果又加速了资本、就业和公共投资的流动性。空间也是一种政治工具，体现了政府与市场的关系。政府通过制定优惠政策、直接投资等方式与资本结合进行城市空间的生产与再生产、消费与再消费。列斐伏尔认为空间是社会关系的产物，产生于有目的的社会实践；建构社会空间的类型学，正是经由不同空间类型的转换才实现社会的演变，即从差异空间到抽象空间的转型。空间作为一种生产资料，作为一个整体的空间在生产中被消费。空间是一种国家确保对地方控制的政治工具。

新型城镇化组织逻辑从封闭的工具系统转向开放系统。工业化、城镇化发展初期大量出现新型的社会组织，要求管理模式创新，实证科学的发展，理性系统组织的逻辑是组织结构及其工作流程的设计提高效率。组织的效率源于组织成员的理性，组织是人们为有效实现某种特定目标而建立的有机体，它既是理性的产物，又是理性的载体或工具。理性系统组织理论有泰罗和法约尔的科学管理理论、韦伯的科层组织理论。科学管理与纯理性科层组织是提高劳动生产率。规范、合理的组织结构具有促进效率的作用。1929～1933 年的经济危机以后凯恩斯主义盛行，工业化、城镇化的现代化转型引发大量利益群体出现，人们的需求多元化、丰富化，组织逻辑强调如何通过发挥人的主观能动性来提高工作效率，具体领域转向人性、人的需要、组织中的人际关系、组织协作。组织是将两个或多于两个人的力量和活动加以有意识地协调的系统。认识到单纯依靠理性、依靠组织正式结构无法全面持久地提高工作效率，打破了组织是一个封闭的工具系统的传统思维。新的科技革命影响生产力的提高，出现了经济一体化趋势和跨国公司。企业所有权与经营权分离，政府干预程度提高。组织面临如何与环境进行各种信息能量和资源的交换。组织与环境的关系的观点是一个组织与其他组织的关系及其与总环境的关系依赖于具体情境。组织是一个有机体，并阐明它的发展演变是一个自然的过程，是组织与环境相互作用的结果。效率机制与合法性机制形成和发挥作用，注重环境的动态影响和组织过程。

城市总是嵌入于社会或政治关系中，不同时空下城镇化的形式与功能上有多种变化。城镇化是作为生产和人类生活的集聚，以及这种集聚在相互作用的土地利用、区位和制度安排之下展开的。资源分配的原则是采用市场机制、非市场机制或两者混合的机制分配资源的社会，对城镇化发展有举足轻重的影响。社会分层主导结构、文化规范和传统、政治权威与权力对城镇化发展打下烙印。城镇化具有多样性。在全球化的影响下，城市空间正经历一个从均质化到多样化的过程，全球化城市创造了高度分异的城市社会空间，城市社会空间包含了多重互动关系，即个体与群体的互动、活动与空间的互动、虚拟空间与实体空间的互动。

新型城镇化组织逻辑从宏观转向中观微观的行动者系统。空间成为权力运作的重要场所或媒介，是权力实践的重要机制。组织就像权力的一种游戏，即行动者们在决策上高度相互依赖的背景之中展开的有组织的集体行动。人与人、人与群体（组织）、人与社会的多重互动中产生多样的组织活动结果。群体、组织和社会都是在人际互动的过程中建立起来的。西蒙认为组织是一个决策系统，组织是一个协作系统，组织是有限理性的。组织是资本和劳动力的一种组合方式。交易成本可以降低，但不能消除，信息不对称和不确定条件下的经济活动。进入 21 世纪以来，城市理论发生新转向基于行动者网络理论（actor - network theory）和集群理论（assemblage theory）的方法，强调了城镇化的特殊性。

新型城镇化空间学习与知识流动机制组织逻辑。组织拥有持续的能量在于应对环境变化相应有战略和组织的变化和不断的学习。组织结构的效率先于运营的效率。经济学家肯尼兹·阿罗（Kenneth Arrow，1974）从信息经济学的角度提出，组织的一个重要特点是其学习过程中的"近邻效应"。组织的改进和演变是通过自身不断获得新的信息、不断学习而实现的，但是获得信息是需要付出成本和代价的，现有制度为信息获得的成本效益提供了稳定的结构。在"减少成本"的经济规律制约下，组织为了更有效率地获取和加工信息，往往在自己熟悉的领域的"近邻"那里获取新信息。因此，"近邻效应"必然表现组织行为的历史依赖性，即过去的行为（领域）对新的行为方向有着重要的制约性。在这个意义上，阿罗指出，组织在最为需要变迁的时候，其行为却常常反过来强化了其现有的结构。

第四节　新型城镇化的空间组织的创新驱动

一、新型城镇化的空间创新驱动

新型城镇化过程是一个产业创新空间、生活质量增长空间也是城市文化发展空间的过程。城镇化较高阶段的城市增长时期"生产空间"的增长，将逐渐让位于城市内涵型、存量型、质量提升为特征的"空间生产"的方式。空间生产要求内涵型、质量型、生态化城市增长新动力结构。新的区域增长确立了社会空间生产、差异空间生产和象征空间生产的模式。适应新的地域分工体系、经济增长模式和组织方式，必然导致城市与区域的空间重构。公共基础设施建设是区域空间重构的重要驱动力。城市内部以及城市之间隐形的社会关系，是空间生产的核心基础。空间生产的最终目标是协调社会关系、解决社会矛盾、维护社会公平。社会空间的生产更多聚焦在城市更新和城市升级上。市民开放空间的增长，有利于提升城市的市民社会参与和公共空间占有概率，更是推动城市空间生态化、绿色化、市民化改造的重要结果。象征空间亦称符号空间，是指城市中能够具有清晰的品牌化、独特的符号性和容易感知记忆的属于城市特定形象的建筑空间或精神空间。创意城市的象征空间有助于提升城市的营销动能。创新作为城市和区域发展的主要动力，区域空间重构其本质是创新要素的流动、组织和交互耦合关系。

产业空间创新驱动。产业集群已经成为城市和区域社会经济发展的内核动力。一个集聚研发机构及创业企业、孵化器以及支持机构的城市空间，具备空间紧凑性，公共交通通达性、公共网络分享，知识共享与技术合作，居住、办公与零售混合布局等特性。创新城区就成为发达国家城市实践中刺激创新经济发展的规划手段，与城市旧区改造紧密联系在一起。

城镇化来自产业集中，产业集群的发展带来空间的创新。马歇尔强调地方化经济和集聚经济能够带来成本节约、专业化发展、推进交流和促进创新等竞争能力。空间接近和产业集群有利于知识流动和知识转化，但区域创新系统必须根植于特定制度文化环境下，是一种区域制度安排和系统自组织。城市创新空间作为一个空间系统，包括多尺度、多层次的空间概念和含义，在具体项目规划中，主要包括研园、科学园、技术园、科学城、高技术密集区等。城市创新空间是聚集创新活动的物质空间，是以创新、研发、学习以及交流等知识经济主导的产业活动为核心内容的城市创新功能区（简称创新城区）。

产城融合是新型城镇化发展过程中的发展手段也是重要的发展目标。城镇化初期，资源禀赋是发展动力。城镇化深度发展取决于生产要素聚集的能力。产业聚集对培养区域空间增长极优化空间结构有重要的推动作用，比较优势规模经济影响了区域分工和空间布局。城市之间的空间关系和组织特征，其内在逻辑也演化为城市间的创新活动及产业功能与城市功能的共同发展。城市群是城镇化较高阶段的表现，是城镇体系演进的方向。理想的城市群是一个在人口、经济、社会、文化和整体结构上具有合理层级体系，在空间边界、资源配置、产业分工、人文交流等方面具有功能互补和良好协调机制的城市共同体。

区域空间的均衡与协调发展驱动。新型城镇化强调城市与农村（工农业）全面发展，即强调农村与城市、农业和工业的平衡发展，主张城乡互为补充、协调发展。借助霍华德的田园城市理论、沙里宁的有机疏散理论、芒福德的城乡发展观、麦基的"Desakota"理论、城乡边缘区理论以及日本学者岸根卓郎的"城乡融合设计"理论，赖特提出广亩城设想，区域空间的均衡与协调有很多组合模式。绿色生态城市理论实践获得持续发展。

提升一体化发展水平，促进要素有序、自由流动现区域协调协同发展。城乡发展一体化的实现有城市带动作用的工业化、城市化路径和强调农村自我发展的产业化、城镇化路径，实现城乡发展一体化，必须进行制度调整：坚持工业反哺农业、城市支持农村和多予少取放活的方针，实施新农村建设和新型城镇化双轮驱动战略。鼓励"县域经济"和"小资产者"，重视就地城镇化、就近城镇化建设，这样才更容易实现主动城镇化。

二、新型城镇化的空间组织创新驱动

城乡空间的组织模式划分为城乡社会空间、文化经济空间、生态空间、聚落空间等，较集中的是聚落人口空间组织模式的研究（叶超、陈明星，2008）。针对全国范围的空间发展模式，主要有城市扩展型模式、农村集聚型模式、外资外向型模式和西部模式（田明、何流，2000），中心发散型城乡一体化模式（李习凡、胡小武，2010）。根据目前学术界关于区域发展模式的研究文献，有学者认为我国现有的区域发展模式有四级：一是区域级，如苏南模式、珠江三角洲模式（珠江模式）等；二是省区级，如浙江模式等；三是地市县级模式，如温州模式、晋江模式等；四是乡村级，如耿车模式、大邱庄模式和南街村模式等（彭迪云，2004）。

1. 社会空间由政府、各种社会组织、居民构成

芝加哥学派构建了"同心圆""扇形""多核心"等城市居住空间结构模型，探究城市社会空间结构的演变模式。曼纽尔·卡斯特强调城市空间不仅仅是纯自然的生态空间，其实质体现着社会关系。列斐伏尔也指出，空间总蕴涵着某种意义，它从来就不是空洞的，社会空间的形成源于社会的生产时间及其包含的社会关系。哈维指出，"新自由主义首先是一种政治经济实践的理论，即认为通过在一个制度框架内——此制度框架的特点是稳固的个人财产权、自由市场、自由贸易——释放个体企业的自由和技能，能够最大程度地促进人的幸福。"新自由主义的逻辑便是遵循着以利润为核心的机制，对全球的各类资源最大限度地进行私有化。

2. 组织重构机制

产业的空间集聚主要是通过企业区位选择来调整企业之间的市场关系，而产业的组织结构则是通过企业自身规模的变化来调整企业之间的市场关系。产业空间组织是指在一定的约束条件下，产业发展的资源、经济和社会要素在特定区域范围内进行优化配置的过程，及其所产生的空间关联关系。城市群空间组织就是在城市群内的城市与城市之间，城市与城市群空间的相互作用过程中，形成具有一定规模的城市群空间结构与功能的表现方式与调控体系。产业组织的企业形态依据单个企业—现代企业—复合企业—一体化大企业—企业网络组织的方向动态演变。

3. 联网 + 创新驱动

卡斯特指出，网络社会的崛起不是一般意义上的社会变迁，而是人类社会在工业社会基础上进入了一种新的社会形态。社会成员的交往出现了身体缺位，

自上而下的权力结构过渡到自下而上的权力运行结构。"互联网＋"是一个涵盖经济、商业、人际、社会、技术、资源等多维度的跨界系统，依托新一代信息技术打造的复杂网络空间系统。新型城镇化网络式的结构，指的是一种涵盖政府组织、准政府组织、非政府组织、志愿者组织、市场组织乃至公民个人在内的多元主体共治的组织格局。

4. 学习与知识共享驱动

城镇化过程中生产要素在空间上的集聚有利于集聚地的自主创新，并在知识外部性的作用下向周边地区扩散，带来正的技术外溢和扩散效应，能否把技术进步转变为一个稳定的、内生的不断扩张的机制。这种机制就是创新的组织方式能否表现为社会革新所获得的收益大于发明和开发的成本。只有在有效的组织和制度基础上，技术潜力才能转化为技术优势；同时，有效的创新组织构架为创新产业的集群创造条件。

5. 包容性发展驱动

包容性创新与包容性发展理念渗透到城镇化建设管理的方方面面。"包容性创新"，意味着地方政府将从单纯追逐快速外向经济增长淡出，而代之以对社会公平、生态保护、成果共享的广泛关注。包容性增长提倡机会均等和公平正义，让更多人共享改革开放的成果，让弱势群体有更多的机会得到更多的保护。由"包容性增长"延伸而来的"包容性发展"则是将经济发展回归增长本意，即以人为本，发展的目的不是一味关注 GDP 增长，而是关注经济的增长与社会的进步以及生活的改善同步，强调经济、社会、生态的"共赢"。"包容性创新"正是发掘基层发展新动力，创新公共服务供给模式，探索社会冲突解决新方式的全新理念。库尔特·拉森认为，包容性创新是借用创新来满足金字塔最底端人群的需求，为他们提供基本产品、服务和谋生机会。强制性变迁和诱致性变迁是制度创新的方式。

三、新型城镇化的社会创新驱动

Allen J. Scott 论述了城镇化进程中聚集与分散两种力量的关联性。一是许多不同种类人类活动集聚在一起，形成功能复合景观的趋势，二是由这种集聚所引发的多层次的城市内部空间分异。

创新是技术创新、制度创新和组织创新相互作用的产物。创新对于组织维持竞争优势、资源获取及市场地位十分重要。埃德蒙·费尔普斯在研究人类创新史时发现两种创新组织模式，即自上而下的创新组织方式和自下而上的创新组织方式。已有组织的常规重组是组织创新的基础。当组织面对不确定性时，常常将创新过程内化常规化。组织也设计稳定的策略和行为模式减少技术系统、科技创新中的潜在错误。创新行为也来自组织间的模仿和复制。城镇化能为技术创新带来正的外部性，城镇化是推动一国或地区经济增长的重要驱动力，人力资本及技术外溢效应有利于增强城镇的集聚能力，城镇化通过创新的中介效应驱动全要素生产率增长，进而推动经济增长。

城镇化对技术创新的作用主要体现在两个方面：一是伴随城镇化进程的推进，生产要素向城市集聚，从而引致技术创新活动的发生，一般而言，城镇化水平越高，城市规模越大，技术创新活动越多；二是城镇化过程带来技术外溢和扩散，促使地区之间技术和知识共享，进一步促进当地的技术创新，形成"创新—溢出（扩散）—再创新"的良性循环。而技术创新将更多的知识产权、创新项目转化成生产力，改善投资软环境及产业配套条件，有助于提升城镇化发展质量，两者互相影响共同促进经济持续向好发展。当前，我国处于城镇化转型发展的关键时期，由"要素驱动""投资驱动"转向"创新驱动"是经济社会转型发展的战略选择。

新型城镇化的社会创新内涵。城镇化发展的新阶段以世界城市和都市连绵区的兴起为标志。城市在增强自身竞争力的同时往往通过联合行动，关注城市群的协调发展及整体竞争力。推进"人本、集约、智能、绿色、低碳"的新型城镇化离不开空间和组织等要素的创新。城市发展不只是增长问题，而是城市现代化问题。发展＝经济增长＋社会变革。经济增长必须面对类似于气候变化和人口老龄化等问题，同时由于经济发展带来人们之间的关系和生活质量的改善，这些都要求社会现代化。社会现代化是社会领域的深刻变化，是社会发展、社会转型和国际社会地位变化的交集。社会现代化的动力来自社会创新。社会创新是以知识经济为基础的全球化发展和我国社会转型期社会变迁的主导形式和重要发展动因。城镇化社会创新是指中观层面的一系列创新，它包括知识与技术创新、制度与管理创新、观念与文化创新等。城镇化创新系统是在城镇化过程中各种创新要素及协调创新要素之间关系的制度和政策构成的网络。城镇化创新系统是城镇化过程中人、财、物的技术—经济组合。

新型城镇化的发展包括了空间创新和组织创新推动。德鲁克认为，社会创新即在经济与社会中创造一种新的管理机构、管理方式或管理手段，从而在资源配置中取得更大的经济价值和社会价值。创新是"赋予资源以新的创造财富能力的行为"。

新型城镇化的创新主体。伴随着区域一体化组织的出现，国家和政府的角色受到了限制，国家一级政府对经济的保护能力在降低，次一级政府、城市、企业作为竞争主体和创新主体的地位在不断上升。

　　新型城镇化的创新网络。城市超越区域和国家的界限，成为世界性、国际性城市开放体系中的一个基本元素。经济全球化要求节点城市增强在全球市场上寻找、配置、管理和利用资源和信息的能力，形成具备竞争力的价值链。全球化形成了包括资本网络、金融网络、信息网络、技术网络、交通网络等的网络体系，区域城市和国家成为网络体系上的重要节点。各个城市之间通过空间网络的连接和生产要素的流动，组成一个全球化的城市网络体系。网络化产生了新的空间逻辑，即"流动空间"。全球化的发展使人们更加关注世界城市、全球化城市。萨斯佳·萨森在《全球化城市》中研究了纽约、伦敦和东京，发现全球化为城市创造了新的战略角色，这些城市过去是国际贸易中心，全球化使它们发展成全球经济的"指挥所"，也就是规划并制定政策的中心；金融和专业服务公司的重要基地；新兴产业的创新和孵化基地；金融和服务业产品的消费市场。

　　新型城镇化是多重逻辑的结果，空间和组织的驱动嵌入城镇化的过程和结构中。

第七章

社会创新与城市竞争力模型建构

城市社会创新是城市进行创新实践活动的结果，它是一个动态系统或演进过程。社会创新系统是通过知识与技术创新、制度与管理的创新、观念与文化的创新相互影响和相互促进的，是城市社会各主要组成要素结构性和功能性升级过程。

第一节　城市社会创新系统

城市社会创新系统是指在特定的城市内和特定的社会经济文化背景下，各种与创新相关联的主体要素和非主体要素以及协调各要素之间关系的制度和政策构成的网络。

一、城市社会创新系统研究的理论整合

城市社会创新系统是国家创新系统的有机组成部分，城市社会创新系统目的是以城市作为考察对象，对这个系统进行全面系统的分析。为此，城市社会创新系统研究的理论演进为：城市既置于中观层面的制度环境、社区、家庭等因素理解，又要置于宏观的超地方、历史、文化情境中考察，还要放在宏观的社会过程、系统和结构性变迁，社会转型、社会变迁、现代化中理解；关注不同的空间实践的社会机制、实践的形式、实践的过程。城市社会创新系统是一个经济学、社会学、管理学、创新学的共同问题，研究视角随着城市行动不断发生转移，概念界定不断超越边界，内容演变包括技术创新、制度创新、知识创新、管理创新等，管理环节包括潜在竞争力转化为现实竞争力的过程和环节。城市社会创新是城市内人、财、物的技术—经济组合。城市社会创新系统是多个创新主体系统，是复杂的系统工程。

1. 区域创新系统的功能和作用

新古典经济学的代表人物马歇尔曾经明确指出，知识是生产力中最强大的动力，而组织则帮助知识发挥作用。熊彼特关于经济变革的动态理论，则更强调以要素的新组合为基础的各种创新在推动经济变革中的巨大作用。在其后的深入研究中发现，创新从来都不是一个孤立的现象，而是自然形成的一个创新系统。随着科学技术的快速发展和全球经济一体化的深化，现代技术创新活动要求巨额的资源投入，伴随着巨大的风险，单个创新参与者很难承担，创新系统的作用日益突出。弗里曼和纳尔逊等人提出的国家创新体系的概念，逐渐被广泛地认可和接受。20世纪90年代以后，国家创新系统成为许多国家与国际组织的研究课题和制订政策的基础。

区域创新系统是在特定地理范围内有多种创新资源流动，多个主体参与，各个创新主体相互作用、相互促进形成的具有创新能力的结构系统。类似于对国家创新系统的定义，区域创新系统可以看作是直接与技术创新产生、扩散、利用相关的参与者及其相互关系和制度的复合体，与国家创新系统相同，区域创新系统也有四个主要参与者：企业、大学和研究机构、政府、中介机构。区域创新系统强调共同的特性，区域特性（产业结构、技术范式和社会文化传统）促进地区创新能力的提高。

区域比行业创新系统能更好地形成和实现国家创新系统，也是形成行业创新系统的有力手段。任何一个区域（地区）都有自己独特的产业结构，通过特定的区域信任和创新参与者中的互动，区域创新系统能够产生自身的行业创新系统。国家创新系统侧重于为创新提供基础设施、创造良好的制度环境以及组织实施重大的创新项目和计划。区域创新系统侧重于直接推动企业的技术创新活动。不同地区经济发展水平和产业结构的差异决定了区域创新系统的构建和作用不存在一个统一的模式。区域创新系统的构建在很大程度上受制于各地自身的条件，主要是经济和科技教育发达程度的限制。各地的经济和科技教育发展程度不同，决定了各自所拥有的创新资源的差异，各地的创新投入和侧重点有很大的差异。经济和科技教育发达地区可能会成为创新知识的源泉，区域创新系统表现出很高的效率和创新产出；经济和科技教育欠发达地区的创新来源更多来自外部，创新成果的吸收和利用是区域创新系统的直接作用。区域产业的专业化决定了各地的区域创新系统各自的特色，区域创新系统只能是在适应地区经济发展的前提下促进创新要素的产生和流动。

在市场经济体制逐步建立完善的背景下，区域创新系统中的区域并不等同于行政区域，而是围绕经济区域建立的。因为技术创新而形成的各个参与者之间的关系，限定在一个特定的地理范围内围绕着技术开发与应用而建立的产业体系中。区域创新系统的功能和作用主要表现在以下方面。

（1）以创新资源和要素的创造、转移扩散和利用带动区域创新。区域创新系统的基本功能和作用是推动区域创新活动，创新从根本上说是对知识的创造、转移扩散和利用。提高区域内创新主体的知识创造动力和能力，减少知识转移扩散的阻力，增强知识利用的效率是区域创新系统面临的基本问题。

（2）以产业结构的优化升级增强区域竞争力。我国的大多数地区的产业结构仍然是以传统产业为主，在新技术革命的浪潮冲击下，这些产业面临着严峻的挑战。传统产业很长时间内仍是我国各个区域经济增长的源泉。高新技术与传统产业结合必须用适当的技术。我国长期以来的经济增长方式表现为高投入、高消耗、高污染、低效益的粗放型经济增长，要转变经济增长方式只有依靠技术创新。区域创新系统的有效作用能够促使地区经济增长方式从粗放型向集约型的转变。

（3）发展高新技术产业集群。经济成长的不同阶段有不同竞争力的产业结构，高新技术产业是经济可持续发展的基础。区域创新系统所形成的创新环境是高新技术产业发展的催化剂和孵化器。区域创新系统的构建，使得企业和大学、研究机构建立了密切的联系，实现了物质资源和智力资源的更有效联结，有助于高新技术的商品化和产业化、集群化。新技术的不断涌现和扩散，必然会造就和培养出新的高新技术产业取代或者改造传统的产业。

（4）培养大量的中小企业作为创新主体。自20世纪80年代以来，欧美国家就认识到企业的创新能力关系到国家的创新能力，关系到国家竞争力。中小企业与大企业相比在创新方面具有一定的优势，美国小企业管理局曾对八万多项创新成果进行分析，发现其中约有55%是小企业做出的贡献。另据考察，20世纪美国的许多重大创新如飞机、个人计算机、生物合成胰岛素、人造革、录音机等都是由中小企业完成并推向市场的。Acs和Audretsch（1988）的研究也证实几乎有一半的创新是由人数少于500人的小企业完成的。我国高新技术产业化的主要推动力量也是一大批高新技术小企业。中小企业与大企业相比受外部因素的影响更大。实力弱小的中小企业缺乏创新资源，管理水平低，不具备必要的研究开发能力，往往不能承担创新风险。因此，区域创新系统的另一个重要作用就是以创新网络的完善来促进中小企业的创新。对欠发达地区而言，区域创新系统对中小企业创新的促进作用意义尤为重大。

区域创新系统要素的多元性和协调性，决定了创新系统具有多样性特征和协调对系统机制功能的决定性因素。因此，处理好要素与要素、要素与系统的关系，加强创新要素的协调，强化创新系统功能，既是构建创新系统的关键，也是加快发展的现实需要。

2. 区域创新系统的形成

区域创新系统的形成要依赖各个参与者在创新活动中所结成的网络关系。参与者借助产业网络和社会网络或者遵循共同的技术范式形成了一个创新网络，在这个网络中企业运用所掌握的创新资源开发新的产品和技术，形成区域创新系统的产出。区域创新系统形成的途径主要有三种。

（1）产业链模式。不同的企业围绕一个共同的产业链中不断地聚集、分工细化促进了知识的交流与合作，使创新和学习成为一种集体行为。例如硅谷和北京中关村等地就是区域创新系统最有效的地区。高新技术产业中存在集群现象，传统行业中同样有大量的产业集群。产业集群是在同一个产业链中的企业集聚，在集群中以企业为中心可以结成三种网络：与供应商和客户结成的垂直网络，与同行竞争对手和其他能够提供互补性资产的企业结成的水平网络，与大学和研发机构结成的知识创造网络。

（2）技术扩散模式。很多个行业中的不同企业围绕一项共同的技术（尤其是通用技术）的扩散而结成了一个创新网络，在运用这项技术的同时不断对其加以改进。

（3）社会网络模式。通过一个特定地区的非正式社会关系结成的网络强化了地区的创新能力。创新系统可以看作是参与者的共同学习，社会网络提供了非正式的和共同的学习过程。区域创新系统中的知识联结更多的是建立在不可交易的暗默性知识共享和社会网络嵌入的基础上，一个地区共同的社会文化基础在激发社会资本和强化地区创新能力方面起着重要的作用。

总的来说，区域创新系统的形成并不是单个因素的作用，而是在多个要素的交互作用中形成的。不同的环境决定了区域创新系统形成的不同特点。区域创新系统是一个开放的社会系统，企业与创新相关主体间组成的网络系统是经济参与者之间的相互作用的社会结果。区域创新的发展不是区域内创新资源和要素的简单集合，而是通过系统整合的方式协调企业间、企业与创新资源和要素间的重组。区域整合中有市场力量、网络化、互动关系和知识资产的作用。区域内众多创新资源和要素的相互作用以及与环境的相互联系，决定了区域创新系统的价值和区域经济运行的质量。

3. 现代意义下的区域创新网络

区域创新网络是区域创新的主要形式，是提高区域整体竞争力的关键，是区域经济发展的最主要力量。①

一般地说，区域创新系统主要是由参与技术发展和扩散的企业、大学和研究机构组成，并有市场中介服务组织广泛介入和政府适当参与的一个为创造、储备和转让知识、技能和新产品的相互作用的创新网络系统。

大量研究证明，企业价值链中的所有活动都有可能创新。创新通常在生产实践中发生。创新与新产品开发活动是按照一个从小规模的、渐进的创新到能导致技术革命的大规模的、相互联系的创新簇进行。创新的早期阶段（研究和开发、产品创新）和扩散阶段的早期，企业集聚在发达的核心地区；在创新的后期阶段（过程创新）和产品采用的后期，企业分散在较不发达的边缘地区。

在经济全球化的时代背景下，网络正成为新的创新组织形式。区域创新网络是发展企业和区域经济的一种制度手段，它可以激活资源和信息，增加灵活性，减少不确定性，使企业更好地控制环境，更主要的是网络可以增加创新的能力。

4. 城市创新网络是社会创新的实现形式

城市创新网络是区域创新网络的组成部分，城市创新网络是经济、科技、社会高度发展的产物。在某种程度上讲，城市创新网络是知识经济中城市创新活动得以发生、维系和扩散的一种重要社会关系结构形式，是当代社会经济系统中各个创新组织之间的行动关系以及为了激励创新行动的展开而形成的各种正式或非正式规范及其集合。它不仅包括了围绕创新行动的展开所形成的各种正式社会组织类型，而且也包括了不同创新组织之间非正式的社会关系网络。城市创新网络的形成与几个因素密切相关。

（1）信息技术的发展为城市创新网络的形成提供了需求和物质技术条件供给。随着信息技术的发展和经济全球化、市场壁垒的弱化和管制的取消，企业及区域被推向世界市场的激烈竞争，城市要制订正确的创新战略；现代科技迅猛发展，为城市创新活动提供了极为丰富和广阔的知识资源，对创新人员的知识更新和素质能力提出了更高要求；随着市场竞争的加剧和创新难度的增加，创新需要的投入急剧上升，创新风险也大大上升，促使创新企业之间的联合、合并购买、兼并之风盛行，以达到创新资源的优化配置、利益共享和风险共担。信息技术的发展，使得企业和各种创新组织之间的信息沟通越来越方便。企业或创新组织可以把创新行动分解、委托给不同的企业或部门，利用不同企业、

---

① 张辉鹏，石嘉兴. 面向知识经济时代的城市技术创新体系 [M]. 北京：中国金融出版社，2004：18 – 22.

部门或国家的创新比较优势来降低创新成本，由此即导致了城市创新网络的逐渐发生和形成。在创新网络中，由于信息的沟通快捷而准确，创新的中间环节不容易出问题，因此，企业只要掌握创新的整体战略以及其中的最关键环节，如研究与开发，而把其他的创新环节外包。

（2）企业兼并运动的兴起，为城市创新网络的形成提供了条件和动力。20世纪80年代以来，西方国家兴起一股企业兼并浪潮，希望通过扩大规模分散创新风险。20世纪90年代以来，西方国家的企业开始掀起一场所谓"回归核心运动"，即把企业原来兼并的但却不熟悉的领域里的企业重新卖出去，以甩掉包袱，增强灵活性、创新能力和竞争力。这些企业把一些经营活动委托给自己的伙伴企业，以便专注于自己熟悉的具有竞争优势的创新领域，因此与其上下游企业之间的创新网络开始形成。城市创新网络的形成降低了创新成本，扩展了创新资源和空间，创造了知识流动的通道，也推动了创新网络的扩展。

（3）企业与消费者之间关系的变化，也促成了城市创新网络的形成。随着知识经济的发展，消费者与企业创新的关系发生了重大的变化。消费者希望得到个性化的产品和服务。借助创新网络，企业不仅可以把服务创新的部分如售后服务等委托给一些中小企业去完成而形成服务创新网络，而且也可以通过跟踪征询用户对产品的意见、掌握用户的口味和偏好并与他们建立信任关系等建立产品和技术创新网络，从而更有针对性、更准确地开展创新行动。

城市创新网络可以在更大的范围和更有效的程度上配置创新资源和要素，提高企业和城市的创新能力和竞争能力，城市创新网络是社会创新的实现形式，因而必然是现代城市创新方式的战略选择。城市创新网络可以看成是发展企业和区域经济的一种制度性手段，在政府提供并维持的经济发展环境中，创新行为主体企业与科研机构之间、企业与企业之间通过长期合作形成的，以增强创新能力为主要目的的稳定的联系网络。结网是企业发展战略和区域发展理论中的重要概念，新技术资源在不同的环节的创新流动过程中，围绕过程流向同其他各种创新要素发生联系，形成网络化的组织结构，推动创新活动的深入发展。作为创新主体的企业，与其他企业、大学、研究所、政府、中介机构结成长期的、稳定的、互惠的网络关系。这种网络关系既包括正式的、书面的合同关系，也包括非正式的信息交流。大量的理论和实践证明，当代的技术创新是一种社会过程，需要创新行为主体既竞争又合作的特殊文化氛围。

城市创新网络的构成——信任的建立、网络参与者之间中长期的合作、灵活性、无等级的关系等——是关键的创新决定因素。创新环境强调创新的多元主体参与。创新环境关注的是降低不确定性和支持创新活动的互动学习过程。

而参与者之间正式的、尤其是非正式的接触进一步推动了互动学习。所以，他们必须有沟通和交流信息的机会。

根据基于网络和环境的方法，城市创新能力的决定因素可概括为三点：（1）在一个产业领域进行合作的专业化公司之间的网络关系，在城市内部高流动的本地合格的专业的劳动力支持了这种网络关系；（2）企业层面客户与供应商之间的密切关系（如垂直分工整合带来的高度专业化公司），这种社会纽带有利于信任的建立，反过来又推动了信息的就近交流和隐性知识的循环；（3）支持城市内生产过程和创新的中介组织和调控组织的存在，增强了创新的城市本地意识和合作的产业传统。

正如美国著名管理学家彼得·德鲁克所指出的那样，通过创新网络中的合作产生的动力、伙伴以及合资企业等是新经济的主要形式。而创新网络之所以能够发挥如此作用，就在于通过创新网络的建立，企业和各种创新主体获取了一种在物质资本和人力资本之外的新的社会资本。

城市创新网络是以企业为基点，以创新流向纵向联系和横向联系构建的网络结构。创新网络包括正式和非正式的联系，其联系的边界受经济活动范围的限制。创新网络的效能有赖于管理政策环境、思想文化氛围以及社会服务机构的支撑。

培养创新网络是城市创新和发展的关键。网络是一个动态的开放系统，基本功能在于交流，并在交流中创新。创新资源的流动，使创新网络形成许多网络节点，它们是创新体系的灵魂，是培养创新网络的基础。作为城市创新系统的参与者都可以成为城市创新网络的节点。多层次网络节点机制要加强企业与大学、科研机构的联系，包括人力资源的联系、技术资源的联系、企业文化的联系、新技术企业与传统产业的联系、非正式的网络节点的联系。促进网络知识的流动，实现网络柔性管理需要具有最大的柔性管理系统和动态开发能力，城市创新网络应该具有开放性、综合性、动态性、投资主体多元化。城市创新网络作为企业空间聚集的有效载体日益发挥着重要的作用，培养和完善具有当地特色的城市创新网络已经成为增强城市竞争力和国际地位的重要途径。

二、城市社会创新系统的作用和功能

1. 社会创新是城市现代化发展中重要的推动力量

沃尔夫冈·查尔夫就指出："发展的动力分别是技术创新和社会创新"。美国学者罗森堡、小伯泽尔在《西方致富之路》中指出，社会创新作为推动西方经济发展的重要因素，最早开始于15世纪中叶，18世纪中叶创新活动已成为主导因素。创新不仅包括技术创新、科学和工业的结合，而且包括企业组织、市场制度、银行、信贷、保险、会计、政府管理方式、法律、道德、消费方式与生活方式等方面的社会创新。作者对社会创新在西方工业化中的作用做了周详的论述。① 在经济的层面上，城市社会创新能够更有效地产生和组合各种创新要素、创新环境和创新网络，从而提高城市的创新能力和竞争力。城市社会创新系统可进行有针对性的创新活动；能以政府、企业、市场竞争推动创新进程；提高城市的自主创新能力；城市社会创新的目标是城市可持续发展。

2. 社会创新为城市技术创新和技术能力提供社会支持系统

以往对关于创新的重要社会功能的考量中，存在着偏重强调技术创新作用的倾向，甚至把创新活动简单地归结为技术创新。沃尔夫冈·查尔夫还指出："社会创新可以是技术创新的前提、伴随状况或者是结果""为了采用物质技术，必须实行社会技术，以此作为前提条件。"② 联合国科技促进发展委员会主编的题为《知识社会》的研究报告文集中也强调"动态的创新过程"体现为"社会能力和技术能力不断提高"，发展中国家要实现创新发展，"确实需要找到将其现实的社会能力和技术能力结合起来的有效方式"，特别是当社会创新能力不足的时候，"对社会能力的投资应有优先权"。③ 德鲁克在他的许多管理学著作中也反复强调，"社会创新——它们中极少有归功于科学与技术的——对社会和经济也许具有更为深远的影响，实际上，它们对科学与技术本身也具有深远的影响。"④ 不只是科学技术才创新新知识，社会创新同样也创造新知识，因而"社会创新也同样重要，而且常常比技术革新更重要。"⑤ 他举例分析说："本世纪里，分期付款销售法对经济和市场的影响，也许比许多重大的技术进步所产生的影响更大。"通过社会创新焕发出的社会能力和所形成的新的社会技术，不但为技术创新创造社会前提，而且本身就构成了生产力要素。

3. 社会创新是城市软实力的基础

城市经济的发展，最需要的文化精神是大胆创新、创业的商业精神，城市法治环境、人文环境、生态环境等的改善。社会创新包括创新主体、创新客体、

① 罗森堡，小伯泽尔. 西方致富之路［M］. 周兴宝，等译. 北京：三联书店，1989：200－224.

② ［德］沃尔夫冈·查普夫，现代化与社会转型［M］. 北京：社会科学文献出版社，1998：23.

③ 科学技术部国际合作司. 知识社会——信息技术促进可持续发展［M］. 北京：机械工业出版社，1999：265.

④ 德鲁克彼. 管理的前沿. ［M］许斌，译. 上海：上海译文出版社，1999：39.

⑤ 德鲁克彼. 后资本主义社会［M］. 张星岩，译. 上海：上海译文出版社，1999：51.

创新环境等它们本身构成城市软实力的内容，也是提升城市软实力的基础。美国哈佛大学教授约瑟夫·奈把软实力概括为导向力、吸引力和效仿力；另一位美国学者斯拜克曼把民族同质性、社会综合程度、政治稳定性、国民士气都视为软力量。英国著名学者罗伯特·库伯则认为，合法性是软实力的核心要素。实际上，软实力是相对于经济、军事、科技和资源等硬实力而言的。城市软实力是城市发展的精神文化力量。它包括：城市政治（政府作用与效率、民主与法制化程度）、社会（不同民族、人群、阶层的和谐程度，社会福利与社会保障，社会公平与社会稳定）、公民素质（公民受教育程度、生理与心理健康水平、道德养成）与国际影响力（城市的国际地位、国际交往与交流）。硬实力是一个国家、一个城市发展的支撑，硬实力是软实力的有形载体和物化；软实力则是硬实力的无形延伸。在全球化、信息化时代，硬实力的力量显而易见，而软实力虽无形无影，但它具有超强的扩张性和传导性，超越时空、超越民族与国界，对城市发展、人类文明产生巨大的影响。软实力是一个区域、一个城市、一个国家可持续发展的根本保证。

4. 社会创新是城市适应知识经济的快速变化的重要杠杆

德鲁克认为，构成信息社会、知识社会开端的标志性事件是美国二战结束后公布的"退伍军人权利法案"，而不是 1946 年世界上第一台计算机的诞生，因为该法案规定给二战中退伍的军人以资金，让他们能够上大学，从而为信息与知识经济的发展准备了一代人才。① 德鲁克正是通过这个事例说明社会创新在知识经济中的重要地位。在未来的社会发展中，社会组织与管理的作用在于使用知识，而知识的本质是迅速变化的，知识的快速变化主要不在于积累速度加快，而在于更新、转换速度加快。知识的生产程度依赖于人的主体素质，依赖于在他们身上体现出的社会能力。"精明的公司懂得，钱不能带来创新，而人可以。它们知道，在创新工作中，质量比数量重要得多。除非有第一流的人才来从事创新工作……否则永远不会带来任何成果"。② 为此必须为人的素质的提高和创造潜力的发挥提供良好的社会环境，而这些必须依赖于能带来体制、制度、组织、文化、观念变革的社会创新行动。当人类社会进入知识社会后，社会创新取得了前所未有的更加重要的地位。未来的社会发展将是一个充满不可预测性和不确定性的社会，社会每前进一步都需要随时把握机遇，克服危机，

---

① 德鲁克彼. 大变革时代的管理 [M]. 周干城，译. 上海：上海译文出版社，1999：51 - 53.

② 德鲁克彼. 管理的前沿 [M]. 许斌，译. 上海：上海译文出版社，1999：239.

化解风险，为此需要不断创造解决问题的新方式、新手段、新程序，以增强社会能力，迅速调节社会运行机制。社会发展不确定性的增加需要社会创新，社会创新又会增加新的不确定性，从而激发新的社会创新。未来的社会将进入一个源源不断和大规模社会创新的时代，一个只有集成创新才能发展的时代，尤其是一个依赖社会创新才能扫清道路、获得动力的时代。

对于当代中国来说，一种可扩展的稳定的创新秩序的形成，将比任何具体的社会创新行动系统本身都具有更加重要的功能和意义；另一方面，对于当代中国的发展来说，一个重要而核心的任务就是要建构和维系一种稳定且可持续的社会创新秩序所必需的观念、体制、机制和文化等方面的因素或条件。因此，在社会和文化的层面上，社会创新有助于人类解决各种现代性问题。

概括而言，社会创新的出现不仅降低了企业、城市的创新成本，扩充了企业、城市的创新源泉和创新空间，而且也正在成为知识社会中企业发展、城市发展和社会发展的重要形式和基础性动力。正如著名管理学家彼得·德鲁克曾经指出的那样，通过社会创新所产生的动力、伙伴以及合资企业等已经成为新经济的主要形式。随着经济全球化、信息化和知识化趋势在当代的呈现与汇聚，作为当今世界主题和时代精神的发展开始表现出了一种以社会创新及其扩散为导向的明显的特征。走社会创新之路，显然已经成为当今世界经济与社会发展的一种重要趋势；积极建构社会创新的系统和秩序，而不仅仅是某种单一的创新如技术创新、制度创新、知识创新等，已成为不同的国家社会经济发展战略的核心和精髓。

三、城市社会创新系统的特征

社会创新的过程和阶段是由多个主体参与的，决定了城市社会创新系统是由多元行为主体构成的，城市社会创新系统的构成要素是多元的，要素组合具有协同性和渗透性等系统特征。

1. 系统模型的组织单一性特征

政府、企业、大学和科研机构、个人组成的合作体，虽然是复合组织，但具有单一组织的特征。多个创新主体合作可以应用在科学——技术——生产链条的任一环节，由于复合组织各方的差异，在复合过程中相互影响、调整，最终形成新的结构功能、运行目标、价值观念，既来源于各方又不同于各方。

2. 系统模型的要素多元性特征

企业是城市社会创新的主体，既要组织生产要素和生产条件，又要实现生产要素的新组合；创新活动既是采用新技术的过程，又要市场创新、组织创新、管理创新和制度创新；技术创新是个过程，是要素组合的过程，创新涉及许多不同的社会组织，是许多组织合作的过程。

企业成为城市社会创新的主体是构成城市社会创新体系的关键。城市发展的基础是企业，但并不是城市社会创新只有一个主体，城市社会创新过程包括一个复杂的相互作用网，具有多元化和区域化的特点。

3. 系统模型的网络渗透性特征

创新的本质要求减少组织的层次，增加组织中要素的网络化联系，网络中的组织具有持续的相互渗透性，是城市技术创新体系为适应环境而做出的适应性调整。城市创新本质上要求创新活动常常超出企业和产业的边界，向外界渗透，与外界结网，任何人为的约束是不利于创新的，最终也会为创新活动所突破。在完善的城市技术创新体系中，数量众多的多样化企业、科研机构和中介组织相互渗透，结成利益共享、形式多样的区域创新网络，网络中的研究机构、生产商、供应商、合作伙伴和其他有关机构之间相互渗透，创新在网络中产生。

城市创新网络中要求信息的高速顺畅流动，要素渗透性使大量多种多样的创新模式，丰富多彩的新企业衍生，效益不好的企业破产，新企业的衍生是城市创新要素渗透特性中生命力的来源，是城市经济活力的重要体现。

城市创新网络的渗透性还表现在，作为创新资源的网络流体的渗透流动交汇形成网络节点，渗透交流越频繁，新衍生的企业就越多，有效联系的节点就越多，当网络节点相互作用时，网络的边界不断地外延、扩大，因而使城市创新网络的边界处于不断的变化之中，使城市创新网络保持创新的活力。

城市社会创新有利于创新资源的开放发展和利用；有利于城市技术创新资源的利用；有利于提高城市科技成果的转化能力；是技术创新之外的第二推动力；有利于整体竞争实力的提高。

城市社会创新是通过城市竞争力评价系统、城市社会创新网络和社会创新战略实现的。城市社会创新的过程是理念—制度—组织—政策—结果。

四、影响城市社会创新系统的主要因素

城市社会创新系统是推动城市社会经济发展的关键，城市社会创新系统的建设必须同城市技术创新及以城市为中心的经济区域的特点和发展要求结合起来。对城市社会创新系统运行产生重要影响的因素的主要因素表现为以下几个方面。

1. 市场经济和全球化是城市社会创新的前导

市场经济是以市场作为资源配置的基础的经济。全球化是城市发展的背景。

理论与实践证明，技术创新进入市场本身就是创新；市场可以部分消除技术创新的不确定性；市场能给创新者以动力和压力；市场能引导技术创新。

2. 知识和人力资源是城市社会创新的主要资本和财富

知识流动是创新活动最重要、最基本的形式之一；创新是知识流动的结果；知识流动是一种重新组合生产要素的过程；只有能够提供实现创新所需的新生产要素，并对生产要素重新组合的实现做出贡献的组织或机构才能参与知识流动。在知识流动过程中，不同社会组织之间的交易成本一般要高于组织内部各部门之间的交易成本，只有组织间保持相互依赖的关系，合作才能持续下去。一旦合作中的一方掌握了其他合作者所能贡献的生产要素，或找到质量更高成本更低的替代要素，为降低交易成本和生产要素组合的成本，就必然将合作中的多余者逐出，从而导致生产要素的重新组合。

3. 技术扩散与产业集群是城市社会创新的重点

城市经济增长不可能在所有产业领域取得成功，只能在关联度大的主导产业的产业集群中取得成功，所以城市创新只能选择具有比较优势的产业群。

4. 资源和环境是城市社会创新的起点和基础

城市社会创新立足于自然资源、经济、科技、政策环境。

第二节　城市社会创新系统模型

城市社会创新系统是融入城市创新主体、创新客体、创新机制为一体，在城市层次上促进社会创新资源配置和利用，促进创新机构之间协调互动的系统。

一、城市社会创新系统的模型结构

如图 7-1 所示，城市社会创新系统模型由城市社会创新的主体系统模型、城市社会创新客体系统模型和城市社会创新的运行和扩散系统模型三个子模型组成，各子模型又包括各自下一层次模型。三个模型是一个有机的整体。

城市社会创新系统的总的目标是促进城市创新能力的提高从而提高城市竞争力。系统交互作用来源于以下原因。

利益驱动是系统要素合作赖以形成、存在和发展的基本动力。系统功能优势互补的基础及系统成员对共同的目标的认同，是系统产生和稳定的基础；科技推动、环境诱导、寻求发展是城市社会创新系统变化的因素，引起系统之间信息和能量的传递。知识经济不仅使城市社会创新系统中的政府、企业、研究

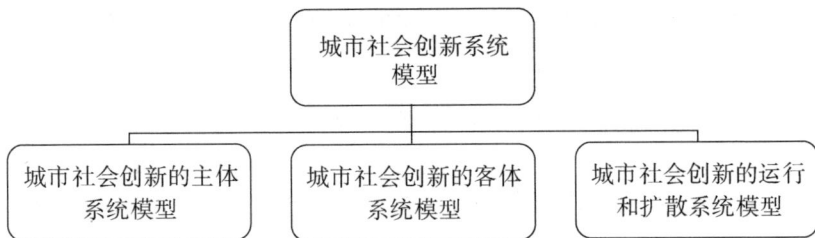

图 7-1　城市社会创新系统模型

机构、社会团体、个人的内部发生了巨大变化，而且彻底改变了多元主体之间的相互关系和作用方式，使政府、企业、研究机构、社会团体、个人紧密联系在一起变成内生的驱动力，变成相互延伸、相互交融、相互合作的状态。

在市场力量的作用下，创新多元主体之间不可避免地失去平衡，使创新主体要素的发展处于社会需求的非最优水平，当某一主体要素取得突破性发展时，创新主体的稳定状态会打破，一个要素的发展决定其他要素的发展速度、方向、规模，从而使其他要素职能作用重新进行调整，通过交互作用最终使创新多元主体系统达到平衡，随着新的主体产生，例如社区的作用、多种社会组织发挥作用，创新达到的均衡又被打破。创新主体系统的动态性必然要求城市技术创新系统发生结构性变化，以满足经济发展的需要，促使主体系统间相互依赖和协调发展。这种协调发展要求：一是任何子系统均不成为另外几个子系统发展的阻碍性因素；二是任何一个子系统都必须对另外几个子系统的变化作出相应变化，以适应这种变化；三是在相对稳定的资源配置情况下，任何一个子系统应尽可能使另外几个子系统都能达到最优状态。

每一个创新过程中创新多元主体系统的协同作用不同，各创新主体拥有的资源不同的，创新是不同主体在创新过程的协同作用下完成的，城市社会创新系统强调创新是一个高度复杂的网络化或者是系统化的协同活动。

在网络经济时代，创新网络影响创新的产生、效率和成果。城市创新网络将各个新型的组织单元以网络方式连接起来，在创新动力机制作用下活化了沉淀的科技资源、创新要素，创造着新的科技资源和商业潜力。

（1）城市社会创新的主体是指实施社会创新的机构和组织。目前研究国家创新系统的学者的共识为创新主体包括企业、大学和科研机构、教育和培训机构以及中介服务机构，不包括政府和个人，制度、政策不是创新系统的内生变量。但是城市社会创新系统中政府和个人作为社会创新的主体是极其重要的，社会创新促进技术创新，形成良性的创新结构，才能获得持续发展。实践证明技术创新和社会创新是相辅相成的、不可割裂的。创新作为一种促进社会发展的不竭动力与最有效手段，存在于一切社会活动中，除了技术创新外，还有知识创新、制度创新、组织创新、管理创新、服务创新、产业创新、文化创新、教育创新、观念创新等。

城市社会创新系统包括技术创新系统、产业创新系统、管理创新系统、制度创新系统、服务创新系统等。在创新子系统之间，观念和文化创新是基础，知识和技术创新是核心，制度和管理创新是保障。决定城市社会创新能力的因素主要有：知识创造者的存在、质量和密度；公司的学习吸收能力（反过来受城市经济结构的影响）；城市内外不同参与者之间的知识流动。

（2）城市社会创新的作用机制。城市社会创新包括知识与技术创新、制度与管理创新、观念与文化创新等，其中制度与管理创新是核心。城市社会创新强调创新的整体性、系统性、多样性，社会性因素是创新的内在因素而不是外在因素和后果，要以创新的整体性和系统性评价社会进步和发展。城市社会创新的作用机制是社会创新通过创新的集成和均衡影响城市集聚能力和扩散能力发挥作用。技术创新对城市经济增长具有第一位的推动作用，包括制度创新的其他创新具有相对独立性，从长期来看，技术创新推动其他创新，其他创新则保障技术创新的功能得以发挥与实现。

新制度经济学认为，技术创新和制度创新是一种创新过程，经济制度的发展是降低交易成本的结果，他们认为制度创新决定技术创新，好的制度选择会促进技术创新，不好的制度选择将抑制技术创新。有效率的经济组织是经济增长的关键，一个有效率的经济组织是西方兴起的原因。当然新制度经济学并不否定技术创新对改变制度安排的收益和成本的普遍影响。

二、城市社会创新系统的主体系统模型

如图 7-2 所示，城市社会创新的主体是由社会/公众/顾客/个人、政府、社团/协会/社区、企业、大学/研究机构五个主体所构成。这些主体在社会创新中都具有各自不可或缺的地位和作用。随着人类社会的发展，社会创新主体越来越丰富和多元化，越来越网络化和组织化。

企业是社会创新的核心主体，因为社会创新的经济价值和社会价值是通过企业实现的。而企业家是企业创新的核心因素，这是熊彼特创新理论中强调的，企业创新包括技术创新、组织创新、管理创新和制度创新。

社团/协会等非政府组织，不仅在政府和市场之间起协调作用，而且是在社会市场中，作为重要的社会资源，发挥着实现社会技术的经济价值和社会价值

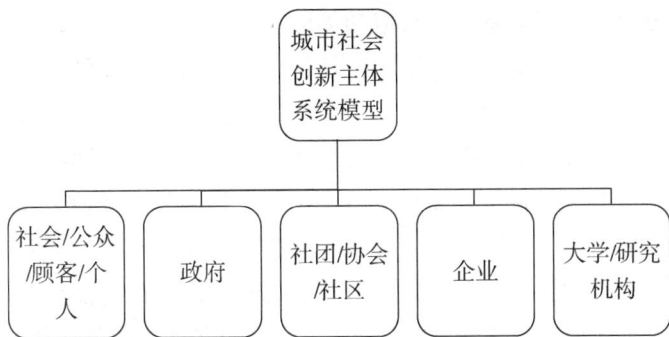

图7-2　城市社会创新主体系统模型

的实体的作用，形成社会产业和社会经济。

　　政府作为创新中的非市场主体，一是创造良好的环境和资源配置，培育市场，包括制订发展战略、相关政策法规及监督实施；二是通过教育培训，提高国民素质，建立创新文化；三是建立国家创新系统，协调创新主体的关系，促进官产学研的联合；四是直接投资引导创新的方向；五是国际间的竞争中承担保护本国技术的责任。

　　大学和研究机构是知识和技术的生产、积累和扩散的主要机构，在社会创新中主要承担供应知识和技术来源，开发共同的知识和技术，培养人才，是产生思想创意的主要来源。

　　个人也是社会创新的主体，个人成为越来越重要的创新源泉。个人的创造性、创造欲望和动机成为创新驱动力的重要部分。①

　　（1）社会创新系统是一个复杂的系统，系统各部分必须协调均衡地发展、有效地运行，任何一个部分的薄弱都将影响到整个系统的能力发挥。创新行为者中某一个单位是不可能完成一项整体的技术创新活动的，企业与企业之间的合作、结合、甚至合并的趋势在加强。企业与企业之间、企业与大学之间、企业与政府之间形成合作伙伴关系是一个重要的趋势，并且日益加强。还有一个趋势是社会创新过程中地区合作与国际合作的加强。

　　市场经济下多元创新主体系统模型必然通过自组织产生稳定的多元结构，城市社会创新体系对促进经济增长的内在机理是构造城市社会创新系统多元化创新主体系统的全新尝试。

　　技术创新和扩散是由经济原则、技术原则和社会效益最大化原则所规范的

---

① 金周英．软技术——创新的空间与实质［M］．北京：新华出版社，2002：144-146.

过程，因此城市社会创新系统由相应功能的企业、研究机构和政府组成的网络系统等组成。这种创新主体系统结构，具备了技术创新多元创新主体系统所需要的条件，既能充分反映知识经济的本质特征，又有利于科技、经济、社会协调发展，有利于实现技术创新资源的互补和合理配置的有效行为体系。

（2）创新主体系统的要素基础。各个创新主体都具有其他合作单位不具有的优势和生产要素，合作的实现是合作各方相互选择的结果，是实现各方优势互补与新的组合。创新主体合作的目的是实现科技成果的商品化和产业化，这种合作的基本前提就是合作的多方互相需要，各自都能为合作提供各自的贡献，即提供各自掌握的创新要素，这种互相需要、互相依赖的关系是合作关系能够维持的基础。五个创新主体合作是一种生产要素进行重新组合的过程，只有能够提供实现新组合所需的创新要素的组织，才能在五者合作中找到自己的位置。城市创新网络系统中企业处于核心地位，在交互作用过程的动态发展中。从合作运行过程的机制考察，创新主体运行全过程的合作方是企业，企业是投资主体、利益分配主体、承担风险主体、经济受益主体、运行机制的目标是使企业主体地位得到实现。

（3）系统要素合作要受政府调控的主导。创新系统要素合作存在调控主体，调控主体要创造宏观体制和机制、法规、政策、金融、税收、市场竞争等宏观环境。从根本上说，城市社会创新系统的效率取决于政府干预与市场机制的平衡和制约。许多国家的经验证明，最有效的制度环境是政府与市场的互补。市场和竞争是合作创新的前提条件和动力源泉，支配着合作主体的行为及利益分配关系，而政府干预、政府的管理组织与协调可以减少合作中潜在的机会主义行为和市场风险，节约合作创新的交易费用。

技术创新与制度创新、管理创新、知识创新、观念创新、文化创新等建构城市竞争力，创新的相互影响和相互促进，满足着当代社会发展的全面需要，并构成实现城市可持续发展的综合动力基础。

三、城市社会创新系统的客体系统模型

如图 7-3 所示，从城市成长发展过程来看，思想解放、文艺复兴运动带来的观念创新和文化创新带来技术创新，技术创新又引起产业创新、制度创新、管理创新、组织创新、服务创新等。城市社会创新系统的客体系统包括多个子系统。技术创新、社会技术创新、管理创新、组织创新都是社会创新的内容。

1. 城市知识与技术创新

城市知识与技术创新系统理论模式经历了从线性创新到区域创新，从要素

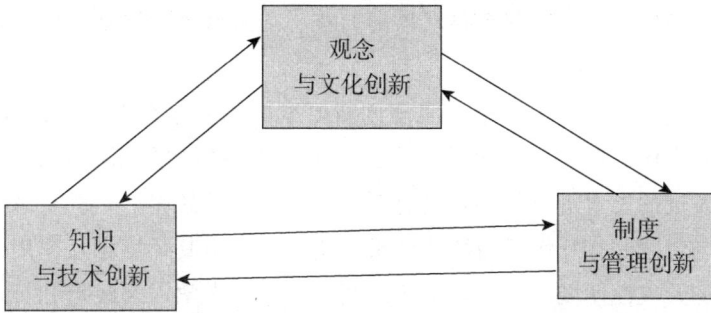

图 7 - 3　城市社会创新客体系统模型

重组到创新网络的形成，从市场推动到多元推动模式的建立。

（1）从线性创新到区域创新。1989 年米切尔把创新的过程描述为某人在研究实验室里提出一个思想，把它交给设计部门进行设计，制造部门根据设计图纸来生产，最后，产品拿到市场上销售。创新实现的整个过程都是在企业内部发生的，而其他企业采用新思想或新产品就是创新的扩散，产品生命周期模式和创新扩散模式都是以线性模式的思维方式作为出发点的。研究证明，创新过程中的研究、生产和销售等是相互作用的，各种信息是频繁反馈的。创新不一定是由发明开始到扩散的线性模式，而是由不同的出发点、在不同的企业价值链中的所有活动都有可能创新。因此，创新空间进一步发展，创新的范围和层次既可以是全国的，通过建立国家范围的技术创新系统来提高国家的竞争力，也可以是企业性的，企业运用战略联盟来开辟国内外市场进行技术创新活动，还有一种就是区域性或城市性的，也就是通过区域或城市内创新要素的重组与整合来获得创新能力。

（2）区域或城市创新形式越来越显示出独特的重要性。伴随着城市范围内工业化进程而出现的一种区域经济发展模式，它的前提是地区间经济和技术发展不平衡，是基于一种线性模式进化的发展。经济发展是不平衡的，经济发展层次的动态存在的，而科学技术的跳跃性可以使区域发展不受梯度转移发展的限制。区域创新理论适应了知识经济、技术发展的规律，为不发达地区产生和实现跳跃性发展提供了理论依据，也为城市技术创新系统模式的建立奠定了基础。

（3）从创新要素重组到创新网络的形成。熊彼特及其追随者认为创新组合包括产品创新、工艺创新、市场创新、原材料创新、组织创新或管理创新。然而在市场经济中，创新资源和要素的重组与整合，导致资源合理配置和利用，从而达到帕累托最优的过程，因此创新资源配置方式对经济增长有推动作用。

由此说明区域经济可以以创新要素集聚为核心带来区域发展从而跳出梯度转移和自然资源的约束。

通过创新要素的重组与整合实现创新要素的集聚是全新的资源配置方式，是协调创新主体之间关系的最重要方式，也是提高整体创新能力的有效途径。城市经济发展的要素重组与整合具有系统性。创新系统是一个社会系统，创新是经济参与者之间相互作用的社会结果，还是一个与其环境相互作用的开放系统，系统的开放性使城市内众多企业之间、企业与大学以及政府和行业管理机构之间建立密切的联系，形成高效的城市创新网络系统，网络基于企业、行政管理机构和科技机构之间的长期合作性的联系。

各创新主体的职能在系统整合中发生了变化。在创新网络中，政府为区域内各要素的发展提供宽松的环境和政策支持，主要应用法律与政策间接的宏观调控各组织；企业实行扁平化的网络化的组织管理，加强企业内部和外部的交流和合作；大学和研究机构通过各种形式与企业和政府之间建立一种长期的持续的互动关系，在系统整合的基础上形成了具有一定规律的区域或城市创新网络。

（4）从市场推动到多元推动模式的建立。从区域经济发展的模式来看呈现多元化状态，但从系统的角度来看，其内部基本要素的创新主体主要有企业、大学、政府三个方面，形成三元结构模型。1996年1月在荷兰阿姆斯特丹召开的"大学与全球知识经济"国际研讨会上，与会专家提出了"三螺旋理论"。他们认为，在崇尚创新的知识经济社会，创新制度环境的各要素——政府、企业与大学，会以特定产业发展为目标、以市场需求为纽带而联结起来，形成三种力量交叉影响，如三重螺旋体共同发展的网络。

这种区域内部三要素之间的作用已经形成当今经济发展中强有力的结合形式，世界各地的科技工业园有力地说明了这一制度创新的实际意义。三螺旋理论的核心是在市场经济的条件下，企业、大学和政府相互联系、相互补充，在提高自身水平的过程中产生巨大的集聚作用，从而提高了该区域的整体经济水平。企业的优势是把科技成果迅速地转化为实际的产品，但是研究和开发能力较低。市场经济下，企业的技术创新是竞争优势，并且注重于大学和科研机构合作。大学和科研机构是新技术的源泉，是经济力量的知识能源和动力所在。它们的基本职能是培养大量的从事研究和开发的人才，提供大量的科研成果，但是没有转化为现实产品的条件和方法。大学和科研机构的科研成果商品化和产业化必须与企业结合，与社会结合。政府经常面临失业、经济增长、区域发展不平衡等问题，政府为城市经济发挥宏观调控的作用，主要为企业、大学、科研机构制定优惠的政策，创造宽松的环境，提供法律保障，促进官产学研的联合，提高整体竞争力。

当代经济与科技条件下，个人、企业、大学、科研机构、政府组成了创造、储备、转让知识和技术相互延伸和交融组成的创新网络系统，在资源互补、利益共享基础上，形成了具有鲜明特色的创新群体，群体内部稳定而有效的信息流动使主体相互影响、彼此联系的开放的网络交流机制，组成稳定的网络节点和发展模式。

2. 城市观念与文化创新

城市社会创新建立在文化创新、观念创新的基础上。城市社会创新必须建立在社会创新精神上，观念与文化创新构建了社会创新的内在的目标性、方向性和自觉性。观念与文化为城市创新提供精神动力；观念与文化为城市创新提供智力支持；观念与文化为城市创造经济价值；观念与文化塑造城市形象，是城市竞争力的标志。资本主义制度的产生就是一种社会创新。从历史发展中看，道德伦理观念与文化的建构是市场经济产生发展的精神条件，是市场经济可持续发展的精神动力。市场经济促进了社会的文化、价值观念的发展，同时，社会的文化价值取向和模式影响着市场经济的产生和发展。在市场经济最早产生的欧洲，14～16世纪的欧洲文艺复兴运动和17～18世纪的启蒙运动形成了自由、平等、博爱观念，促进了资本主义的形成。马克斯·韦伯曾在《新教伦理与资本主义精神》一书中研究了宗教改革和宗教文化对资本主义的作用，他明确提出资本主义在欧洲的萌芽和发展归功于新教伦理，是资本主义精神的伦理、价值观念推动了西欧经济的发展。他认为，任何一种经济模式背后必然存在着一种无形的精神力量，在一定条件下，这种精神、价值观念决定着这种经济模式的成败兴衰。资本主义的兴起并不仅在于"投入该行业的资金流，而是新的精神，即资本主义精神""凡是资本主义精神出现并且能够发挥作用的地方，它就产生自己的资本和货币供给，作为达到其目的的手段，反过来则不正确。"新教伦理所倡导的节约时间、敬业乐群、节俭和禁欲等品格对于造就资本主义具有决定性的价值。[①] 研究表明，日本的民族精神及儒家文化伦理是日本成为二战后世界经济发展奇迹的支撑。

城市社会创新中的文化创新、观念创新形成创新文化。如美国纽约的城市精神被概括为：高度的民族融合、文化宽容精神；永无止息的创新精神；自强不息的竞争意识；处惊不乱的应变能力。"宽容、融合、扩张、整体性"，成为

---

① 韦伯. 新教伦理与资本主义精神 [M]. 成都：四川人民出版社，1986.

理解纽约城市精神的一个逻辑思路，而这正是纽约城市发展的重要基础。再如，巴黎市政府在1994年制定的《大规划》中提出"巴黎的发展目标是拥有历史古迹、艺术建筑和文化遗产的城市，同时也是充满活力、创造力和生机的城市。"其城市精神就是要成为世界时尚之都、浪漫之都、服饰之都、文化之都及欧洲经济之都。它不但向世界坦诚自己的城市特色及追求，而且也在这种城市精神中洋溢着巴黎，乃至整个法国的一种浪漫情调，具有持久的生命力。

美国经济学家弗里德曼认为，"不发达国家所需要的，是将千百万受愚昧习俗、传统所束缚的，并有能力、勤勉、精力充沛的人们的能量释放出来。这样的人民存在于每一个不发达国家之中。"① 市场经济需要的就是建立市场经济伦理基础，把国民的能量释放出来。

3. 制度与管理创新

制度与管理创新是社会创新的重要内容，同时又是其他社会创新的重要保障。

2002年杨小凯教授与林毅夫教授之间关于"后发优势与后发劣势"的争论，极大地拓展了关于中国竞争力发展的理论思维与政策取向的范围及其路径。杨小凯在北京发表题为《后发劣势》的主题讲演中指出：落后国家有很多东西可以模仿发达国家，而模仿有技术模仿和制度模仿两种主要形式；发展中国家模仿发达国家的技术易而模仿发达国家制度难，因此总是倾向于模仿发达国家的技术而不是制度；这种"路径依赖"可以使发展中国家获得短期内经济快速增长，但同时也会强化制度模仿的惰性并从而给长期发展留下隐患，甚至使得长期发展变得不可能。由此他推导认为，发展中国家不仅有后发优势，后发劣势也是一种发展基因和偏向。他认为经济增长最重要的是一种制度上的协调问题，其中产权是核心。产权要受到很多其他制度的影响，其中最重要的就是国家（政府）。林毅夫则认为，一个后发国家并非要先实现英、美宪政体制改革才可以避免后发劣势。一个发展中国家加速经济发展的关键在于发展战略：如果政府的政策诱导企业在发展的每一个阶段，都充分利用要素禀赋结构所决定的比较优势来选择产业，那么，后发优势就能充分发挥，要素禀赋结构能够得到快速的提升，产业结构就会稳步向发达国家接近；反之，如果试图赶超，经济中就会有各种扭曲和寻租行为，结果会欲速则不达——不仅不能实现后发优势，还将必然伴随各种制度扭曲即所谓后发劣势。由此可知，一方强调技术创新与制度创新结合才能避免后发优势，另一方面强调技术创新与发展战略配套可以

---

① 弗里德曼. 资本主义与自由 [M]. 北京：商务印书馆，1986.

避免后发劣势。

韦伯认为，构成理性资本主义也就是资本主义市场经济的可预见性的条件包括：①所有的生产手段都是私人专有的，并处在企业家的集中控制之下；②劳动力必须是自由的，能在需求条件的指引下流动到任何一个工作位置上；③市场中的交易不能受到非理性因素的限制；④在司法和公共行政中必须存在着可计算的法律。一般地说，在传统社会中非常缺乏发展市场经济的这四个因素，发展市场经济必须清除各种阻碍因素，从而使经济资源的自由流动和转让成为可能，形成支撑大规模市场的制度性结构。①

四、城市社会创新系统的运行和扩散系统

1. 城市社会创新系统的运行和扩散过程

城市社会创新的扩散常常显示出一个连续的并且是慢速的过程，而且创新扩散最终决定经济发展和社会进步。创新的真正意义和实际价值，不在于创新本身而在于创新的扩散。城市社会创新扩散是指技术创新通过一种或几种渠道在社会系统的各成员或组织之间随时间传播，并推广应用的过程。创新技术作为一种新的事物被引入到一个原本稳定的社会系统中，必然会引起某种不稳定或不确定性，即对故有秩序和结构会造成一定的冲击，有引起某种秩序调整以重新达到平衡的潜在要求。同样地，技术创新的扩散是每个潜在用户基于社会网络进行决策的总和，使得原本稳定的社会网络系统从不平衡到达另一种平衡的过程。对于创新扩散来讲，社会系统就是从原来稳定结构向另一种稳定结构转变的过程。

城市社会创新系统的运行和扩散过程存在多种理论。希克斯认为要素稀缺诱导创新。希克斯1932年出版的《工资理论》中认为，过去的创新主要是节省劳动的创新，创新的方向与生产要素相对价格的变化有关，创新分为引致创新和自主创新，要素稀缺引致创新。

罗森堡认为技术发展不平衡、生产环节的不确定性、资源供给的不确定性是三个典型的诱导创新机制，是生产进一步发展的障碍。每一次创新都会造成新的瓶颈，诱导人们再创新。

克莱因和罗森堡提出创新的"链环—回路模型"中有五条创新路径，科学不再是创新的初始点，而是创新主链各节点上都需要的东西。科学引致根本性

---

① 李桂平. 论市场经济秩序的伦理建构［J］. 长沙铁道学院学报（社会科学版），2002（1）；论市场经济秩序的伦理建构［J］. 人大复印资料（伦理学），2002（6）.

的创新，创新又能推动科学。技术创新过程的传统线性模型是技术创新过程是从基础科学—应用科学—制造—销售。但是科学和技术创新之间存在复杂的关系，技术创新过程具有相当大的不确定性、随机性、复杂性，技术有自己的独立性，技术进步对科学活动的安排有着重要的引导作用。科学进展并非是技术创新的必要前提，相反在很大程度上它受创新活动的制约。

沃尔什等人研究的结论认为，科学、技术、生产的关联是复杂的、互动的、多方向的，主要的驱动力因时间不同、产业不同而不同。莫厄里和罗森堡强调创新上技术和市场需求的共同作用，需求决定创新的报酬，技术决定成功的可能性及成本。

技术创新是一个动态的学习过程。学习贯穿整个技术创新过程，阿罗干中学相应不同的技术创新阶段，有不同形式的学习，获得知识的学习—新产品设计中的学习—生产活动中的学习—由熟悉生产过程、改善生产过程本身的学习。罗森堡强调"从用中学"。强调用户重要、创新人员了解技术创新过程重要、人力资本重要。

2. 城市社会创新系统的扩散机制

城市社会创新本身有一个惯性发展的过程，而技术创新的社会实现引发一系列社会创新，社会创新有一个空间传递、采用并伴随改进的过程。

城市社会创新系统的创新扩散是创新成果通过市场及非市场渠道的传播，使创新成果从发源地向外进行空间和时间的传播、转移，或被其他地域或成员通过合法手段采用的过程，实现商品化、产业化、主体化、制度化、文化化等的活动，它既是城市创新系统运行的后续子过程，又是一个技术、制度与经济结合的运动过程。实质上城市社会创新扩散就是创新成果向社会系统输出并与社会经济相结合的过程。

创新成果商品化是创新为社会提供有效服务得到社会承认的过程，社会承认诱导社会需求，加速社会创新的运行和扩散。创新成果的产业化是在创新成果商品化的基础上进一步集群和大规模生产的过程。创新成果的主体化是通过创新成果的扩散影响人们的思想观念、生活方式、行为习惯的过程。商品化、产业化是创新成果的经济化过程，主体化、制度化、文化化是创新成果的社会化过程。城市社会创新的运行和扩散过程就是观念与文化创新影响知识与技术创新，知识与技术创新影响制度与管理创新，制度与管理创新又引起观念与文化创新的过程。

影响创新成果扩散的速度和效率的因素不仅有创新成果的适用性，而且包括创新扩散的社会环境和资源环境。社会环境包括扩散源和吸收地的开放度、产业结构、管理水平、政策法规。资源环境包括自然资源、人力资源以及交通、通讯条件等。

知识和技术创新对城市制度与管理创新、观念与文化创新的影响主要从两个方面推展：一是技术创新直接引发企业组织形式、管理理论与方法的变革，从而促进企业制度、经济运行规则以及经济管理体制的变迁；二是技术创新直接或间接引发人们价值观念、伦理规范、道德观念、风俗习惯和意识形态等的变迁，进而引发人们改变对技术进步、资源利用、环境保护、发展的可持续性等的认识和行为。制度与管理创新是经济生活中内生变量的核心，经济生活中的一切创新，都要依赖制度与管理创新予以保证和推动。制度与管理创新是城市经济增长的关键因素，是后发地区赶超先发地区的前提条件和原动力，后发地区可以通过合理有效的制度与管理创新，利用后发优势，促进区域或城市经济增长。社会创新提供、扩散技术创新能力，拓展技术创新空间。

制度是社会创新的一部分，制度对于创新的促进作用具体表现在：技术创新中社会制度、社会技术、社会能力是既定的关系，引导着人的活动方式及其创新取向。社会制度是行为的框架，规定着人的活动空间及其创新可能。社会制度是资源的导向，激励着人的活动效率及其创新频率。社会制度是历史的创造，它改变着人的活动路径及其创新态势。

创新是在宏观与微观、政治与经济、生产与生活领域发生的活动，凡是创新发生的领域都存在着一个社会经济制度环境；制度以不同的功能满足着创新活动的需要。舒尔茨（T. W. Shultz）认为，为经济提供服务的制度包括：（1）用于降低交易费用的制度（如货币，期货市场）；（2）用于影响生产要素的所有者之间配置风险的制度（如合约，分成制，合作社，公司，保险，公共社会安全计划）；（3）用于提供职能组织与个人收入之间联系的制度（如财产，包括继承法，资历和劳动者的其他权力）；（4）用于确立公共品和服务的生产与分配的框架制度（如高速公路，飞机场，学校和农业试验站）。把资源投入发明与创新活动之中，引导资源流向更有效率的区域或产业，从而推动经济增长。

知识和技术创新存量规定了人们活动的上限，但它们本身并不能决定在这种限度内人类如何取得成功。政治和经济组织的结构决定着一个经济的实绩及知识和技术创新存量的增长率。人类发展中的合作与竞争形式以及组织人类活动的规则引导和确定了经济活动的激励与非激励系统。

3. 城市社会创新系统的动力系统

国外已提出 N–R 模式，技术推动—市场拉动综合作用模式，技术规范—技术轨道模式。如图 7–4 所示，城市社会创新的动力来自政府、市场、企业和科学技术的突破。政府通过制定政策和规则引导激励社会创新。例如各国政府为了支持社会创新，采取政府直接资助、税收减免、信贷优惠、政府采购、直接组织参与、制定法规等方法支持和鼓励。政府已经全面介入知识与技术的生产、扩散和应用全过程之中。市场需求与变动对社会创新活动的方向和方式起着直接的拉动和导向作用。市场通过价格引导资源配置激励社会创新，企业和组织的创新无一不是适应市场需求的创新。企业通过内部组织和资金促进创新，科学技术突破会引起一系列社会创新。科学技术首先是影响创新主体及其要素的内在素质和水平，其次是影响创新规模、质量和效率以及创新环境，从而推动社会创新。按照柳卸林创新经济学的理论，技术创新的激励来自产权制度激励、市场激励、企业激励、政府激励，这些同样适用于社会创新系统。产权激励是通过确立社会创新与利益及所有权关系来推动的；市场激励是通过市场力量推动的；企业激励是企业内部推动的；政府激励是以公共政策从外部推动的。加上科学技术促进社会创新本身的突破，动力体系互相作用，构成了一个社会创新的激励约束系统。

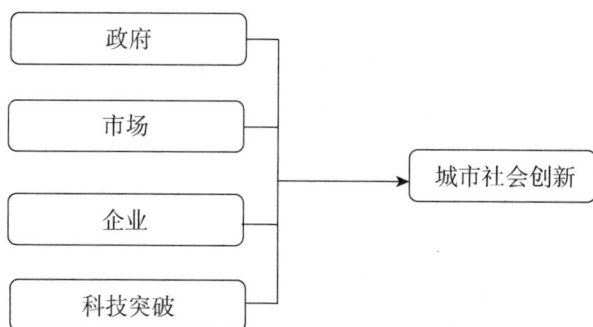

图7-4　城市社会创新的动力系统模型

4. 城市社会创新系统运行和扩散中的参与模式

全球化时代决定城市未来的是城市竞争力，而城市竞争力又取决于城市政府管治水平。城市竞争力依赖于城市如何组合各种创新要素和力量，而城市要素有效组合的关键是城市治理模式。城市发展模式的思维和范式越来越关注社会凝聚、融合和利益相关者的参与，因此很多国家采用参与式城市管治模式。参与式城市管治就是政府主要发挥促进者和管理者作用，城市公共服务更多依靠公民、社区和私人部门。在发达国家中，有因为缺乏竞争力而变得贫困的城市和地区；在发展中国家也有新兴的城市和地区因富有竞争力而变得繁荣（张庭伟，2000）。同样，在城市内部（各区之间），那些仅用于促进某一个区经济发展的竞争政策，往往并不能推动整个城市的增长（Bramezza，1996）。城市激烈竞争的受益者不应该是城市的单独某一个方面，而应该是整个城市社区。因此，城市竞争政策应把目标定位于提高城市内部的竞争参与者的整体福利。

（1）城市社会创新中的政府。城市政府能够在有些领域有效地发挥作用，利用区域整合的力量。城市发展中要形成一个创造环境以政府为主导、经济合作以企业为主体、要素流动以市场为基础的政府市场关系，实现区域经济的良性发展、长久循环。政府主要为合作活动制定有效的合作规则，为企业间合作搭建各种合作平台，减少信息不对称。政府强化软环境治理。政府通过政府效率、区域战略、公共私人部门合作、制度弹性来增加竞争优势。地方政府与民族国家相比有更多的灵活性和游刃的空间，也是推动城市区域不同社会文化整合的积极力量。城市政府强调政府行政、诚信、效率和服务是提高政府服务高效能中最重要的方面，将营造良好的政策环境、政务环境、法制环境、舆论环境、人文环境、社会环境。例如深化行政审批制度改革，简化投资项目审批手续，最大限度地放宽投资领域，为企业服务，目的是构建一个良好的有吸引力的投资环境。

城市发展要求政府进一步搞好硬环境建设。政府通过提供基础条件和基础设施来提高经济效率和竞争力。城市竞争力依赖高素质和有效率的人力资源，而人力资源的效率依赖于强有力的教育体系、良好的公共交通、适合居住的住房、有效的急救服务和有活力的文化娱乐资源。搞好硬环境建设，完善城市功能将有利于成为项目落户的首选地。

城市政府需要制订详细的符合实际的、具有发展眼光的、具有可操作性的规划。城市政府必须评估和整合资源能力，从而确定重点产业、重点企业、重点区域的发展，制订发展规划。①

（2）城市社会创新中的非政府组织。相对于第一部门（政府）、第二部门（商业企业），国际上将非营利部门、非政府组织和私人自愿性组织统称为第三部门。第三部门提供各种社会服务，促进基层经济发展，阻止环境退化和保护公民权利等方面发挥着重要的作用。主要的功能体现在：首先，非政府组织能够深入民间，凝聚社会资本，构建自组织网络，提高治理绩效。其次，非政府组织可以有效介入公共事务的服务与治理层面，以服务与治理行为为纽带整合社会相关阶层的利益要求，在政府与市场之外发挥其独特的作用。再次，非政

---

① 李桂平. 湖南：政府推动融入泛珠三角经济合作 [N]. 人民日报，2004 - 10 - 24 (23).

府组织的活动能有效地促进民主，塑造参与型的公民文化。非政府组织大量涌现需具备一个基本前提，即有一个崇尚宽容、对话与合作的现代民主政府。反过来，非政府组织也能积极地推动一国政治民主化的进展。最后，非政府组织在协助政府探寻新型的合作路径方面发挥着重要作用。

（3）城市社会创新中的城市社区。社区建设是城市现代化的关键，社会创新要求公共部门、城市社区和私人部门密切配合，共同治理城市。参与式治理模式要求从制度层面合理规约政府组织与非政府组织的治理边界，从而使政府组织与非政府组织的合作伙伴关系建立在坚实的基础之上。

5. 城市社会创新运行和扩散中的社会网络

研究发现，成功的创新具有以下特点：各部门之间可以实现思想、技术与人员的自由交流。社会网络是经济组织的新形式。社会网络是企业间以经济交流为基础，包括文化、技术、制度、政治各方面的交流。在这种合作基础上形成的网络会比市场稳定，比等级组织灵活，因而被认为是一种有效的组织方式。产业组织在等级形式和纯市场形式之外，还存在第三种组织形式——网络形式。

城市社会创新运行和扩散中的社会网络主要是借助产业集群实现的，产业集群的社会网络在知识传播方面具有市场无法比拟的优越性。创新主体借由信赖关系的建立、物流、金流与信息流互通有无显得格外重要。互相密切联系的个体之间通常会更快、更多地共享信息和知识，个体拥有的社会网络是信息和信任不断累积的结果，代表着一种重要的资源。

综上分析可看出，正是产业集群这一特殊的创新系统内各创新机构之间广泛的协调与合作，及处于集群中的各种要素如知识、信息、人员的大规模、大范的流动，全面激活了集群企业创新的动力和提高了创新的速度和效率，保障其源源不断地产生动态的竞争优势，促成了集群经济在世界范围内的发展和繁荣。

产业集群较好地解决了因分工内生演进所造成的专业化经济与交易费用之间的两难选择，提供了一种有效率的交易层系、市场结构和制度安排。产业集群的空间集聚促进知识、制度和技术的创新和扩散，实现产业和产品的更新换代。

产业集群一旦进入某一路径可能对这种路径产生依赖。沿着既定的路径，经济和政治制度的变化可能进入良性循环的轨道，迅速优化；也可能顺着原来错误路径往下滑，甚至被"锁定"在某种无效率的状态下而导致停滞。"总之，细小的事件和偶然的情况常常会把技术发展或是制度变迁引入特定的路径，而不同的路径会导致完全不同的结果"（诺斯）。

第三节　城市社会创新系统的环境

城市社会创新系统是在社会环境的刺激与约束下运行的，环境因素通过激励与约束影响城市社会创新。

社会环境对城市社会创新的影响表现在几个方面。经济体制决定创新系统的要素及创新系统的运行方式；社会发展水平决定城市社会创新的形式、内容和方向；社会制度接受和排斥社会创新的成果；文化教育塑造创新主体。城市社会创新对社会环境的作用主要是影响社会物质发展、制度发展和文化发展。

城市社会创新是科学技术、经济、社会的整合过程。它一方面是市场经济推动的结果，需要有适宜的市场经济体制环境和市场机制与之相契合；另一方面，也是通过对生产条件、要素和组织的创新，建立起配置合理的生产经营系统。因此，企业创新会引发一系列新要求，使企业在发展中进一步将技术创新活动、社会创新活动由技术层面扩展到管理、营销、发展战略乃至整个企业运作理念，从而把技术创新作为企业生存与发展的灵魂和根本所在。因此，企业的创新机制应构建在与市场机制相适应的企业新体制的平台上。最后，为了推进作为系统工程的企业技术创新，就企业而言，必须在企业运作机制的各个层面上进行创新，如决策机制创新、资产运营管理机制创新、人才机制创新等。

城市创新系统中的各种创新来自创新系统内部的不协调，是创新系统内技术、知识、制度、服务的不协调。城市创新系统是在"不协调—协调—不协调"的过程中螺旋式上升和发展的。

城市社会创新环境与一般事物的环境不同，其环境要素及其构成更多地体现在是否有益于产业集群的创新要求，这种环境称为创新环境。创新环境是能够持续创造协同作用的条件，并与生产过程的社会的、行政的、组织的、经济的和地域的结构结合起来。它表明实现产业集群需要广泛的社会协作，城市社会创新的使命就在于保证城市能够持续发挥各种协同要素之间的协同作用，并使之达到整体功能，为科研机构和企业的技术创新创造良好的环境条件。

城市社会创新系统的环境需要系统整合。对创新环境的系统整合，是对城市创新活动密切相关的环境要素进行整合，通过整合去谋求城市创新环境实现新的动态均衡。创新活动与创新环境之间始终存在着一种互动关系，且在动态变化之中，其中不均衡是绝对的，而均衡量相对的。在这种动态变化中，二者关系始终处于均衡→不均衡→新的均衡→新的不均衡的循环之中，而每一循环不是简单的重复而是不断向上发展和不断向更为和谐方向发展。

城市社会创新系统的环境需要全面调整其结构和功能。城市社会创新系统的环境整合的实现途径包括以下几个方面。

（1）从关联要素的相互联系中去把握创新环境的优化问题。就区域的硬环境与软环境而言，应在软、硬环境的结合上去谋求整体优化，而不能顾此失彼；应增强区域的自然地理环境、经济环境和社会环境的协同效应，发挥它们的协同作用；把观念与文化创新作为其他创新的先导，而解放思想、实现观念与文化创新的目的，在于带动城市的制度创新、知识创新、技术创新、管理创新等。为此，城市建设应不断解放思想，为真正实现观念与文化创新创造一种氛围，要从思想到行动上支持和鼓励创新，让创新思想在城市畅通无阻，使创新真正成为城市区域每个组织、每个企业、每个人的自觉行动。

（2）从关联要素出发去考虑环境结构的优化问题。从系统科学的观点分析，创新环境的结构决定着其整体性质和功能。所谓的结构是指构成创新环境要素的排列组合方式。通常相同的系统要素有不同的组合和结构方式，创新环境的系统结构要从环境系统的整体出发，谋求系统的整体化。为此，对创新环境的要素进行不同方式的组合，必须从城市的特点和优势出发，从中寻找一种最优的组合方式，并在结构分析的基础上，确定城市创新环境的结构形式。

（3）依据结构与功能的关系来把握创新环境与创新活动的互动关系，进而从结构与功能的关系上对创新环境的功能进行调整。

第四节　城市社会创新系统的支撑系统

教育科研机构、技术交易市场、创业中心、创业投资和中介服务机构网络等是城市社会创新系统的重要组成部分，它们的基本功能如下。

大学和科研机构的科学研究与技术创新，特别是应用性的开发研究，是城市社会创新系统的基础力量，能为城市创新系统提供源源不断的科技成果，形成资源储备。

技术交易市场是科技成果实现市场化、商品化的重要渠道，包含三个层次：技术成果交易市场、技术产品交易市场和技术企业产权交易市场。创业中心（又称孵化器），是提供创业服务，或利用自有资金进行创业投资，扶持高新技术企业的创立和发展的社会服务机构。

创业投资（又称风险投资），是由专业投资机构在自担风险的条件下，吸收各种投资者的资金，通过科学评估和严格筛选，向有潜在发展前景的产业、公司、项目、产品提供资本金、经营管理及其他方面的支持，并运用科学管理的方式，增加风险资本的附加值。

中介服务机构是为企业和政府提供金融、法律、会计、管理、咨询等方面服务的专业性机构，它们构成一个社会性的服务网络，可以实现社会信息、智力资源共享，是创业企业更加低成本、规范化运作的保证。城市社会创新系统应是以五个支点有机的结合，系统的核心是创业中心。根据创新理论，科研对技术创新的推动作用和交易市场对技术需求的拉动作用，构成了创新的动力，是城市社会创新系统中各个创新要素互动的推动力。然而，创业中心、创业投资基金和中介服务机构是项目诞生和企业创生的基地，在城市社会创新系统构筑中扮演着极为重要的角色。

城市是高新技术衍生与传播的发源地、高新技术企业的集聚地和所有现代产业的诞生地。一个城市的产业集群优势，才真正代表了一个城市的特色和地位。技术创新的社会实现形式体现在高新技术企业的产生过程之中，而创新系统的功效就在于实现和促进这种创业行为。以技术创新推动产业结构升级优化要求一种以制度创新为核心的社会结构的变迁，一方面要求进行与新技术范式相匹配的制度变革；另一方面，要求实现随着产业创新而渐次发生的文化转型。因此，城市竞争力是以产业集群为核心的技术创新与社会发展互动的过程。

城市社会创新的支撑系统一是产业集群的创新支撑。相关产业的表现与能力，自然会带动上、下游的创新和国际化。供应商是产品创新与升级过程中不可缺少的一环，产业若要形成竞争优势，必须与之维持紧密的合作关系。"在这种合作关系中，一方面供应商会协助企业认知新方法、新机会和新技术的应用；另一方面，企业则提供供应商新点子、新信息和市场视野，带动供应商自我创新，努力发展新技术，并培养新产品研发的环境。企业和供应商之间的交集与共同解决问题的关系，也会使它们更快、更有效率地克服困难。"（迈克尔·波特，2002）二是知识与技术生产机构的创新支撑。企业集群的发展壮大吸引了大量提供研究开发和技术支持的机构，如学校、科研单位、管理咨询机构、培训教育组织、技术开发机构、行业协会等。这些机构加强技术的研发、交流和扩散，为企业创新提供了广泛的机会，又便于企业人员的学习提高，有利于知识和信息的传播和积累，有力地支撑了集群企业的创新。（吴宣恭，2002）三是中介服务的创新支撑。城市社会创新系统的支撑系统关键是建立市场创新、金融创新支持，完善中介服务。

一、科技产业化中的市场创新支持①

（一）科技产业化中的市场创新是一个科学技术、经济与社会整合的过程

科技产业化包括技术开发→产品开发→生产能力开发→市场开发的过程，必须具备市场需求规模、基础产业、要素投入能力、技术成熟等条件，发展的动力主要来自科学技术、政府、市场、企业，但是市场创新与社会的整合是其中关键的一个因素。

1. 市场创新是科学技术与经济的结合

市场创新既可能是独立的市场创新，也可能是技术创新过程中的市场创新。不管哪种市场创新都意味着改变现有的市场供求状况、水平、要素及其关系。采用新技术和开发新产品是市场创新的主要实现形式和有效途径。科技产业化过程中的市场创新是技术创新的实现，这两种创新的完成，涉及科学技术到生产领域再到消费领域，包括了科学、技术、组织、金融和商业的活动。市场创新虽然在产品性能和质量上无根本变化，但因采取了新的营销方式或使产品进入新的市场领域，使用户得到新的满足，是产品延伸层的变革，促进了技术创新的扩散，推动了科技产业化的深化。

2. 市场创新是科学技术与经济、社会的整合

科技产业化的理论与实践证明，创新是不同主体和机构间复杂的相互作用的结果，是系统内部各要素之间的互相作用和反馈的结果，市场创新也存在其行为主体、关系网络和运行机制。

从市场创新来说，市场创新不仅是一种经济行为和过程，而且是一种社会运行和整合过程。市场创新就是要实现各种新的市场要素的商品化与市场化，市场化的本质就是社会化，所以市场创新必然涉及市场主体、市场客体、市场关系、市场行为等一系列相关的因素。进入市场本身就是一个创新过程。市场可以消除技术创新的不确定性，市场能自动地使企业、个人冒创新风险，为创新提供动力。市场把创新成功与否的裁决权交与消费者，这既达到使创新服务于消费者的目的，又达到引导创新的目的。市场通过竞争迫使企业不断地进行创新。市场机制有助于培养创新的载体——企业家②。由此可知，技术创新与市场结构、制度变革有着密切的联系。

① 李桂平. 我国科技产业化中的市场创新——一种经济社会学的分析 ［J］. 中南大学
（社会科学学报），2003（5）.

② 柳卸林. 技术创新经济学 ［M］. 北京：中国经济出版社，1993.

从技术创新来说，推动技术创新的不仅有科学技术力量，而且有非科学技术力量。依靠非技术创新因素，即制度创新和市场创新，可以弥补技术创新能力的不足，技术创新、市场创新的累积会推动制度创新，而制度创新也会为技术创新、市场创新提供有利的制度环境，技术创新、市场创新、制度创新相互作用，推动经济增长。

从社会系统方面来说，帕森斯的社会系统理论认为，经济是一种特殊的社会系统。社会系统要取得生存与发展必须满足四个功能性必要条件，即适应功能、目标实现功能、整合功能和模式维持功能。① 科技产业化中的市场创新是一个经济系统，它作为一种社会系统具有这种系统的全部属性，具有一个共同的价值系统、体制结构：适应、目标实现、统一和模式维持过程。经济承诺、生产—分配、资本筹集和企业家是作为系统的经济分化的四个首要功能基础。因此市场创新的社会系统是否健全，影响着科技产业化的行为、系统、规模和进程，是科技产业化的重要变量。

（二）我国科技产业化过程中市场创新与社会经济系统的失衡

我国的市场创新存在着多方面的障碍，它们既可能来自于企业内部，也可能来自企业外部，以及各种与市场创新目标不相适应的环境因素。凡是与市场创新目标相冲突的各种政治、法律、社会、经济、文化、技术等因素，都可能成为市场创新的阻力。

市场创新本身是一个经济系统，作为社会系统的经济系统内部也分别按四个基本的功能方向发生分化，包括资本化和投资系统满足经济的适应功能，获取资金。生产子系统使经济目标得以实现，组织子系统承担经济的整合功能，企业家在其中承担组织、调整生产诸要素的作用，经济承诺系统保证经济系统的模式维持。我国的市场创新存在系统方面的缺陷，主要有经济系统内部的失衡和经济系统与社会系统的失衡。

1. 资本化和投资子系统与市场创新的失衡，不利于社会资源的运用

市场创新是实现各种新市场要素的商品化与市场化的进程。要进行市场创新必须在市场开发活动中引入新的科学原理、技术发明、市场概念、市场组织、市场服务或市场要素，实现市场要素的市场化。创新者必须进行大量的市场开发投资。而且由于市场需求的复杂多变以及生产、技术、市场的不确定性，市场创新存在较大的不确定性和风险性，因此新技术（新产品）推广过程中需要

---

① 帕森斯，斯梅尔瑟. 经济与社会［M］. 北京：华夏出版社，1998.

大量的资本支持。一般来说，市场创新投资呈"金字塔"形不断扩大，随着市场的开发和成长，所需投入的成本也不断增加。发达国家在科研开发、试产、批量生产之间投入资金的比例为1：10：100，而我国投入资金比例为1：1：10，资金严重不足，结构不合理，不能适应市场创新和科技产业化的要求，影响社会资源的运用。

2. 生产、组织子系统与市场创新的失衡，不利于形成企业的持续竞争优势

企业的市场创新中存在市场战略与消费需求的脱节，主要表现为以下方面。

（1）市场创新的环境研究欠缺。科技产业化是技术与市场的结合，科学技术作为根本的、发展着的知识基础和市场的需求结构，二者在创新中以一种互动的方式起着重要作用。科学技术与市场的互动包括科学技术对产业结构的影响，市场需求的变化及竞争形势等内容。科学技术促进工业化的发展，其产业结构的变化是通过收入提高导致要求结构的变动、生产率上升率不均等增长及国际贸易的促动来达到的。科技产业化会激起顾客新的需求，从而推动产品更新换代发展新产品，淘汰老产品，甚至导致整个产业结构的改变。

企业所面临的一个直接环境因素就是企业所在的行业。一个行业中的竞争，存在五种基本的竞争力量，即潜在的加入者、代用品的威胁、购买者的讨价还价能力、供应者的讨价还价能力以及现有竞争者间的抗衡。这五种竞争力量共同决定行业竞争的强度和获利能力。这些因素直接影响企业市场创新的策略和效果。

（2）市场创新战略模式落后。面对不确定的技术变革模式和市场竞争环境，高新技术企业很难准确定位，容易迷失发展方向，出现企业战略上的不确定性。战略多变、目光短浅、不断更新造成对现有利润的侵蚀等是常见的现象，不能使技术优势成功转化为市场优势。科技产业化资金密集、投入集中，是一种高要素投入的产业，先进的产业要求先进的市场方法与之相配合，使这些要素相互影响和制约，在相互作用中实现整体功能，由此促进产业化的均衡和良性循环。市场创新涉及不同产品生命周期，运用产品、价格、分销、促销的不同组合，涉及不同的产业、不同的企业运用不同的营销策略。

（3）企业的市场创新能力没有构成企业可持续竞争优势的源泉，即市场创新战略的组织不能适应环境和战略的要求。

企业的竞争优势是在企业拥有的资源和能力的基础之上建立起来的，可持续的竞争优势与资源和能力的稀缺性、关联性、持久性、灵活性及难以模仿性密切相关。可持续竞争优势依赖于独特的资源和能力，企业把这些资源和能力应用于环境竞争中，为了发现这些资源和能力，企业管理层必须从企业内部寻

求有价值的、稀缺的、模仿成本高的资源，然后经由企业组织开发利用这些资源。① 我国企业的市场创新是企业战略管理的薄弱环节，没有形成资源和能力的特有的方面。

3. 市场创新与文化价值系统的失衡，不利于市场创新的制度化

文化价值因素对经济活动的重要影响，按照帕森斯的社会系统"控制论层系"中，文化系统处于最高层次，经济系统处于最低层次，文化与经济之间存在着信息与能量的输入与输出的交互作用。在许多情况下，文化系统对经济系统的影响是通过社会和政治系统进行的，即文化系统对社会、政治系统的作用主要体现在向社会、政治系统提供必要的价值体系，促使社会、政治系统发挥整合的作用，促进经济正常运行和发展。文化价值系统还通过向经济生活中的个人提供"内化价值"以激励其经济行动、价值体系内化为个人的个性，能够产生经济成就的高动机。② 我国市场创新与文化价值系统的失衡主要表现在两方面。

（1）社会文化价值体系对市场创新活动的评价。产业形成规模与生产能力开发要有一段时间，且由于市场本身的不确定性，在其导入初期往往会出现一定的市场沉默期和反复性，市场创新与市场规模和效益形成存在一定的时滞。市场形成规模和效益过程中往往受多种因素的影响。

①社会接受过程形成的时滞。市场创新过程中存在观念不接受或者存在社会压力的风险，使市场创新的产品不会成为消费时尚和主流。

②市场创新中消费配套形成的时滞。开拓创新中由于消费配套差，单个创新难以接受。

③市场创新效果的外溢性。市场创新与技术创新一样存在私人收益率与社会效益率的差别，由于市场开发效果具有一定的延时期和外溢性，存在创新风险，使创新不能及时得到回报或者回报被别人夺去。

④市场创新的时滞与风险资本的要求相矛盾。市场创新时间长而风险资本要求见效快。以上因素的影响导致市场主体难以追求市场创新利益，社会文化价值体系评价不明确。

（2）企业文化对企业市场创新的认同和企业经营管理实践的功效。克罗福特认为："现代组织（不论是企业、学校、政府还是其他组织）都存在一种通

---

① 王方华，等. 企业战略管理［M］. 上海：复旦大学出版社，2002.
② 帕森斯，斯梅尔瑟. 经济与社会［M］. 北京：华夏出版社，1998.

病——'创新恐惧症'，其实质就是害怕变革。"① 人们拒绝市场创新的主要原因在于：第一，保持既得利益以免遭受创新的威胁；第二，不愿花费大量投资来进行市场创新；第三，试图保存现有的生活方式和工作方式不变；第四，组织内部反对创新。②

（三）构建科技产业化的市场创新与社会系统的协调均衡

科技产业化的市场创新与社会系统的协调均衡主要包括投资、生产组织、文化价值等系统的均衡。

1. 建立市场创新风险资本，健全市场创新的投资系统

市场创新是一个投入产出过程，投入的要素有自然资源、资本、劳动力等，要使产出最大，必须满足要素均衡及最优组合，其中资本起着决定性作用。促进市场创新要素均衡必须健全投资系统并发挥它的功能作用。

（1）按照市场创新过程的资本要求，我国要集中扶植面向已实现商品化的技术创新，增加对技术转移和扩散的金融支持。这些技术创新已消除了技术和生产上的不确定性，加大投资，可增加收益以弥补原有的投资成本。这要求对科技产业化中的产业进行重点选择。

（2）要吸引海外资本、民间资本，逐步建立多方投资、实力雄厚、分摊风险的风险投资公司。投资来源多样化能扩大资本总量，有利于分散风险，消除国家投资的局限性。

（3）要加大风险资本对市场创新的投入或者建立专业的市场创新风险投资。风险资本在科技产业化中培养了高科技企业的成长，它的功能是银行等传统金融机构所不能替代的；风险资本也促进了经济结构的调整和产业结构的升级，风险资本还优化了资源配置。建立风险投资体制需要完善资本市场，培育和发展风险投资中介服务机构，加快风险投资的融资机制、运行机制和退出机制建设。③

（4）市场创新的资本要素均衡，需要官、产、学、研、融在市场中实现协调。市场创新是一个投入产出过程，这个过程要实现要素的优化配置和有效使用，必须有一个市场经济的制度前提，使不同的市场主体在追求自身利益最大化中达到协调均衡。投资系统只是经济系统的一个部分。

---

① 克罗福特. 新产品管理学［M］. 成都：四川人民出版社，1988.
② 黄恒学. 市场创新［M］. 北京：清华大学出版社，1998.
③ 李桂平. 技术创新中的创业资本支持［J］. 湖南师范大学社会科学学报，2001（2）：47－50.

2. 促进市场创新的制度供给，健全市场创新的生产、组织系统

市场创新的最优化需要体制和政策的支持，使参与市场创新的各个生产、组织系统协调有效运作。促进市场创新的生产、组织系统均衡包括科学技术的组织、市场组织、政府组织和企业组织等。

（1）推动科技体制的市场改革，使科技系统与经济系统对接、技术系统与市场系统对接，使市场创新由滞后成为领先。

（2）建立企业市场创新机制，使创新主体、动力机制、信息机制、决策机制一起构成一个复杂有效的结构——功能体系，使市场创新成为企业内在的行为。其中关键是使企业成为市场创新的主体，即企业成为市场创新投资的主体、研究开发的主体、利益分配的主体。在企业战略管理中重视企业市场创新战略，培养企业的核心能力，使企业组织成为学习型系统，有利于企业成为市场创新的组织。

（3）健全市场中介机构，提供市场创新的服务和保障。首先是加强科技市场信息管理。建立面向企业的高效信息流通综合系统，集中发展电子图书馆，强化国内外科技信息资料的收集和供给，扩大企业创新合作范围，最大限度避免盲目性；大力发展科技咨询业，使之产业化、规模化；制定促进企业创新的产业政策和产业技术政策；定期开展技术供需调查。其次，建立科技保险事业。促使科技保险朝有序、有效的方向发展；使科技保险与风险投资有机地结合；尝试保险新领域，使之经常化、规模化。如科技项目全程保险、技术出口保险、新产品质量信誉保险、技术交易保险等。

（4）完善市场体系。首先是完善要素市场，特别是资本市场、技术市场，促使生产要素的市场流通与市场配置。市场创新过程是根据市场发展的实际需要来重新配置资源的进程，是生产要素引进、淘汰和重新配置的过程，是企业组织和产业结构的变化和重组的过程。因此搞活技术市场，需要扩充新技术创业保育中心。其次是完善技术市场规则，包括市场进出、市场交易及市场法规。只有创造公平竞争的市场环境，加强市场立法和监督，规范市场行为，才能使企业市场创新。

（5）健全国家创新体系并且运用财税等政策激励市场创新。知识的增长带来了技术的、经济的、社会的创新。国家要建立鼓励创新的产权制度。国家通过提供行政指导、信息服务、税收减免、融资支持、财政补贴、关税保护、出口退税等方式，诱导企业的市场创新。

3. 推动市场文化和企业文化发展，健全市场创新的文化价值系统

（1）促进市场创新的文化传播。加强市场教育，传播新的市场知识和市场

文化，更新消费观念，推动消费革命，这是市场创新的宏观的社会文化基础。社会接受创新、鼓励创新，有利于扩大社会的消费规模，提高消费水平。

（2）形成追求市场创新的企业观念和企业精神，这是市场创新的微观的企业文化基础。市场创新的理念要贯彻到企业的经营观念中，要落实到高层、中层及一般职工的价值观与行为方式中。

（3）形成勇于创新的企业家精神。企业家是推动市场创新的人格化代表。熊彼特的创新理论提出，创新是企业家的职能，如果未能抓住机会进行创新，是企业家的渎职行为。面对动态的竞争环境和行业技术的日新月异，企业维持竞争优势的关键在于创新和始终保持创业者精神。企业的市场创新是一个物质的投入—产出过程，也是一个文化的投入—产出过程，企业家的创新精神有助于企业整体的投入—产出循环，变为通畅顺达的企业群体的良性增值过程。

除此之外，还要进行市场创新的要素、行为、系统的均衡和整合，才能实现市场创新的总体均衡，因此要进行系统创新、整体创新。

总之，市场创新对科技产业化和经济发展的影响有赖于科学技术、经济与社会的整合，有赖于市场创新与社会系统的整合和均衡。

二、科技产业化中的创业资本支持①

高新科技产业化是世界竞争的制高点，又是知识经济的基础。发展和推进高新科技产业化将带来我国的经济增长和产业结构的升级换代，并创造一个庞大的劳动力就业市场。高新科技产业化，离不开技术创新和创业资本的支持。我国要构建自己的创业资本投资体系，也离不开技术创新与创业资本的良性互动。

创业资本是投资于未上市的、正处在发展中的、具有高成长性的新生中小型企业的资本。它是一种独具特色的资本运营方式，从融入资金、参股创业直到企业上市收回投资，自始至终都处在高风险中运营，并以排除风险和提高资本运作效率为特征。国外经济发展经验表明，创业资本推动技术创新的发展，技术创新又促进了创业资本的发展。创业资本最早产生于美国，随着高科技产业的不断壮大而发展。创业资本在知识经济社会中具有不可替代的功能，是"经济增长的发动机"。创业资本与技术创新的良好结合，为美国不断开拓出全球领先的产业，它们的结合是美国新经济、新文化的特征，硅谷就是这种新经

---

① 李桂平. 技术创新中的创业资本支持［J］. 湖南师范大学社会科学学报，2001（2）：47.

济新文化的中心。英国前首相撒切尔夫人曾经说："欧洲在高科技及其产业方面落后于美国，并不是由于欧洲的科技水平低下，而是由于欧洲在创业资本方面落后于美国十年。"① 美国有 90% 的高科技企业是按照创业资本模式发展起来的，它们构成 20 世纪 90 年代美国经济持续高速增长的重要源泉。从美国发展创业资本的过程来看，创业投资促进了其经济结构的调整和产业结构的升级。20 世纪 80 年代以前，创业资本主要投向以计算机技术为核心的硬件产业；20 世纪 80 年代以后，创业资本主要投向软件产业、生物工程、医疗保健、通信产业等。

1. 创业资本在我国高新科技产业化中具有以下功能

（1）创业资本培养了高科技企业的成长，它的功能是银行等传统金融机构所不能替代的。从世界各国创业资本的投资产业分布来看，虽然不同时期投资的产业重点有所不同，但创业资本大多是以投资高新科技产业为目标。这主要是因为高科技产业虽然有高风险，但也存在高收益，且创业投资机构对高新科技投资项目具有独特的专业判断能力。因此高科技产业的高成长性和高收益性吸引了创业投资。创业资本在参与管理及收益上与传统的银行业务不同，它在投资高科技企业时，要求在投入资本的同时，也参与企业的经营管理，辅导投资，它的收益是在企业上市或出售时以资本增值的方式来实现的。

（2）创业资本促进了经济结构的调整和产业结构的升级。从世界各国的发展经验来看，技术创新是经济发展的原动力，而技术创新有赖于科技成果的产业化和市场化。科技成果的产业化、市场化又离不开创业资本的支持。

（3）创业资本优化了资源配置。创业资本与银行资金、国债及股票等投资工具在投资方向上存在差别。银行资金"嫌贫爱富"，急需资金、收益率高的项目往往因为高风险而得不到贷款，而发展成熟、风险较小的企业容易成为银行追捧的对象。因此，银行在资源配置上存在逆向选择的问题。而创业资本的经营顺应了企业技术创新的过程，创业资本追求比股票、债券等投资工具更高的收益率，只有最具成长性的项目才能抵消创业资本的高风险和长期占用资金带来的成本。市场经济下，对利润最大化的追求，往往带来最佳的资源配置。因此，创业资本的特性决定了其大部分资源分配在科技含量高、成长性强的企业，带来了资源的优化配置。

（4）我国技术创新急需创业资本提供金融创新和支持。我国的技术创新现状表现为科技国际竞争力排名在后，落后于经济国际竞争力，而且出现连年下

---

① 倪正东，等.风险投资浪潮［M］.北京：光明日报出版社，1999：193.

降，企业科技投入比例不高，自主创新能力较弱状况。我国的 R&D 投入总量不足，这是我国技术创新的主要制约因素。2005 年我国 R&D 投入占 GDP 的比例大约为 1.35%，发达国家为 2.3% ~2.8%，发展中国家也达到 1.5%，我国远远低于世界平均水平。融资结构也存在不合理现象，发达国家在科研开发、试产、批量生产之间投入的资金比例为 1：10：100，我国投入资金比例为 1：1：10，资金严重不足，技术创新不能转化为现实生产力。根据国际经验，技术创新在投入阶段由于其高风险性，产品前景不明确，企业融资应以创业资本为主。企业规模小，资金积累十分薄弱，银行通常对技术创新初期不予贷款，政府财政也只是资金支持的一个方面，因此需要更多的创业投资企业和个人来参与高科技产业化。

我国要促进高新科技产业化，就要求创业资本大力支持，使创业资本推动技术创新，技术创新又推动创业资本。

2. 创业资本市场发展的环境建设

(1) 发展创业资本市场的三个要素。

技术、人才、资本是构成创业投资的三大重要因素，人才是最重要的因素，其中统一三种要素的关键是创业投资家。认识、发现是创业投资家进行创业投资的关键，他们除了重视企业的动力外，还须评估企业内部人的影响力和企业活动本身。创业投资的成功在于追求新概念，有了新概念、新思想就有新产品、新市场。技术和市场也是重要的要素。我国发展创业资本市场，必须培育三个要素的形成。

①发展新技术。有了新技术，才有新产品、新需要，才有新的市场机会。我国要发展高新技术一要促使技术创新机制的形成；二要评估新技术开发的可能性及盈利的可能性。

②造就专业人才。创业资本需要技术创新人才和经营人才。第一是要培育技术开发人才，提供技术持续发展的可能性；第二是培育新型的企业家和管理阶层，他们具有强烈的创新、求进、求富欲望和敢冒风险的精神。

③形成投资群体和畅通的投资渠道。第一是建立创业投资基金，提供一种追求长期收益的投资工具；第二是形成个人创业投资者。现实可行的办法是利用现有的股票市场，长远的渠道是形成私人渠道和私人合伙企业（民营合伙公司）等。

(2) 建设创业资本市场的环境。

①在法律保障上，一是修改法律。修订我国科学技术法与科技成果转化法时要加入创业投资的内容；在制定产业投资基金法时应包括创业投资基金在内；

在制定证券法时应考虑对支持高新技术企业上市的二板市场有所规定；公司法应有灵活的股权安排，使股权安排与期权安排相结合。二是立法。要制定我国的创业投资法和创业投资公司法。三是保护知识产权。对于一些一时不便立法或不需立法的事项用法规来进行规范，如制定创业投资基金的法规；制定对创业投资公司及创业企业进行工商登记注册的法规；制定规范二板证券市场秩序的法规。在政策鼓励方面，税收方面实行减免税，初期免税，正常发挥效益时减税。可参照国际惯例，允许创业投资公司按有限合伙的方式组成，不需交纳公司税，只交纳个人所得税；对创业企业的所得税实行"三免两减半"，允许创业者持股及退资等。利率方面实行优惠，给创业投资企业低息或无息贷款。政府可向创业投资基金、创业企业投资提供信用担保，对投资者的经济风险予以保险。放宽对创业投资企业的行政管理，加大自由度，增加投资积极性。

②加快创业投资的体制建设。一是完善资本市场。首先是建立创业资本市场。直接向社会公开发行并上市流通的创业投资基金，这样既吸引了闲散资金，也有利于投资者获得高效益；也可设立境外中国创业投资基金。其次是培养证券市场。模仿吸收美国的成功经验和模式，设立二板市场；现有主板市场设立高科技板块，推动科技成果的产业化；稳步发展企业债券市场，发行高科技企业的可转换公司债券；对业绩较差的上市公司，利用资产重组、吸引高科技含量来改造这些公司；尝试对有发展前景的民营科技公司采取股份公司形式在本地区发行股票。二是培育和发展创业投资中介服务机构。创业投资是个特殊的经济活动领域，它需要经济体系中某些既有的中介机构，如律师事务所、会计师事务所、资产评估事务所、投融资咨询公司、项目评估公司、信用评级公司、商业银行、投资银行、券商等为它服务，还要求针对创业投资的特殊中介机构，为创业资本的完全、高效运转服务。我国应加快技术市场建设，成立专家咨询委员会、经营管理委员会等中介机构，形成高效、便捷、畅通的创业投资信息网络；并通过与因特网联网，使供求双方及时了解国内外最新技术成果、专利技术和技术市场行情，既为风险企业创业者寻求对路的资金渠道，又为创业投资者提供备选的投资项目，使资金流向更趋合理，产生更大的经济效益。特别要发展科技成果鉴定、项目评估、法律与财务咨询等中介业务。三是健全国家创新体系，形成一个由国家的公共和私有部门组成的组织和网络，创造、扩散和使用新的知识和技术，提高综合国力。

③加快创业投资机制的建设。创业投资机制包括融资机制、运作机制和退出机制。我国创业投资公司的融资基本上是靠财政拨款或银行贷款，社会化程度低，这不是真正意义上的创业资本。创业资本的本质是一种权益资本而不是

借贷资本。目前我国居民资金充裕，投资意识增强，应该改革创业资本的融资机制，拓宽筹资渠道。同时应改革现有金融管制条例，允许创业基金对保险公司、社会保障基金适度开放。

④构建方便灵活的退出机制是发展创业投资的关键，我国应从发展退出机制开始建立创业资本市场，构建二级市场是退出机制的重要内容。

城市社会创新系统的目标是城市可持续发展。城市可持续发展即既满足当代人的需求，又不对子孙后代满足其需求的能力构成危害。城市可持续发展战略包括城市区域社会—人口—经济—资源—生态—环境目标的实现，城市可持续发展要求发展绿色制造、生态工业园、城市循环经济。

⑤社会创新是城市可持续发展的动力。社会创新对于城市可持续发展战略系统而言，就是用全新的管理模式和方法，即借助新的管理创新——企业流程再造理论，对城市可持续发展战略系统不断进行新的流程再造。实现城市可持续发展战略就是要协调好城市区域社会—人口—经济—资源—生态环境之间的关系，并通过不断创新的反馈功能，使其系统各要素之间达成动态匹配和良性循环。

第八章

社会创新与城市竞争力：基于美国硅谷的经验

本章研究美国硅谷二战后的创新演变和经验，从宏观、中观、微观验证前面提到的城市竞争力，技术创新需要社会的整体性创新与系统性创新、多样性创新理论，重点关注社会创新通过社会资本、创新网络使技术创新得以生成和扩散等有关行为策略和社会政策。

第一节　美国硅谷二战后的创新实践策略

一、区县竞争力是城市竞争力的重要载体

硅谷取自于半导体的"硅"，硅谷是一个地理空间概念，更是一个高科技经济概念。硅谷其实不是谷，从地域上看，它位于美国加利福尼亚州的旧金山经圣克拉拉至圣何塞近50公里的一条狭长地带，是美国重要的电子工业基地，也是世界最为知名的电子工业集中地。圣何塞正是硅谷的大本营所在地。圣何塞位于美国加利福尼亚州北部，旧金山海湾区，建于1777年，往北50英里到旧金山，往南390英里到洛杉矶，面积177平方英里，人口92万，是加州第三大城市和全美第十大城市。从西班牙殖民开始，在150多年时间里，圣何塞一直作为加州的农业中心，但是伴随着20世纪90年代IT产业在硅谷的兴起，圣何塞顺应了个人电脑、因特网与生物技术的创新浪潮和产业发展，经济上迅速腾飞，发展成为在美国举足轻重的重要新兴城市之一。圣何塞市不管是在美国国内还是在国际的竞争中，存在不少劣势，其中尤以人工费高和房价高两点较为突出。面对当地创业和生活成本居高的劣势，圣何塞市瞄准世界经济与科技发展的潮流，通过构建技术优势、创新优势、知识优势、创业优势与人才优势以超过成本上的劣势，像磁场一样吸引世界许多创新性的公司与人才在这里发展与兴业，

极大地提高了区域经济发展的竞争优势，傲立世界知识经济或新经济发展的潮头。

硅谷是随着 20 世纪 60 年代中期以来，微电子技术高速发展而逐步形成的。其特点是以附近一些具有雄厚科研力量的美国一流大学斯坦福、伯克利和加州理工等世界知名大学为依托，以高技术的中小公司群为基础，并拥有思科、英特尔、惠普、朗讯、苹果等大公司，融科学、技术、生产为一体。目前它已有大大小小电子工业公司达 10000 家以上，所产半导体集成电路和电子计算机约占全美 1/3 和 1/6。其中约 60% 是以信息为主的集研究开发和生产销售为一体的实业公司；约 40% 是为研究开发、生产销售提供各种配套服务的第三产业公司，包括金融、风险投资等公司。80 年代后，生物、空间、海洋、通讯、能源材料等新兴技术的研究机构纷纷出现，该地区客观上成为美国高新技术的摇篮，现在硅谷已成为世界各国半导体工业聚集区的代名词。

1874 年一位美国前国会议员斯坦福来到加利福尼亚买下了一大片土地，并捐出一块面积约 8800 英亩的土地和 2200 万美元，用来筹建斯坦福大学，并规定学校的土地不得出售。1891 年，斯坦福大学开门迎接第一批学子的到来。斯坦福先生主张大学教育应学以致用，培养能自我成功和在现实中有用的人才，主张课堂与实践、书本与实验室并重，学生不仅要学习知识，更应该将知识运用到为社会服务的实践中去。他还鼓励教授在学校教书的同时到企业兼顾问，了解现实世界的需要。他的办学宗旨成为斯坦福大学的优良传统，也为硅谷未来的成功播下了种子。时下，硅谷中大概 70% 的公司是斯坦福的学子直接创办的或者跟斯坦福关系密切。

被誉为"硅谷之父"的弗里德里克·特曼教授，是斯坦福大学教授、工程学院院长，还担任过副校长。1951 年，特曼教授倡导创办了世界上第一个高新技术园区——斯坦福工业园，这可以说是硅谷的原型。斯坦福工业园创立后，因为土地不能出售，于是大学采取土地出租的变通措施，为入园企业提供便利。截至 1955 年，园内共有 7 家公司，1960 年，增至 32 家，1970 年达到 70 余家，全部是高科技企业，园内公司共有雇员 2500 多名，总共租出土地 650 英亩，每年给斯坦福大学带来 600 多万美元的租金收入，这为学校的科研机构提供了强有力的资金支持。特曼教授倡导的工业园计划取得了初步成功，为日后硅谷的进一步发展打下了坚实的基础。大学研究试验室与工业园区内的公司之间的技术转移，推动了科研成果的商品化；教授等科研人员、大学生与企业的结合，加速了高新技术的发展；斯坦福大学源源不断地向工业园区输送高素质的大学生，同时工业园区和国中的风险投资基金也为学子们创业提供了资金支持，他们成功地创办一家又一家高科技企业。于是，硅谷的高新技术产业就围绕着斯坦福大学向四周蔓延开来，终于造就了硅谷今日的辉煌。

二、硅谷的变迁

二战后，硅谷经历了四次经济波动，相应地出现了四次技术创新。每一次创新都不是发生在硅谷经济发展的顶点，而是在经济发展的低谷时期。美籍奥地利经济学家熊彼特认为，创新是经济发展最大的活力，而且将这种创新称之为"创造性的毁灭"。创新使硅谷不断地从经济低谷中复苏，创新精神和创新活动是硅谷成功的精髓。半个世纪前，硅谷所在的旧金山南湾地区还是一个以盛产水果为主的农业区，但从 20 世纪 70 年代开始，硅谷一跃成为世界高新技术的创新源地和最具经济活力的地区。2000 年，硅谷所在的旧金山湾区大都市区的 GDP 高达 4580 亿美元，在美国大都市区中，仅次于纽约和洛杉矶地区；其人均 GDP 达 65090 美元，约高出美国平均水平的一倍，是美国人均 GDP 最高的地区。今日硅谷已成为高新技术产业集群的源地，是世界上最具创新能力的高新技术产业地区。硅谷的演变有其内在原因，其独特的社会网络体系，与大学间的亲密合作，多元的文化以及适宜的气候条件，都成为硅谷跨越经济衰退期的重要原因。[①]

"硅谷"已成为技术创新的代名词。总结硅谷卓越的技术创新能力，应该归功于其良好的游戏规则、知识密集、流动的高质量劳动力、以结果为导向的精英体制、容忍失败的氛围、开放的商业环境、科研院校与产业界的互动、政府与企业及非营利机构之间的合作、高质量的生活、专业化的商业服务机构这十大因素的共同作用，硅谷的成功说明技术创新与社会创新的整合及互动创新是成功的唯一途径。然而，在大多数文献中，硅谷常常被定义为知识创新和技术创新的中心。而许多国家的特定地区在科学技术知识方面具有与硅谷相当的水平，却没有能够创造出类似于硅谷的技术和经济奇迹，这其中的一个重要原因，就在于它们拥有不同水平的社会创新能力。

硅谷主要是依托于斯坦福大学与高技术产业园区的开放性，以及可扩展性的创新网络。正是这种创新网络的作用，才使硅谷成了创新型企业和创业者的"栖息地"，为他们创新/创业提供了适宜的条件，同时为风险资本与创新家/创业者、为风险资本与技术的有效结合提供了运行场域。

---

① 郝莹莹，杜德斌. 从"硅谷"到"网谷"：硅谷创新产业集群的演进及其启示 [J]. 世界经济与政治论坛，2005（3）：22-26.

加拿大学者 C. De Bresson 认为，创新网络是理解当前所有经济活动的关键环节。关于创新活动的典型调查显示，在任何创新性经济体系中，组织之间的网络协同至少占据经济生活的一半之功。

萨克·森宁在《地区优势》一书中也认为，与波士顿 128 公路地区相比，硅谷密集的社会网络和开放的劳工市场弘扬了不断试验探索以及开拓进取的创业精神；各公司之间在展开激烈竞争的同时，又保持着良好的信任、合作关系；松散联系的班组结构鼓励着公司各部门之间以及部门与外部供应商、消费者进行横向的交流。由此，她认为战略关系地方化、面对面交流尤其是鼓励冒险、善待失败以及乐于合作的硅谷文化是硅谷竞争优势的真正来源。正是在这种文化氛围下，硅谷成员自发地进行合作、自我组织。这种商业文化能在区域内迅速传播，确保被内部企业、公司充分理解与接受。正是这种独特的区域文化与思维方式，为硅谷集群的创新和良性演化提供了不断衍生的土壤和持续动力（萨克·森宁，1999）。

加州大学教授马丁·肯尼在其《硅谷的组建新公司的机构》中指出，硅谷与一般的产业集群区不同或者难以解释的是这个地区具有周期性地产出新产业群的能力。它不仅创造新公司、新技术和新产业，而且培育和发展新的商务模式。他认为硅谷存在两种经济，组成第一经济的是现有的公司、研究机构、大学等，组成第二经济的是社会事业性质的或制度性质的组织机构，专门从事以促进和培育新公司为目的的活动。第二经济就是智力服务业，是社会创新形成的产业。①

第二节　美国硅谷发展中的社会创新要素

硅谷创新由五大集群构成：全球 IT 产业人才集群；模块化的技术创新集群；占全美 60% 的风险资本集群；数万家中小企业组成的企业集群；数十个相关产业集群相互分工与合作、300 多个中小城市在城市集群内相互竞争。中介组织是硅谷高科技发展的社会基础。②

---

① Martin Kenney. Institution for New Firm Formation in Silicon Valley［J］. International Semminar on Technological Innovation Beijing［J］, sponsored by the UNU／INTECH, 2000（9）：5－7.

② 方卫华. 硅谷高科技发展的社会基础：中介组织［J］. 社会学研究，2001，016（004）：89－98.

硅谷地区经济发展的竞争优势是一个没有历史包袱的"后来者"，拥有更容易冒险、创新、增长的环境。这种环境下建立起来的个人、公司和机构之间的关系，形成了硅谷中的社会资本。硅谷中的社会资本是在当地历史选择、国家历史趋势、无边界制度基础上形成的专业化和竞争选择的综合体。具体地说，硅谷中的社会创新资源主要包括以下几个方面。

1. 企业

企业是硅谷社会资本中的创新行为主体。在过去的40多年中，从袖珍计算器、无线电话到激光技术，再到互联网等，在电子学方面的新产品几乎都源于硅谷企业的创新。而且，硅谷集聚着如英特尔（Intel）、惠普（HP）、思科系统（Cisco Systems）、SUN微系统、雅虎（Yahoo）等世界高科技企业中最重要的公司。总之，硅谷目前仍是世界上最大的微电子产（企）业集群地。

2. 大学与研究机构

大学与研究机构是技术创新的基础和源泉，一个地区是否崛起在于它是否拥有大学与研究机构。在硅谷，大学与研究机构不但训练出发展所需的大批人才，也创造出有待进入商品化的大量技术，因此，大学与研究机构是硅谷创新型网络资本成长的"营养基"。斯坦福大学源源不断地向硅谷输送高水平的毕业生，为硅谷高科技创新活动准备了强大的人力资源，学校还通过网络注册等形式为已参加工作的工程师们提供在职研究生培训课程，使他们的知识能不断地得到更新，以保持持续的创新活动。斯坦福与产业界合作开展大量的科研项目，一方面学校获得了充裕的科研经费，另一方面使得学校的科学研究能积极地反映市场需求，为科研成果的快速投产商业化提供了有效途径，为硅谷的技术创新提供了大力支持。另外，斯坦福学生和教授还直接参与创办企业等商业活动，比如到企业里做兼职顾问，著名的惠普公司就是由斯坦福的两位学生Hewlett和Packard在他们的导师特曼教授538美元的资助下于1939年在车库里创办起来的。在硅谷，像这样的创业故事俯首皆是，举不胜举。硅谷的许多大学不但鼓励科技人员进行技术创新，并且进一步实施了许多鼓励科技人员创立科技产业的政策。以斯坦福大学为例，允许教师和研究人员每周有一天到公司兼职，从事开发和经营活动；允许他们有1~2年的时间脱离岗位，到硅谷创办科技公司，或到公司兼职，学校保留其职位；教师在学校获得的科技成果，由发明者本人负责向公司转移的，学校与其签署许可合同，所获得的知识产权收益，学校只提取10%~15%；学校的应用性成果在一年之后仍未向企业转移的，发明者可自主向企业转移，学校一般不再收取收获回报。据斯坦福大学詹姆斯·吉本斯统计，截至2002年，硅谷的收入有近一半是由萌芽于斯坦福的公司创造的。因此，斯坦福大学堪称大学支持当地工业园区发展，大学与产业界进行积极有效合作的楷模。

3. 政府机构

高科技相关的企业刚刚兴起，政府便因势利导，制定了包括鼓励中小企业发展和风险投资的一套市场法律法规。在硅谷微电子和计算机网络的早期发展阶段，政府既是大学研究机构的赞助商，也是领先用户。例如，硅谷半导体产业发展的最初动力是来自于美国国防部的军事订货。政府采购不仅有力地支持了半导体产业的快速发展，而且还提供了比较完善的基础配套设施。按照美国的规定，创办一家高新技术企业，无论规模大小，政府都将给予五万美元的投资补贴，还制订了贷款计划和税收优惠计划等，给企业提供有益帮助，硅谷企业也在受惠之列。此外政府还以政府采购的形式支持硅谷企业的发展，稍微成熟一点的公司不论大小都有机会，尤其是国防军事采购和给某些研究项目提供配套的资金补贴，比如1959年，仙童公司从美国国防部拿到了为数1500万美元的订单，为"民兵式导弹"提供晶体管，1963年该公司又获得一份为"阿披罗"宇宙飞船的计算机导航系统提供集成电路板的合同。有资料表明，从1958年至1974年间，硅谷总共从政府获得了为数十亿美元的订单。但政府部门不会直接干预和指导企业的发展计划和日常事务，其主要责任在于营造一个公平竞争的法律环境和市场环境。美国政府在硅谷的作用和角色是一个有序竞争游戏规则的制定者、执行者和裁判，它本身并不直接参与到游戏中去，保证了市场经济中企业之即完争的有序进行，为企业的发展提供了一个良好的环境。

4. 人才库

硅谷也是世界优秀人才的集中地。早在20世纪80年代，在硅谷就业的人数中近40%至少有大学毕业文凭，有7000多名博士，并且硅谷所在地——加利福尼亚州还是美国受过高等教育人士密度最大的州。目前，硅谷有上千个科学院与工程院院士，有40多位诺贝尔奖获得者，占世界诺贝尔奖获得者总数的近1/4。该地区有20万大学毕业生；有6000多名博士，占加州博士总数的1/6，这些人才大部分是由硅谷内的大学培养出来的。硅谷中32%的科学家和工程师是外来移民。其中2/3来自亚洲，而华人占51%，印度人占23%。硅谷人才流动分为正式的和非正式渠道，正式渠道是职业介绍所，硅谷不仅有为一般劳动者提供服务的临时职业机构，而且还有专门招聘高级专业技术人才和高级经理人员的猎头公司；非正式渠道是酒吧、咖啡馆、俱乐部、健身房、展示会等聚会场所，它们不仅是硅谷人们交流信息的场所，也是非正式的招聘中心。人力资本参与收入分配，员工持股和股票期权是硅谷的制度创新，是硅谷技术创新和经济增长的推动力。人才库的形成，对于硅谷地区形成持续不断的创新是至关重要的。不仅如此，硅谷地区的企业还"外借"脑力资源。20 世纪 80 至 90 年代，有专业技能的移民（主要来自中国与印度）在硅谷的数量不断上升，占到了大多数技术公司工程师总数的 1/3。这些人才进入硅谷的公司后，再通过自行回国创业或派往国外等方式迅速地将新技术、新产品扩散到其他国家和地区，从而使硅谷产业一开始就成为全球化的，并在这个过程中一直占据有利的地位；同时，硅谷的新移民企业家建立了越来越多的专业网络和社交网络，使资本、技术和知识的流动更为容易。他们还成立了跨国团体，提供信息共享，使当地的生产者能够参与日益全球化的经济。这不仅给硅谷地区经济发展增加了外部竞争压力，而且客观上也驱动硅谷区域必须不断进行技术和制度创新，才能不断保持或提升区域的国际竞争优势。

5. 风险投资机构

风险投资机制在硅谷发展中的重要作用尤其值得强调，风险投资是硅谷科技创新和产业化的前提，正因为硅谷有了世界上最完备的风险投资机制，有上千家风险投资公司和 2000 多家中介服务机构，有斯坦福大学为首的科研院所与充裕的风险资本的结合，才造就了今天硅谷发展的辉煌。

风险投资极大地促进了硅谷经济发展，据美国风险投资协会（NVCA）的一项调查表明，受风险资本支持的企业在创造工作机会、开发新产品和取得技术突破上明显高于一般大公司，不仅如此，这些公司的成长推动着硅谷经济的发展，增强了其在世界上的竞争力。总之，斯坦福大学为首的科研院所在硅谷聚积大量富于创造力的技术精英与发达的风险资本市场相结合创造和刺激了硅谷高新技术产业的蓬勃发展。

经过几十年的实践、摸索和调整，硅谷形成了创办新型高科技企业有效和基本固定的创业模式，它的成长历程一般经历创建阶段、成长阶段、获利阶段三个阶段。风险资金来源于不同渠道，风险投资家只是资金的管理者。在硅谷，80% 以上的风险基金来源于私人的独立基金，主要来源有富有的个人资本、机构投资者资金、私募证券基金和共同基金。其组织形式为小企业投资公司、合作制的风险投资公司、股份制的风险投资公司以及大集团内部的风险投资公司或大公司内部的风险投资部。

据统计，到 20 世纪 90 年代初期，硅谷的风险投资机构已吸引了 60 多亿美元的风险投资，帮助创办了 1700 多家高技术企业。风险投资机构不仅为硅谷高技术企业的创立与成长提供了有力的资金支持，而且还扮演了不断促进创新与创业的重要角色。也就是说，风险投资家往往运用自己的经验、知识、信息和人际关系网络，来帮助高技术企业提高管理水平和开拓市场，提供增值服务。

美国政府的间接扶持政策主要是通过立法，制定政策和发展计划，健全服务与监管体系，来规范风险投资的规则，优化风险投资的环境，形成风险投资社会化和市场化，提高风险投资能力。主要做法是：（1）出台了一系列鼓励对科技型小企业的长期风险投资的优惠政策，这直接刺激了社会风险投资供给规模。1978 年以后，美国为风险投资提供了优惠政策条件，1978 通过的税收法案使资本利得税率从 49.5% 降至 28%。1981 年美国国会将该税率继续降低至 20%。（2）优化风险投资的投资结构来源。美国劳工部在 1978 年对雇员退休保障法案中"谨慎的人"条款进行了修改，允许养老基金管理者投资于风险投资。（3）改革风险投资公司组织形式。美国国会于 1980 年又通过了界定创业资本和私人权益资本合伙公司为商业发展公司法规，并恢复了以前对股票期权的征税办法。（4）推行小企业投资（SBIC）发展计划，提高政府对风险投资的参与行为。1985 年，美国小企业管理局推行 SBIC 发展计划，虽然由于政府管理风险投资的内在缺陷而收效不太大，但在扶持创新企业和风险企业发展的作用不可低估。政府补助是向风险投资者和风险企业提供的无偿资金，其性质是起种子资金作用。如美国在 1982 年通过的《小企业发展法》修正案规定，年度 R&D 经费超过 1 亿美元联邦政府部门，必须依法实施"小企业创新研究计划（SBIC）"，每年拨出法定比例的 R&D 经费（最大比例为 1.25%）支持小企业开展技术创新活动。1987～1993 年，联邦政府部门共为该计划提供了大约 25 亿美元的资助。政府补助的另一种方式是对高技术风险企业提供亏损补贴。（5）设立纳斯达克股票市场为美国硅谷创业公司上市创造了上市融资的有利条件，为美国硅谷的风险投资提供了退出渠道。（6）科技工业园区形成了风险集中发展的竞争优势，硅谷成为美国风险投资发展的代表。硅谷为什么能长期保持新经济竞争的国际竞争力，正是因为新型创业人才创业孵化和科技型小企业与风险资本之间的互动机制，是因为硅谷长期以来形成的风险投资供给的制度安排，这大大提高了风险投资的回报率。（7）加强立法与管理是政府的重要职能。在风险投资过程中，投资者、资本经营者和风险企业均有较大的风险，各自的行为规则与风险资本市场稳定、企业与个人利益息息相关。因此，美国成立了国家风险投资协会（NVCA），制定了有关法规，除了加强行业管理，规范风险投资行为外，还为交流投资信息、进行人员培训、组织联合投资、改善投资环境、拓宽资金来源和投资渠道等提供多方位的服务。

6. 劳动力市场

硅谷的劳动力市场与一般劳动力市场有很大的差别，具体体现在以下几个方面：（1）硅谷企业家在经营或创业失败之后，对其寻找工作或重新创业不仅没有不利的影响，反而有正面的影响，因为硅谷的风险投资家和雇主认为，经历过失败的人事业成功的可能性比没有经历过失败的人要大得多。（2）人们对离开大企业投入新创企业习以为常。在硅谷，人们经常离开类似惠普这样成功的大企业而投入一个前途未卜的新事业，这对日本人甚至欧洲人来说是难以理解的。（3）各种层次的劳动力流动频繁。劳动力流动带来的最大好处是加快了技术扩散。（4）硅谷的技术人员和创业家来自世界各地，技术人员当中尤以印度人和中国人为多。高科技产品的主要部件是集成电路，英文简称 IC。在硅谷，IC 有另外一层意思，它指的是印度人（Indian）和中国人（Chinese），由此可见中国人和印度人对硅谷的贡献是相当之大的。

7. 独特的硅谷文化

硅谷对美国新经济的贡献不仅表现在经济增量上，更主要的还在于它发展了完善的市场机制和创立了有利于创新的文化。硅谷人在创业中营造了硅谷文化，而硅谷文化又进一步吸引、凝聚了各方优秀人才进入硅谷。实际上从长远看，硅谷文化凝聚人才、发展经济的示范效应和深远影响大大超过了其经济指标的增长。硅谷文化的基本内涵，概括起来就是"繁荣学术，不断创新；鼓励冒险，宽容失败；崇尚竞争，平等开放；讲究合作，以人为本"。硅谷文化的主要特征是鼓励冒险、善待失败以及紧密合作等。在硅谷地区，每天都有大量的企业死亡，也有新的企业不断创立。企业家们勇于创新、乐于冒险、崇尚开拓进取，以及敢于承受失败的精神，支撑着硅谷企业不断推陈出新。正是这种创业精神，形成了硅谷社会资本中无限的创新动力和繁衍生息能力；正是通过这种"创造性破坏"，资源流向了那些最具有竞争力的企业和最有能力的企业家手中；也正是这种合作文化精神，确保了知识、技术在不同企业之间和相关产业之间、从一般技术人员到高级工程师之间的通畅流动与在区域内的快速传递。一方面，在硅谷的企业、人才以及各类机构等通过频繁的商业往来和专业接触而相互熟悉，形成一种良性的技术交流网络，而且这种网络是一个自发构建的过程；另一方面，技术交流网络的形成不仅使它们之间的信任度进一步提高，而且还降低了交易费用和信息搜寻费用，为创新打下了基础，同时孕育出具有创新特质的硅谷文化。硅谷最新的生物科技企业有 600 家集中在直径 50 英里的范围内，每天他们相互打电话或一起吃顿饭，便可以获得许多同行业的最新消息，保证本区域发展与外部技术与市场环境的迅速变化相适应（王缉慈，

2001）。哈里森（Harrison）指出，个体或组织在一定地理范围内集群地出现是由于存在"信任最大化"行为所产生的结果。信任使人们的行为易于理解和可以预见，并降低信息搜寻成本。如果没有信任，人们则难于专心致志地利用其专业知识，劳动和知识的分工将不可能，创新也很难产生。

第三节　硅谷社会资本的形成和作用

社会资本是一种经济资源，是经过历史的演进逐渐生成的。社会资本还类似于生态环境，在某一生态环境下，适合生长某一类动、植物。从某种意义上讲，创造"硅谷"就是营造适合高科技发展的"生态环境"，也就是促成高科技发展的社会资本的形成。硅谷社会资本的形成是一个个历史事件演化的结果，而这些历史事件则归因于很多因素，如美国经济发展趋势、竞争性的技术淘汰机制、偶发的事件等。在历史事件背后的本质就是硅谷的重大发明完全是人们合作的结果，而不是某个技术天才的突发灵感。硅谷实质上就是技术创新和将前者商业化。技术创新的基础是思路（ideas），思路则来自人们之间通过互相交流而产生的思想碰撞。技术交流不限于本企业之间，在硅谷形成了一个覆盖整个地区的技术创新网络，这正是硅谷的特色同时也是硅谷社会资本中最重要的东西。

硅谷交流网络发端于 20 世纪 30 年代，它来自特曼教授的影响。从麻省理工学院调至斯坦福大学的电子工程学教授特曼（Fredrick Terman）在得知其学生惠伊特和普卡德发明了振荡仪之后，便鼓励他们将其发明商业化，并从经济上支持他们。特曼教授还说服一家银行对他们进行融资。惠伊特和普卡德在特曼教授的支持下将振荡仪进行了商业化生产，他们所创办的企业也迅速成长起来并成为著名的高科技公司，这个公司就是现在名震寰宇的惠普公司。在几乎同一期间，斯坦福大学还支持了其他企业如里顿工业、外瑞公司等。斯坦福大学及其员工的努力模糊了大学和企业的界限，创造了硅谷社会经济结构网络的基础，并为大学与企业之间的经济联系开了先河，加州大学伯克利分校等大学也纷纷效法。

硅谷早期发展的另一个推进力量是二战及其后来冷战中政府的军事合约。以惠普为例，1941～1945 年，其销售额从 3.7 万美元增加到 75 万美元，惠普的发展主要得益于政府对其电子测量仪等设备的采购，其他公司也有类似的情况。有意思的是，东部的公司如飞歌公司从政府的合约中得到的好处更多，但他们后来均在与硅谷企业在高科技领域的比拼中落败。

斯坦福大学的制度创新强化和巩固了已初见端倪的政府、企业、大学之间的合作模式。在战争期间因军事研究需要调入哈佛的特曼教授战后回到了斯坦福并担任了工程学院的院长。特曼教授从在哈佛的工作经验中体会到，研究型大学在获得政府合同中更为有利，因此特曼教授尽力把斯坦福塑造成先进技术产业基地和研究中心的形象以便获得更多的政府项目。特曼教授的最终目的是想建立一个以斯坦福大学为中心的、以技术专家为主的社区和覆盖硅谷地区的技术交流网络，并使得整个硅谷地区的经济建立在这一基础之上。为实现这一目标，斯坦福大学进行了三项制度创新，这三项制度创新是：（1）建立斯坦福研究院（SDI）。研究院成立伊始开展的主要工作是从事政府资助的项目研究，特别是军事项目研究，以及帮助西岸高科技企业获得政府合同。SDI 发展到后来逐渐变成政府、高科技企业和大学研究机构的联系通道。（2）斯坦福大学通过荣誉合作项目向本地企业开放，企业员工可注册研究生课程。当时，这的确是一个创举。（3）创建全美第一个高科技园区——斯坦福工业园。此外，这一模式还被其他高校模仿。例如，加州大学伯克利分校利用其在电子工程领域的专长大力培训企业工程师，到 70 年代中期，加州大学伯克利分校培训的工程师已超过了斯坦福大学。特别值得一提的是，加州大学旧金山分校医学院对湾区生物技术的发展做了很大的贡献。目前，湾区已成为世界主要的生物技术、医疗设备的研究和生产中心。如果说研究型大学对硅谷的贡献主要是提供创新技术以及训练技术和管理人才的话，那么社区大学则在培养专业技术工人方面发挥了主要作用。到 70 年代中期，硅谷企业雇佣的工人已超过 10 万人。为了使工人适应新产业发展的需要，硅谷企业和位于硅谷地区的六家社区学院建立了紧密的联系，硅谷企业协助社区学院设计课程体系提供教学设备，社区学院培训企业雇员。

高校和企业互相支持共同发展的结果是硅谷的经济结构发生了重大变化。70 年代初，半导体工业成为硅谷经济的支柱，由于半导体是以硅作为原材料的，人们便把半导体企业所在地区——圣克拉拉谷称为硅谷。硅谷日渐隆起的名声极其适合高技术发展的土壤不仅吸引了大批企业家前来创业，还吸引了一些历史悠久规模庞大的企业来硅谷设立分支机构。洛克希德在斯坦福工业园建立了导弹和空间研究室，国际电报电话公司等著名机构也接踵而至。老牌公司在硅谷的发展进程各有不同，有的公司保持了一贯的辉煌，有的公司却在高科技的竞争中出现了重大战略失误，后者以施乐公司为代表。1970年施乐公司在硅谷建立了著名的 PARC 研究中心，这个中心最重要的研究成果便是计算机操作系统，这个操作系统最早被苹果公司采用，后又被微软公司的视窗系统采用，施乐公司的这项技术还被广泛应用到激光打印、计算机网络系统中。但遗憾的是，施乐公司这项创新技术的受惠者都是硅谷或邻近硅谷的公司，施乐公司本身获利不多，因为位于东部的施乐公司总部对这项技术没有兴趣，他们对传统核心业务还忙不过来。施乐公司的这个故事一方面印证了硅谷技术交流网络和技术扩散机制的发达，同时也反映了一些东部公司对新技术缺乏应有的前瞻性。

政府支持对半导体工业的早期发展起了很大作用。因为60年代中期以前军队几乎是半导体产品的唯一买家，政府为安全起见所采取的从多个公司分头采购的策略客观上也促进了硅谷的技术扩散和硅谷商业文化的形成，硅谷企业为满足国防部和国家航天局的订购需求，往往需要合作和交流技术信息。

风险投资的兴起与硅谷半导体蓬勃发展的轨迹一致。到70年代初，风险资本取代政府成为初创企业的主要资金来源。硅谷风险投资家与东部出身于银行的风险投资家有显著的不同，硅谷的风险投资家几乎都有创办企业的经历，他们的经验、他们与企业家的联系、他们拥有的雄厚财力决定了他们能够承担比资金提供者更多的责任。硅谷风险投资家不仅为新创企业提供资金支持，他们还为投资企业搭建管理班子、提供战略咨询、寻找客户等。硅谷风险资本家的确是硅谷社会结构的核心部分，风险投资的存在为技术创新及其商业化提供了多方面的保证。

硅谷的社会资本结构中最具特色的便是硅谷的劳动力市场的高度流动性。70年代，硅谷电子公司平均每年雇员的变动率为35%，小公司这一数字高达59%，70年代以后，硅谷地区仍然保持了劳动力高度流动的特点。至于硅谷劳动力为何流动如此频繁，经济学家认为处于同一行业的各企业地理位置相当接近，劳动力容易流动，换个企业甚至连停车场都不用换；对行业的忠诚超过对企业的忠诚，某个雇员在发现另外一个企业可以为其提供更广阔的事业发展空间时，可能即使承担一定的经济损失也愿弃职而去；有些员工可能抵受不住将其推至极限的工作压力，他们一旦看到合适的机会便毅然跳槽。不管每个劳动力个体跳槽的具体原因是什么，他们频繁流动带来的结果都是一样的，这就是建立和加强了覆盖整个硅谷地区技术交流网络，促进了技术扩散。

硅谷产生发展阶段分析如表8-1所示。

表 8-1 硅谷 RIN 产生发展阶段分析

	前工业时期	国防技术时期	半导体技术时期	个人计算机时期
企业及其产业网络	硅谷衍生公司开创发展先河，培育硅谷创新网络雏形	企业大量诞生，新领导管理方式开创，技术基础和制度基础逐渐成形，划一网络开始形成	形成电脑芯片主产企业网络，衍生创新型小公司不断涌现	企业间的联合与发展集中在新产品研发上；大小企业间存在分包关系；小设计商和专业化设备商之间形成动态联盟
大学、科研机构	区域内各大高校以培养创业型企业家或技术人员为主	斯坦福工业园的建立吸引了大量公司集聚，帮助抚育了这一地区社会资本和社会网络的形成	大学积极推动新技术企业的形成，积极寻求与地方工业的合作	大学、科研机构成为 RIN 重要创新结点。通过衍生企业提供技术成果与企业间建立正式或非正式网络联系。
政府	海军军费支持硅谷最初发展	通过资助开发技术促进技术扩散，形成竞争力	主导资助作用下降，职能逐步弱化	促进企业诞生和增强其他服务性组织机构的功能
区域金融机构	较少出现与风险资本有关的企业	以军费资本为主，风险资本居于辅助地位	风险资本取代军费成为创业者的主要资金来源	风险投资公司集聚地，新技术小企业的资金支持机构。在新技术企业成长中作用重大
区域社会文化特征	开放、互助，竞争又相互帮助	形成了自己开放灵活的文化优势	提倡冒险，培养企业间合作情感	鼓励冒险、创新、容忍失败、乐于合作

第四节　硅谷的创新网络政策

创新网络实质上是区域经济和社会融合的产物。

硅谷的创新网络包括三个基本的结构性要素——企业内部的结构、行业之间的网络组织和支撑行业发展的更大范围的地区性机构设施。这三种结构性要素虽然完全不同，但由于在形成三种要素之间的合作性网络结构和相互作用机制上进行了广泛的社会创新，从而使得三者之间的关系具有了高度的协调性、一致性和联盟关系，并最终促使整个硅谷的高技术产业及其发展表现出了高水平的效率、适应性和创新能力。

（1）企业层面上的结构创新。在企业层面上，社会创新主要表现为建立一种协作性的管理结构，即通过应用先进的信息技术与外界产生紧密联系，化解纵向的常规性指令，代之以横向的协作关系。由于社会创新行动主要是通过跨职能部门的工作小组、更具流动性的劳动力成员、决策过程下放、使用工作站、重新设计和策划工商业行为过程等活动而进行的，因此，它使得企业的任务和目标更趋专业化，工作职位包含的职能更加丰富。这样一种组织结构的重建不仅为企业带来了更大的灵活性，增强了企业吸收创新成果的能量，而且还能够更有效地使用人力资源和技术资源。

（2）产业层面上的网络创新。在行业层面上，社会创新主要表现为建构更低纵向集成水平的网络化系统。从硅谷的实际情况来看，不仅企业更多的是从外部寻求资源，而且生产者、供应商以及行业内和跨行业的用户们之间也有大量的接触，因此，随着这样一些社会创新行动的展开，不断建构出来的低纵向集成水平的网络化系统已经包容了丰富的信息交流和交易关系，形成了网络内相互联结的系统化的局面。

（3）区域层面上的机构创新。在以行业网络为特征的设施性结构的层面上，社会创新主要表现为建立以大学为中心的范围更广的区域合作性创新网络。在作为一种区域性合作网络的硅谷地区，斯坦福大学所扮演的角色不仅是为硅谷提供研究成果或输送研究人员，而且更是通过塑造以合作性为中心价值的社区文化来凝聚社区内不同的高技术企业和投资者。斯坦福大学自身不仅产生了像惠普（HP）这样的作为硅谷的核心企业的大公司，而且它还与许多企业的领导层和风险投资者保持着密切的联系，从而对硅谷的主流文化发生着重要的影响。①

硅谷地区企业技术创新实践表明，一个便利于企业顺利得到创新要素的地区，是地区企业创新成功的关键。由于硅谷地区各创新要素的参与、协作，使得硅谷成为一个创新整体，具有创新整体优势——克服单独个体的限制，整合多种知识技术资源和技能，产业链和创新配套条件得到优化，降低技术和市场风险与不确定性，增大创新投入意愿，增大创新成功的努力和探索。这种整体创新优势，主要是围绕着知识技术，或源自知识技术，或主要表现为知识技术方面。比如，从技术人员来看，硅谷有大批经验丰富的、作为顾问、董事或风险资本家的身份活跃于企业中的退休人员，劳动力、科技开发人员、经营管理人员和市场销售人员，技术设计和策划人员也非常丰富，且非常热心和专注于地区企业的技术创新，在地区整体优势中他们占有核心地位；从机构和技术能力来看，硅谷有大量的机械和原材料辅助生产部门和机构，强有力的金融机构，专门传播最新开发技术知识的机构，以及分析最新市场动态的咨询机构等，这些构成了地区知识技术能力的强大支撑，是硅谷地区创新整体优势的坚实基础；从规范、模式和制度文化来看，硅谷有分权和积极介入、利用外部知识技术资源的组织模式，乐于助人的氛围，技术合作联合的传统，这些构成了地区创新整体优势的长久保证；从知识技术运行网络来看，硅谷有以地区网络为基础的工业体系，能促进各个专业制造商集体地学习和灵活地调整一系列相关的技术，这些构成了硅谷地区整体创新优势得以形成和维持的最重要依托。

除了在上述三种结构性要素的层面上所展开的社会创新以外，政府的社会创新作用也是非常明显而活跃的，并主要表现为以法律的形式把一些能够帮助社会资本有效形成和维持的有规律性的社会创新原则固定下来。就网络环境下企业的创新活动而言，某些特别的合同形式和制度安排的采用是十分重要的，这些合同形式包括交叉许可、创新资源的二次开发协议、技术许可协议以及合作开发协议等。而在促成这些合同形式得到法律的承认方面，美国联邦政府发挥了重要的作用。比如，在 AT&T 公司被控违反《反托拉斯法》一案中，正是由于美国联邦政府通过法律形式来解决此项纠纷，从而促成了允许进行交叉许可的制度安排的形成。又如，允许订立创新资源的二次开发协议最初只是美国国防部的要求，其目的是要保证创新成果的供应。但是在美国联邦政府的支持

---

① 冯鹏志，迈向知识经济的路径与力量——社会创新的含义、特征与范式［J］. 自然辩证法研究，2001（4）.

下，这种制度安排很快就从军用产品合同的范围扩展到了一般的工业品合同，从而使一些创新资源的再开发者也能够成为创新者，并取得自己的工业产权。与此同时，建立大学、政府和工业行业之间的相互参与和协作关系，也是硅谷的一项重要的社会创新活动。由于有了这样的参与和协作机制，硅谷才不仅保证了熟练劳动者的供应和对技术人才的再培训，而且也保证了大学和企业之间有了双向交流新思想、技术和方法的渠道，保证了科学家和技术专家本身的高质量水准。事实上，硅谷的区域性的创新社会网络正是主要受益于学术和技术知识密集型机构的大力支持，而在州立大学和各种各样的社区学校为硅谷的高技术产业不断输送高水平技术人才的过程中，它们自身也被塑造成了在该创新社会网络中开展创新实践的一种基本而重要的力量。

在圣何塞市制订的经济发展战略中，为确保成为一个令人鼓舞并在经济上获得成功的城市，要努力形成这样六项独特的品质：（1）全球化通道，对全世界起领头作用的企业和人才来说，是一个全球性的国际性的城市；（2）创新地区，在技术、商业、文化和社会等方面开拓创新；（3）创业园地，各界的人们能够创设和发展可以实现他们梦想的公司；（4）高科技城，使用和展示改进日常生活的技术；（5）机会之地，居民们找到大量的有价值的就业机会，积极参与经济发展；（6）世界上最适宜人居的大城市，具有丰富多彩的、与众不同的高质量的生活。显然，高科技立市是贯穿其中的一项重点战略。由于集群具有地域化聚集、专业化分工、社会化协作的特点，可以使产业具有强大的竞争力。硅谷是世界上最成功的产业集群，圣何塞市通过一系列行之有效的措施，使该市成为硅谷这个大集群中最大、最成功的集群。

从上面的阐述中可以看到，硅谷的发展实际上是一个不断展开的社会创新过程，硅谷的成功展示了一个通过社会创新去建立一种以工业系统为基础的区域性合作性创新网络的榜样或示范。在这一创新网络中，由于企业、政府和大学都倾向于采用平等地相互加强对方实力的做法，并且不断地将这种"相互作用"向外扩展，从而使得联合的力量向各个方向流动而不是仅仅局限于企业自身的纵向流动。结果是使得创新网络的能力大大地超过了单个企业创新能力的集合，使得网络中多个企业的协调能量远远大于这些单个企业各自能量的简单协调和叠加，而且也吸引了相关的行业向网络集中并逐渐发展成集群的形式。研究表明，创新的社会网络形式以及它所带来的巨大的合作利益，不仅与一个国家的竞争力形成高度相关，而且也是推动一个国家迈向知识经济的重要因素。

第五节 硅谷经验的启示

硅谷创新网络的形成，更多地体现了市场力量作用的结果，并在社会资本构成要素的发育与硅谷园区的发展之间形成了一种典型的开放型正反馈的良性关系。硅谷创新网络所取得的巨大成功，为在经济全球化背景下如何塑造我国城市竞争优势，提供了有益的思考与启示。

1. 城市社会创新中的政府管理机构的关注点

硅谷的成功虽然离不开政府的作用，但政府的作用主要是间接的而不是直接的，它不直接参与硅谷园区内竞争性产业的建设，而是作为一个基础研究项目的初始提供者与高技术产品的领先用户、园区法律法规的制定者和完善者，园区产业技术变迁的关注者。城市社会创新中更多的是发挥市场的作用。而我国高新技术开发区的管理机构则过多地关注产值、税收、土地出让租金等。波特曾指出，政府制定政策的主要角度应该是改善开发区生产率增长的环境，如改善开发区内企业投入要素和基础设施的质量和效率，制定规则和政策来促进产业升级和创新等。因此，高新技术开发区的管理机构应积极改变管理思想和管理方法，更多地关注人才、技术和知识创新；其管理行为应以制度创新为导向，从开发区的长远发展着手。

2. 城市社会创新中创新主体企业与大学及研究机构的关系定位

硅谷园区的企业、大学和研究机构已形成了共生共荣的关系。大学和研究机构不仅为企业提供合作创新的项目和人才的培育，而且还衍生了众多的创新企业参与园区建设，给园区不断注入活力。而我国多数高新技术开发区与大学和研究机构尽管地理位置邻近，但关系疏淡，没有建立起相应的"产学研"合作机制。众所周知，技术创新能力是高新技术开发区持续发展的动力源。因此，必须重视并不断完善我国高新技术开发区企业与大学和研究机构的"产学研"合作机制，以提高开发区产（企）业的技术创新能力。首先，要健全企业技术开发机构，引进和培养专业人才，增加技术创新方面的资金投入；其次，帮助开发区企业建立信息网络，在加强企业间的沟通与合作的同时，密切企业与大学和研究机构之间的联系，形成"产学研"紧密结合的运行体系；第三，大学和研究机构应鼓励教师和研究人员为企业提供技术支持。

3. 城市社会创新中的企业来源

自20世纪30年代创立惠普（HP）公司开始，在硅谷就形成了创业的氛围，加之风险投资的支持，使该地区的创业蔚然成风。据统计，到20世纪90年代，硅谷平均每周就有 11 家新公司成立，每五天就会有一家公司的股票上市。本地企业的不断创立与衍生，为园区企业的文化整合和企业间、企业与机构及中介组织之间的紧密合作，以及创新结网，奠定了良好的基础。反观我国的高新技术开发区，对外资企业有着过高的期望，求大求洋是大多数开发区的追求。然而，国外大企业的投入往往难于与本土企业相容与共、共同创新发展，这就造成了我国高新技术开发区的发展数量多质量低的窘境。因此，若要使我国的高新技术开发区企业根植于本土，建构开发区的技术交流网络并使开发区获得深度发展，就必须多倚重本地企业和企业家。

4. 城市社会创新中的中介机构职能

中介机构是代表企业利益和促进高技术园区发展的重要力量，是驱动企业与大学和研究机构合作的重要媒介，是实现园区企业内部竞争与合作、沟通企业与政府的重要桥梁。因此，在硅谷地区，不仅有着众多的实力雄厚的风险投资公司，还有各类贸易商会、律师和会计师公司等。而我国的高新技术开发区则大多忽视中介机构的作用，部分开发区虽然有一些中介机构，但它们的活动不多、功能不强，因此，必须促进开发区中介机构的发育和成长，让其为开发区技术交流网络的形成发挥重要作用。

5. 城市社会创新中的产业集群战略

在硅谷的产业发展过程中，产业集群尤其是高科技产业集群的成长非常显著。这使得园区企业合作意愿在产业联系中得到强化，形成产业发展网络体系，避免了因过于激烈的竞争而导致产业效率损失，从而有利于技术交流网络的顺利生成。而在我国的高新技术开发区内，多数产业较为分散，难于形成合力，形成技术交流网络。因此，各地必须结合本地区的比较优势，选定主导产（企）业，实行开发区产业集群发展战略，以提升开发区产业的竞争力。

6. 城市社会创新中的创新文化氛围

激励、创新和宽容的文化氛围使硅谷赶超波士顿 128 公路地区，成为全球半导体产业的龙头。我国高新技术开发区企业应在管理上进行创新，在激发每一个员工的积极性与创造性的同时，努力培养员工的团队精神与创业精神。开发区企业的管理创新必将促使高新技术企业集群管理文化的形成。这种文化氛围可以满足高技术人才追求社会承认和自我价值实现的要求，所以它可以吸引更多的高技术人才参与开发区的建设。特别需要指出的是，我国应大力提倡敢冒风险、富于进取、不怕挫折和失败的企业家精神。与此同时，创新文化氛围的形成，必将推动开发区内高新技术企业间的学习与交流，促进信息与知识的传递，从而进一步增强产（企）业的创新能力。教育是重要的创新要素，大学的学术优势也改善社区的创新环境。

社会创新对于构建持续的城市竞争力更为重要。全球竞争时代的城市可持续发展不仅是生态、产业与社会可持续，还强调培育城市的自我成长尤其是持续的创新能力，以形成强劲的创新系统。

纽约智库（城市未来中心）联合纽约大学瓦格纳公共服务研究生院，共同发布"创新与城市"报告，旨在为纽约及其他大城市发展提供可资借鉴的有益思路。

波士顿、芝加哥等多个城市综合利用公共资源数据和移动 APP 技术，推出了 311 城市公共服务系统，旨在提高公共服务的反应力、透明度和参与性。

芝加哥市设立"千万美元借贷基金"，其中，预算部门负责审核各政府部门的基金借贷申请，各政府部门必须证明有足够的存款或预期收益，否则其预算将被削减。

丹佛市派送政府工作人员去创新学校——"尖峰学院"接受培训，目的是让领导层的创新方案在普通工作人员层面更易获得支持。

伦敦市致力于由政府主导、众多基金会和大学携手的非营利青年团体评价体系的标准化、专业化。

伦敦市桥梁、花园、社区中心等项目的筹资，均通过众包网站进行。

政府部门只能采购绿色认证产品、禁用瓶装水，限制纸张使用，办公电脑统一缩小页边距。此项改革近来聚焦于零售、包装、消费、公共活动、政府采购、建筑等多个行业。

费城、芝加哥等市推出传统学校教育之外的评价体系，以更好地发现人才。芝加哥市聘请顶尖的企业咨询和法律公司为市政府制定节约预算计划。

通力合作在当今社会至关重要。报告建议不同城市内部和城市之间的数据结构都应统一标准，以便更广泛地实现公共网络对接和数据共享。

奥克兰市新近推出了主要面向低收入人群和移民的"市政卡"。西雅图、温哥华等城市为老年人在家安度晚年推出安居新方案。密歇根市推出"储蓄赢家"项目，鼓励非银行用户走入银行开设账户，定期储蓄，购买理财产品，从而获得奖励，分享每年 10 万元的总奖金。洛杉矶、芝加哥等城市帮助中小型移民企业向原籍国出口商品，扶持其不断壮大，刺激经济增长和城市出口量。旧金山市规定，拥有 20 个以上员工的企业需要为员工提供公交免税福利，此举可使上班族每年节省几百美元。

创新城市越来越倾向于全方位创新生态体系的构建。①

---

① 刘琪. 纽约智库发布十五种城市发展创新思路［J］. 上海城市管理，2013（4）：85－87.

第九章

社会创新与城市竞争力：
基于中国珠三角的经验

第一节　改革开放以来珠江三角洲城市群的实践策略

一、城市、城市群反映经济发展的程度

我国改革开放以来京津冀环渤海湾、长三角、珠三角城市群和泛珠三角经济一体化的空间实践，整合空间资源、发展要素和创新网络，由简单向复杂、由无序向有序的方向发展演化形成差序格局化重构，经验验证了城市化、产业集群对城市竞争力的影响的有关结论，珠三角城市群和泛珠三角经济一体化、粤港澳大湾区推动泛珠三角进一步发展对社会创新有更多的可能和更高的要求。

中国城市群时代已经到来，《国家新型城镇化规划（2014-2020）》提出以城市群为推进城镇化的主体形态，其相关城市群的发展战略构建亦逐步具体化，大城市群的建设开始构筑中国新型城镇化的道路。十九大提出中国城镇化的发展是以城市群为主体形态，带动大中小城市和小城镇协调发展。而且京津冀协同发展、长三角区域一体化、粤港澳大湾区建设，正在成为引领区域发展的重要增长极。2014年，京津冀协同发展正式上升为重大国家战略。城市竞争力以城市群竞争力为重要支撑，注重创新制度和环境的顶层设计，充分发挥市场配置创新资源的基础性作用，优势重组同时要求基础设施一体化、公共服务均等化区域协同发展机制影响营商环境及配套改革。

城市发展的实质就是各种形式空间的生产（规模扩张）与再生产（改造更新），是空间资源的生产与分配。城市更新作为"再生产"的主要形式，已经逐渐成为解决城市发展问题的一种惯用做法，它是一个动态发展的概念，而不是一个完结性的状态。房屋老化、结构失衡、功能衰退，腾笼换鸟城市更新是城

市新陈代谢的过程，旧城改造是其中的一个重要环节。"城市更新是城市社会变迁的一个过程，也是城市活力重建的过程。"补齐公共服务、生态环境、基础设施等领域的短板弱项，让城市治理更加科学化、精细化、智能化。

《中共中央 国务院关于支持深圳建设中国特色社会主义先行示范区的意见》明确提出，提出到 2025 年，深圳经济实力、发展质量跻身全球城市前列，研发投入强度、产业创新能力世界一流，文化软实力大幅提升，公共服务水平和生态环境质量达到国际先进水平，建成现代化国际化创新型城市。到 2035 年，深圳高质量发展成为全国典范，城市综合经济竞争力世界领先，建成具有全球影响力的创新创业创意之都，成为我国建设社会主义现代化强国的城市范例。

从某种意义上而言，21 世纪竞争的基本单位既不是企业也不是国家，而是大城市群。城市群的发展代表了经济发展的程度，经济发展表现为城市群的竞争力。国家竞争力的大小来自于城市竞争力的大小和有竞争力城市的多少。经济发展是以分工和专业化为基础，亚当·斯密认为，分工和专业化是经济增长的源泉。全球经济一体化意味着只有大城市甚至大都市圈才能具备与世界进行分工交流、参与全球性的城市间竞争的条件。根据各城市的资源禀赋特征，深化产业分工是现代生产方式变革的主要特征。目前，一般认为世界上有五大城市群，分别是：①美国东北部大西洋沿岸大城市群；②美国五大湖大城市群；③日本东海岸大城市群；④英国大城市群；⑤欧洲西北部大城市群。其中，以美国东北部的"波士顿"城市群和日本东海岸城市群最为典型。目前这几大都市圈都已成为世界上经济最发达的地区。这些城市群是在特定的地域范围内具有相当数量的不同性质、类型和等级规模的城市，依托一定的自然环境条件，以一个或两个超大或特大城市作为地区经济的核心，借助于现代化的交通工具和综合运输网的通达性，以及高度发达的信息网络，发生与发展着城市个体之间的内在联系，共同构成一个相对完整的城市集合体。它们具有以下共同的特征：①高密度的聚落；②是一国乃至全球的发展枢纽；③拥有发达的网络结构；④合理的城市职能分工。国外大城市群的成功实践证明，一个经济区域要具有强大的国际竞争力，必须有一个服务功能齐全的核心城市，形成分工明确、层次清晰的产业群。城市群基础上的城市竞争力必须考察反映城市间分工协作水平的产业竞争力状况，并把产业竞争力与城市竞争力结合起来评价城市竞争力。①

---

① 夏永祥，成涛林. 关于长江三角洲构建世界第六大城市群的思考［EB/OL］. 中国网，2004 - 04 - 21.

城市化是一个人口、产业、市场集群的过程。1962 年美国地理学家布赖恩·贝利指出，一个国家的经济发展水平与该国的城市化程度之间存在着某种联系。中国 2012～2019 年城市化率与 GDP 数据如表 9－1 所示。

表 9－1　2012～2019 年中国 GDP 与城市化率

年份	GDP（亿元）	人均 GDP（元）	常住人口城市化率%
2012	538580.0		52.6
2013	592963.2		53.73
2014	643563.1		54.77
2015	688858.2	49351	56.1
2016	746395.1	53980	57.35
2017	832035.9	59660	58.52
2018	919281.1	64644	59.58
2019	990865.1	70892	60.6

资料来源：中国统计年鉴，2012～2019 年国民经济和社会发展统计公报。

一般来说，要素聚集与产业聚集发达的城市是城市化增长速度最快的城市，也是城市各项社会事业发展最快的城市。营商环境的基础制度环境建设。我国现实也反映了经济增长与城市化水平之间的正相关。城市主导产业的集群对上下游关联产业产生强烈的需求，随着主导产业的延伸和关联产业的出现，特定产业集群所在地区的人口将大规模增长，从而带动第三产业发展。城市主导产业带动了产业结构演进和升级，引起产业体系的更新。产业集群发展也为城市各项事业的发展创造了市场需求和经济条件。为产业集群服务的中介机构和基础设施、生活设施需要配套建设。产业集群不仅降低交易成本、提高效率，而且改进激励方式，创造出信息、专业化制度、名声，还能够改善创新的条件，加速生产率的成长，也更有利于新企业的形成。

二、城市群是世界城市发展的主流和趋势

中国城市化将是推动中国区域经济增长的火车头，打造三大具有世界竞争力的城市集群，既是中国城市化战略进程的深入发展，又是中国新一轮经济增长的动力源，还是中国新一轮财富集聚的战略平台。中国珠江三角洲城市群、长江三角洲城市群、京津环渤海湾城市群将是未来中国经济增长的战略平台，社会创新将注入新的动力源。中国三大城市群对国家 GDP 的贡献率与美国、日

本相比明显偏低。美国三大城市群的 GDP 约占美国 GDP 的 67%，总量达 6.7 万亿美元。日本三大城市群的 GDP 总量达到 2.86 万亿美元，约占日本全国 GDP 总量的 70%。中国珠江三角洲城市群的 GDP 约占中国全国 GDP 的 10%，长江三角洲约占全国的 19%，京津冀环渤海湾地区约占全国的 11%，三大城市群的 GDP 对于全国 GDP 总量的贡献率只有 40%。① 2016 年，我国三大城市群——京津冀城市群、长三角城市群和珠三角城市群 GDP 合计 26.15 万亿元，占全国 GDP 总量的 35%12（数据由 2017 年各省统计年鉴相关数据计算而得），是承载我国经济发展的重要区域。长江经济带覆盖了 11 个省市以及长三角城市群、长江中游城市群、成渝城市群的"三极"。区域整合特别是当经济主体从一个低级平台向一个高级平台整合时，发展潜力和发展空间呈非线性增长。城市群整合经济上可取得跨越式提升，社会上可加速消除二元结构，生态上可缓解过分密集带来的城市病，文化上便于多样性的充分交融，系统上形成等级有序的效率体系。城市群发展可以避免城市单极化扩张，形成大中小城市相互协调体系，建立以地缘经济为基础的城市布局与城际战略联盟，构筑以产业链为核心的城市等级系列集合，实现效率最大化的城市结构，充分协调自然—社会—经济的城乡时空耦合。珠江三角洲是中国经济最发达、增长最迅速的区域之一。珠三角在工业化、市场化和国际化方面走在全国的前面；珠三角也是中国城市化和信息化水平最高的地区之一。在 WTO 和 CEPA 背景下珠三角城市群协同发展日趋重要，加快区域经济一体化进程，不仅对珠三角城市群经济发展具有重要意义，而且对提升整个中国在全球的国家竞争力也具有十分重要的意义。然而目前最艰巨的任务是使珠三角在全球区域经济竞争中发展成为辐射力更强大的泛珠三角经济一体化，成为世界最具活力的经济区域，从而提高整个区域的竞争力，提高整个国家的竞争力。

纵观城市发展的历史轨迹，城市群空间形态的演进为点状—线状—面状—立体状的过程。点状表征为 0 维模式，表现为传统城市中心，强调集聚性，产生城市病；线状表征为 1 维模式，表现为沿江沿线城市带，强调通达性，腹地相对狭小；面状表征为 2 维模式，表现为城市群，强调结构性，功能相对不对称；立体状表征为 3 维模式，表现为城市群带，强调等级、有序、互补和立体网络性，最大限度获得发展利益。城市群是城市化发展的最高形式。

---

① 付晓东. 中国城市化与可持续发展 [M]. 北京：新华出版社，2005：382.

三、泛珠江三角洲经济一体化的时空演变

在地理区位角度上，珠江三角洲地处我国广东省中南部地区，因位于珠江流域的下游而得名。珠江三角洲城市群覆盖的空间地域范围包括广州、深圳两个副省级城市，珠海、佛山、江门、东莞、中山五个地级市和肇庆、惠州等县级市。其土地面积为 2.2 万平方公里，占国土总面积的 0.23%；人口为 2625 万人，占全国的 2.04%，其中专业技术人员占本区域总人口的 3.9%。地区人口仅占全国的 4.2%，出口总额却占 27%。大珠三角城市群则另外包括香港、澳门。改革开放以来，珠江三角洲形成了前店后厂式分工格局，是作为 20 世纪 80 年代形成的粤港澳经济一体化的经济腹地而存在的。这种地位随着香港、澳门的回归得到进一步加强，使粤港澳地区的经济一体化成为决定和影响珠江三角洲、大珠江三角洲到泛珠江三角洲经济合作与发展的核心因素。经济一体化内在的因素是经济关联性，特别是产业结构的关联性。珠江三角洲城市群经历了珠江三角洲—大珠江三角洲—泛珠江三角洲的发展。

2003 年国内提出泛珠三角合作的概念。2016 年，国务院出台了《关于深化泛珠三角区域合作的指导意见》，提出"将泛珠三角区域打造成为'中国制造2025'转型升级示范区和世界先进制造业基地"的战略任务。区域经济合作包括总部经济、企业兼并重组、项目合作共建、园区合作共建、飞地经济、企业迁建、招商引资等多种合作形式。2017 年国务院政府工作报告中提出"要推动内地与港澳深化合作，研究制定粤港澳大湾区城市群发展规划""粤港澳大湾区"正式进入国家战略层面。"泛珠三角"简称"9＋2"，即广东、福建、江西、湖南、广西、海南、四川、贵州、云南 9 省区，加上香港、澳门 2 个特别行政区形成的超级经济圈。面积 200.6 万平方公里，户籍总人口 45698 万，生产总值达 6356 亿美元。其中，9 省区面积占全国的 20.9%，人口占全国的 34.8%，生产总值占全国的 33.3%。泛珠三角经济一体化有赖于珠三角城市群社会创新的传递和扩散。珠三角中心城市广州、深圳等吸纳了全省 3/5 的外来人口，创造了占全省 GDP 总量的 85% 以上的财政收入。

方创琳等（2011）① 认为，城市群发展的整体目标在于是依托城市群内部各城市之间发达的基础设施网络，逐渐形成经济联系紧密、空间组织紧凑、就业资源流动壁垒低、产业构建同城化和高度一体化的城市群体。城市群的高度一体化是城市群范围内各城市的有机融合，各要素分工协作的共同结果，同时

---

① 方创琳，姚士谋，刘盛和. 2010 中国城市群发展报告［M］. 北京：科学出版社，2011.

也是保持城市群经济高质量发展的重要基础（刘锦等，2018）。① 从经济发展的时空演变特征看，粤港澳大湾区已由原来的核心边缘模式逐渐发展为相互关联的网络模式（周春山等，2017）②，而从城市群的空间结构而言，该区域也从单中心逐步迈向多中心结构（汪行东等，2017）③。城市群的高度一体化是城市群范围内各城市有机融合，各要素分工协作的结果，同时也是区域经济保持繁荣增长的基础。就此意义而言，在总体上构建城市群产业、人口和空间要素的良性互促机制，将有助于珠三角地区的一体化发展，同时也是提升粤港澳大湾区经济活力的重要前提④。

第二节　泛珠三角的城市创新经验

一、珠三角的城市化过程

国外学者认为，城市群发展经历了大都市圈—超级城市区域—廊道式阶段—超级城市群区域几个阶段（Lang，R.，Knox，K. 2009⑤；Henderson，J. Vernonetal. 2009）⑥，国内学者总结了世界级城市群人口城市化的空间路径，即城市化—郊区化—逆城市化—再城市化或者大城市—中等城市—小城市（毛新雅，2013），说明城市群人口集聚由大城市逐渐转变为大中小城市协调发展⑦。世界经济的主导性空间形式已从"地点空间"向"流的空间"转变⑧。

---

① 刘锦，田银生. 粤港澳大湾区背景下的珠三角城市群产业—人口—空间交互影响机理 [J]. 地理科学进展，2018（12）：1653 - 1662.
② 周春山，罗利佳，史晨怡，等. 粤港澳大湾区经济发展时空演变特征及其影响因素 [J]. 热带地理，2017，37（6）：802 - 813.
③ 汪行东，鲁志国. 粤港澳大湾区城市群空间结构研究：从单中心到多中心 [J]. 岭南学刊，2017（5）：1 - 8.
④ 刘锦，田银生. 粤港澳大湾区背景下的珠三角城市群产业—人口—空间交互影响机理 [J]. 地理科学进展，2018，37（012）：1653 - 1662.
⑤ Lang，R. Knox，K. "the New Metropolis；Rethinking Metropolis" [J]. Regional Study，2009，43（6）：789 - 802.
⑥ Henderson，J. Vernon，and Anthony J. Venables，"The Dynamics of City Formation" [J]. Review of Economic Dynamics，2009（12）：233 - 254.
⑦ 毛新雅、翟振武. 伦敦都市区与城市群人口城市化的空间路径及其启示 [J]. 北京社会科学，2013（7）.
⑧ 陆大道. 关于珠江三角洲大城市群与泛珠三角经济合作区的发展问题 [J]. 经济地理，2017，37（04）：1 - 4.

"流空间理论"最早由 Manuel Castells 于 1989 年正式提出，该理论认为"流空间"是通过多种要素相互交织建立联系来发挥空间作用，从而形成城市网络①。

珠三角范围包括广州、深圳两个副省级城市以及珠海、佛山、东莞、中山、江门、肇庆、惠州七个地级城市，涵盖面积为 5.48 万 km²，约占全国总面积的 0.57%。

珠江三角洲地区的城市化道路呈现出典型的农村工业化和自下而上的模式。珠江三角洲地区的城市化模式与特征主要是基于历史条件和区域产业结构。首先，珠江三角洲以农业为基础，区域内经济同质性较强，主导产业结构倾向于劳动密集型产业。珠江三角洲地区在基础产业和服务产业等劳动密集型产业中具有比较优势。毗邻港澳的区位条件是珠江三角洲主动接受产业转移的外部条件。其次，主导产业轻型化，接受产业转移时结构升级能够较快实现。再次，港澳资本的金融支持弥补了生产要素的不足，加快了落后地区的产业升级，直接催化了小型民营经济的产生，这是珠江三角洲城市化自下而上模式的组织基础。这种城市化模式和特征提高了珠江三角洲地区的城市化程度，经济总量规模超过其他两大城市群经济区，成为我国最具开放度、最富经济实力的城市经济区。

珠江三角洲城市化发展取决于城市内部产业关联以及传导路径。中心城市承担着组织区域经济体系、协调地区经济运行的核心职能，中心城市的极化作用决定区域经济流量和经济流动的方向。广州是珠江三角洲的中心城市，20 世纪 90 年代其综合经济实力位居全国第三位。1980 年广州市区的工业产值占珠江三角洲的 54.66%，1990 年占 23.69%，表明广州由区域生产极转变为区域服务极。广州对其他城市进行技术创新扩散，区域市场组织，信息提供等服务。

珠江三角洲是接受港澳经济极化扩散最直接的区域。珠江三角洲与港澳的产业结构发生了明显的变化。80 年代，珠江三角洲三大产业结构的比例是 25.8 : 45.3 : 28.9；香港的三大产业结构比例是 1.1 : 31.9 : 68.0。90 年代，珠江三角洲的产业结构比例是 8.8 : 51.2 : 40，香港的产业结构比例是 0.2 : 18.5 : 81.3。珠江三角洲的产业结构中第一产业、第二产业由于接受香港的生产职能转移而规模扩大，香港的产业结构中第三产业比重日益上升。改革开放以来，港澳经济中 3/4 的加工工业完全转移到珠江三角洲区域，经济形成互补性。珠江三角洲成为一个新兴市场，具备结构性整合区域市场的条件，港澳地区与珠江三角洲的经济关系由单纯的制造业合作向全面的多元化合作方向演变。原有

---

① Castells M. The information city [J]. Oxford：Basil Blackwell，1989.

的垂直分工模式向水平型网络分工组织模式转变。空间上，泛珠三角经济合作与发展的实现途径是沿着香港—深圳—珠江三角洲内地和澳门—珠海—珠江三角洲内地的区域经济关联传导路径进行扩散的。泛珠三角经济关联性有助于减少运输成本，提高空间交易效率，同时符合城市化空间经济运行的阶段性和层次性要求。① 在空间格局上，珠三角地区要形成两条发展主轴、三大都市圈，呈网络状发展。两条发展主轴分别向香港、澳门延伸，一条是广港发展轴；一条是广澳发展轴。三大都市圈分别是中部都市圈（广州、佛山）、东岸都市圈（深圳、东莞、惠州）、西岸都市圈（中山、珠海、江门）。外生型产业集群主要是外资企业要利用当地村镇的丰富的土地资源，廉价的劳动力和优惠开放的政策，选择一些村镇建立合资企业，从而带动相关产业企业的聚集形成集群。外生型内生型产业集群和高科技产业集群发展路径产业链与创新链结合。

二、泛珠三角城市群的技术—空间差异化竞争

城市发展进程中的产业、人口和空间要素的作用机理可分为两种模式。第一种是经济动力主导的"产业—人口—空间"模式。模式之二是政府行政动力主导的"空间—产业—人口"模式。

（1）从现代化的标准来衡量，珠三角城市群总体水平高，而泛珠三角区域总体水平低，发展不平衡。根据现代化理论的最新发展，现代化可分为第一次现代化，是指农业时代向工业时代、农业经济向工业经济、农业社会向工业社会、农业文明向工业文明转变的历史过程及深刻变化。第二次现代化是指从工业时代向知识时代、工业经济向知识经济、工业社会向知识社会、工业文明知识文明的转变过程及其深刻变化（何传启，1999）。发展中地区现代化道路可以两次现代化分别进行也可以协调发展。"9+2"中发达和中等发达地区主要是推进第二次现代化，初等发达地区运用综合现代化，欠发达地区的目标是实现综合现代化，继续推进第一次现代化。综合现代化就是两次现代化协调发展，用第二次现代化带动第一次现代化，用第一次现代化促进第二次现代化，实现工业化与信息化相互促进、城市化与郊区化相互促进、知识化和全球化的相互促进。② 现代化标准按指数来界定：80～100属世界先进水平高现代化水平；50～80中高现代化水平；30～50中低现代化水平；0～30低现代化。如表9–2

---

① 陆军. 城市外部空间运动与区域经济 [M]. 北京：中国城市出版社，2001：246–262.

② 中国现代化战略研究课题组，中国科学院中国现代化研究中心. 中国现代化报告2003 [M]. 北京：北京大学出版社，2003：87–96.

所示。

表 9 - 2　2006 年中国泛珠三角区域及全国现代化指数

"9 + 2"	第一次现代化 实现程度%	第二次现代化 指数	综合现代化 水平指数	人均 GDP（美元）
澳门	100	78	81	28436
香港	100	78	77	27678
广东	93	49	45	3534
福建	90	42	37	2685
四川	81	39	34	1327
湖南	83	36	33	1497
海南	79	35	29	1580
江西	79	35	33	1351
广西	77	32	30	1284
云南	69	30	27	1121
贵州	70	30	27	762
全国	87	40	38	2013

资料来源：中国现代化战略研究课题组. 中国现代化报告 2009. 北京：北京大学出版社，2009.

"9 + 2" 泛珠三角区域按第二次现代化来排列，香港、澳门已经完成第一次现代化，已经进入第二次现代化的发展期，为高现代化水平和中高现代化水平，属于发达和中等发达地区；另外三个地区为第二次现代化的成分不断增加中低现代化水平，为初等发达地区；还有六个地区继续进行第一次现代化，为低现代化水平，欠发达地区。由此可看出泛珠三角存在人类社会四个阶段：原始社会、农业社会、工业社会及知识社会。

（2）从经济体制来衡量，珠三角区域市场经济和开放程度高，而泛珠三角区域市场经济和开放程度差别大。香港、澳门是市场经济体制，是开放的、独立的关税区，广东福建属沿海开放地区，市场经济得到了充分发展，拥有政策的优惠，开放程度高，其余七个地区正在健全市场经济。经济体制仍带有过渡性质，按市场经济要求规范产权制度、市场规划和政府宏观经济管理仍是改革的第一重要任务。

（3）从地理空间分布来看，珠三角资源丰富，边界条件独特，高新产业发达，社会信息化水平高；而泛珠三角区域横跨东中西三大地带，资源分布及产业结构分布不均衡。

根据美国学者英克尔斯教授提出的发展指标和世界银行《1983 年世界发展报告》公布的 1960 年 19 个市场经济工业化国家的平均值，工业化的标准为工业增加值占 GDP 比例和工业劳动力占全国劳动力比例都高于 40%，农业增加值占 GDP 比例低于 15%，农业劳动力占全国劳动力比例低于 30%。如表 9 - 3 所示，"9 + 2"泛珠三角区域中农业增加值占 GDP 比例有两个省达到标准，农业劳动力占总劳动力比例有一个省达到。

表 9 - 3　2001 年 "9 + 2" 中国泛珠三角区域工业化程度①

	农业增加值占 GDP 比例	比重达标程度	农业劳动力占 总劳动力比例	比重达标程度
广东	9	100	37	81
福建	15	98	13	100
湖南	21	72	66	45
云南	22	69	57	53
四川	22	68	60	50
江西	23	64	52	58
广西	25	60	56	54
贵州	25	59	60	50
海南	37	41	72	42

资料来源：中国现代化战略研究课题组，中国科学院，中国现代化研究中心. 中国现代化报告 2003. 北京：北京大学出版社，2003：227 - 229.

从以上标准判断，珠三角优势独特，粤港澳的影响是主要推动力，目前是世界上经济增长速度最快的地区；而 "9 + 2" 泛珠三角区域体现出总体水平低，地区发展不平衡，指标发展不平衡。

三、从珠三角城市群到泛珠三角经济一体化的社会创新

高质量一体化发展的内在逻辑关键在于探索 "技术—经济—社会—公共治理" 有序推进和共融共生的创新型社会新发展范式。

---

① 中国现代化战略研究课题组，中国科学院. 中国现代化研究中心，中国现代化报告 2003 [M]. 北京：北京大学出版社，2003：227 - 229.

城市规划要求在更大的区域规划和整合，城市群整合要求在更大的范围，从经济区域的角度来规划。珠江三角洲城市群竞争力提升要确定发展目标、发展战略、发展动力的问题，引发了很多区域社会创新问题的思考，从珠三角城市群发展泛珠三角经济一体化创新优化以下问题。①

1. 集成全球范围的创新资源

经济全球化使世界各个国家和地区都参与全球范围的资源流动和竞争，以得到发展的条件和机会。但是全球化发展使"中心与边缘"的地理正在成型，炫目的繁华与极度的贫困并存，它们之间的接触非常有限。中心国家和地区处于主流经济，边缘国家和地区只能向中心提供初级产品，甚至演变为依附关系。一个国家或地区要争取发展机会，培养和保持国际竞争力必须融入区域经济的中心，如加入区域经济一体化组织，以避免被边缘化，从而在区域中占据重要地位乃至核心位置。欧洲联盟、北美自由贸易区、亚太经济合作组织等是区域经济一体化趋势的代表，世界已形成五大都市圈，城市群也得到了空前发展。珠三角城市群与港澳整合发挥了创新资源的作用，泛珠三角与东盟整合集成了创新资源的运用。中国积极参与全球经济合作，珠三角城市群到泛珠三角区域合作与发展正是适应了全球经济一体化与区域化的这种发展趋势，利用全球的创新资源和分工避免边缘化。

2. 发挥城市作为创新主体的作用

全球竞争的加剧和经济一体化使民族国家干预本国经济的能力受到不同程度的限制，而国家的下层主体，区域或者城市的地位上升。科技革命的发展也改变了经济活动的经济空间关系，企业随时可以选择和变动其所在城市或区域的地理位置，因此区域、城市对于所处国家及所包含的企业的竞争力都至关重要。科技革命和全球化创造了城市新的战略角色，世界上最大的城市组成了全球化得以实现的基础网络，城市已成为竞争和创新的主体。要提高国家竞争力，首先要提高城市和区域的竞争力；国家竞争转向了区域竞争、城市竞争；促进城市化和发展城市群是新的经济增长点。要提高国家竞争力，必须采取新的区域和城市发展政策。经济一体化是落实科学发展观的一次实践。

3. 争取城市合作与竞争的双赢

区域整合是发展中国家现代化可供选择的战略模式。全球合作常常貌合神离，而区域合作往往能同舟共济。区域经济和社会整合，创新与学习能力集成，

---

① 李桂平．湖南：政府推动融入泛珠三角经济合作［N］．人民日报，2004 - 10 - 24（23）．

创新系统和知识、信息、经验的共享，国际市场与区域市场同心协力，自然生态和经济发展相互协调、实现可持续发展，这是区域合作的最佳状态和目标。但是区域合作共同体往往面临着错综复杂的行政屏障和利益冲突，竞争的内容包括资本、技术、人才、电信和新兴产业等。我国曾经出现区域合作从港口大战到机场大战，恶性竞争使一体化成为碎片化提供了失败的例证。泛珠三角经济一体化中有两大独立关税区、不同体制框架和发展水平的博弈，区域组合极具挑战性，但是有希望成为世界上城市群和都市圈的核心地区同样极具诱惑力。泛珠三角区域发展处于非均衡状况之中，原因在于市场不完全、价格刚性等体制原因或行为原因，经济学的均衡分析和非均衡分析都表明区域发展非均衡是缺乏效率的，意味着资源的浪费或配置不当，因此应努力寻找和消除非均衡的原因，使经济运行更加均衡和有效率。① 区域不均衡也增加了竞争和合作的难度。目前影响珠三角城市群竞争力的主要因素是经济实力、区位优势、资本实力，而城市管理、增长能力、生态环境、信息化水平、企业管理水平和全球化能力对城市竞争力越来越重要。区域经济发展的理论和实践已经证明，水平实力强、范围小的区域可采取均衡发展战略，水平实力差、范围广的区域往往实行不均衡发展战略能获得成功。泛珠三角经济一体化要采取适度均衡战略。泛珠三角区域一体化是区域经济、社会、空间的创新和整合，是中国东、中、西、特区经济一体化竞争和协调发展的尝试，也是中部区域崛起的有效途径。

4. 利用创新系统促进辐射与梯度推进

泛珠三角区域合作与发展中有两个比较发达地区和两个初等发达地区及七个欠发达地区，呈梯状分布，发展极不平衡，需要运用区域经济发展梯度推进和辐射来获得发展。梯度发展中存在三种力量、三种效应。一个是极化效应促进城市的发展梯度上升，一个是扩展效应促进低梯度地区发展，一个是回程效应削弱低梯度地区发展和促进高梯度地区的进一步发展，其中极化效应起主导作用，它们共同制约着区域生产分布的集中与分散，三种力量综合利用的结果是不断扩大差别，这就是梯度推进的结果。

辐射是经济发展水平和现代化程度较高的地区与较低地区进行资本、人才、技术、市场、信息等的流动和思想观念、思维方式、生活习惯的传播，辐射的媒介是道路、交通、通信和人员流动、市场机制构成多元化的辐射网络。辐射有点辐射、线辐射和面辐射，要求城市形成等级网络体系和要素流动，辐射最后会体现为梯度推进。

---

① 樊纲. 论均衡、非均衡及其可持续性问题 [J]. 经济研究, 1991 (7): 13 - 20.

泛珠三角区域中珠三角城市群要求扩充腹地、产业梯度转移实现结构转型和可持续发展；港澳地区的长期稳步、可持续发展需要泛珠三角地区为其提供广阔的发展空间；珠三角周围省、区的经济发展与社会进步依赖于珠三角的辐射与带动。不同区域发展的驱动力是不同的，落后区域的发展主要借助于投资、技术进步、工业化和城市化。发达地区的发展主要借助知识创新、技术创新、人力资本和全球化。知识经济下欠发达区域应借助知识创新和全球化的力量，因此地区创新系统及创新活动是泛珠三角经济一体化的重要的动力来源。

5. 以综合现代化与第二次现代化提升城市竞争力

按照现代化理论的最新发展，世界现代化存在第一次现代化和第二次现代化。1999 年，世界发达国家全部完成第一次现代化，进入了第二次现代化阶段。20 世纪 90 年代以来，中国地区现代化已经进入两次现代化并存的阶段。泛珠三角区域中，香港和澳门已经实现了第一次现代化，进入了第二次现代化，沿海发达地区和大城市地区第二次现代化的成分不断增加，同时中、西部地区继续进行第一次现代化（何传启，1999）。综合现代化是一种发展战略，以赶上发达国家第二次现代化发展水平为阶段目标，协调发展第一次现代化和第二次现代化，用第二次现代化带动第一次现代化，第一次现代化促进第二次现代化，要求同时进行第一次和第二次现代化，最终实现第二次现代化。第二次现代化是从工业社会向知识社会、工业经济向知识经济、工业文明向知识文明的转变过程及其深刻变化。第二次现代化既是对第一次现代化的部分消除和"反向"，也是对第一次现代化的部分继承和发展，更是创新的结果。欠发达地区的目标是实现现代化和可持续发展。城市培养和发展竞争力，一在于自我发展，二是与拥有互补优势的城市形成战略联盟。

以上这些问题对于珠三角城市群发展为泛珠三角区域经济一体化的社会创新的意义以及目标有着深刻的影响。城市培养持续的竞争力要求发展和保持传统的组织资源和能力，建立新的资源和能力，选择长远发展的新生的组织资源和管理系统。

2018 年，深圳全社会研发投入超过 1000 亿元，占 GDP 比重位居全国前列，全年新引进人才 28.5 万名，增长 8.4%，新增全职院士 12 名、总量增长 41%，新增高层次人才 2678 名、增长 59%。（1）大胆尝试制度创新。改革开放以来，深圳通过科技创新为发展提供动力，"前海模式"成为深圳制度创新的新标杆。（2）加快高层次人才集聚。深圳不断健全完善人才政策体系，先后出台了中长期人才发展规划纲要，高层次专业人才的"1+6"政策，引进海外高层次人才和团队的"孔雀计划"等政策措施。（3）强化企业创新主体地位。深圳 90%以上研发机构在企业，90%以上研发人员在企业，90%以上研发资金源于企业，90%以上专利发明出自企业。（4）高水平布局建设创新平台。深圳大力提升基础研究能力，补齐短板增强核心引擎功能。（5）打造现代化创新配套基础设施综合体。以300米高的深圳湾创新科技中心为标志的现代化创新综合体在2019年顺利封顶①。

第二节　欠发达地区提高城市竞争力的区域社会创新

我国区域发展协调模式和带动模式正在发生转向。过去是发达地区带动欠发达地区，城市带动乡村发展。现在转向中心城市引领发展，以中心城市引领城市群发展，以城市群带动区域发展的新模式。发展城市群是推动区域之间融合发展的重要路径。

包括制度创新的社会创新是经济生活中内生变量的核心，经济生活中的一切创新，都要依赖社会创新予以保证和推动。改革开放以来的区域经济发展证明，区域制度创新是区域快速增长的重要原因之一。东部地区经济实力的增强和发展的高速度实质上体现了其较强的区域经济竞争力和区域竞争优势，而这种优势的建立是与持续地制度创新分不开的。东部地区的制度创新主要集中在两个方面：一是产权制度创新；二是企业制度创新。从产权制度创新来看，东部地区迅速发展了非国有经济，企业追求技术进步的动机明显增强，企业生产能力得到了最大限度的发挥。从企业制度创新来看，东部地区迅速发展了股份制公司及个人、合伙企业。尤其是允许以技术、专利发明、人力资源作为资本入股，极大地刺激了技术进步和人力资本的投资。从这个意义上讲，技术进步和人力资本自身的发展与积累及其对经济增长的贡献取决于相应的制度创新。因此西部、中部地区要形成城市竞争力，必须在持续的社会创新的基础上，依靠人力资本存量的提高与技术进步来培育城市区域产业和企业的核心竞争力。

1. 建立以社会创新和技术创新相结合的动力系统，促进欠发达地区城市化发展

欠发达地区融入经济合作是区域技术创新和社会创新与经济、社会、空间的整合过程，形成强大的发展创新的动力系统是基础。

---

① 丰志勇，朱庐宁. 国内城市的创新发展经验［N］. 南京日报，2019－09－25.

区域经济发展来自要素投入、科技、制度等。区域经济发展是科技创新和社会创新共同作用的结果。社会创新降低了交易成本，能促进利益和效率提高，促进公平与自由。国内外研究成果证实，依靠非科技创新因素，即社会创新可以弥补科技创新能力的不足，加快技术创新如知识产权法促进了科技及经济发展。市场经济的竞争是市场对创新进行自组织的关键要素，市场过程是一个对技术创新进行自组织的过程，针对市场生产本身便是一个创新进程；市场可以消除技术创新的不确定性；市场能自动地使企业、个人冒创新风险，为创新提供动力；市场把创新成功与否的裁决权交给消费者，这既达到使创新服务于消费者的目的，又达到引导创新的目的；市场通过竞争迫使企业不断地进行创新；市场机制有助于培育创新的载体——企业家。① 市场经济体制就是最大的社会创新。

区域发展的动力系统包括技术创新和社会创新，推动创新的是个人目的和组织的统一，经济体系的各个参加者目标的和谐共存确定了行使经济决策权的制度化模式，这就是动力系统的结构。它也包括激励和约束系统。区域合作与发展的激励约束系统是指运用宏观政策、市场力量、产权力量、企业机制等因素去影响和约束市场主体的行为和绩效，重要的力量一个是政府，一个是市场。

2. 欠发达地区社会创新包括企业—产业—城市或区域创新网络的形成

推动企业创新是提升城市区域竞争力的主要活力源泉。发展、创新是不同行为主体和机械间复杂的相互作用的结果，是系统内部各要素之间相互作用和反馈的结果。美国硅谷的发展就是技术创新和社会创新的范例。泛珠三角地区特别是欠发达地区要以集群化的系统思维诱致制度变革。欠发达地区形成区域的核心竞争能力往往要开发整合本地资源，发展特色经济和招商引资企业的集群化。集群是产业呈现区域集聚发展的态势，是一种柔性生产综合体的集群。集群是介于企业和市场之间的中间组织，它把竞争从单体的企业之间提升到了更大的群体之间。从区域经济发展的角度看，区域之间的竞争形态由于企业集群的出现也发生了变化，企业集群加速了区域经济一体化进程，区域竞争更多地呈现出整体性竞争的形态。产业集群具有产业空间集聚、灵活专业化生产、合作创新网络、社会文化根植、区域整合与区际链合及循环累积的自我增强等六个特征，被认为是类似生物有机体的企业发展生态系统和产业网络、社会网络、区域网络三位一体的空间网络组织。一个区域或城

---

① 柳卸林. 市场和技术创新的自组织过程［J］. 经济研究，1993（2）：34 – 37.

市在国际上具有竞争优势的关键是产业的竞争优势，而产业竞争优势来源于彼此相关的产业集群。

欠发达地区社会创新包括企业、产业、城市或区域制度创新，尤其要建立相互依存的企业、产业、城市或区域创新网络体系。社会创新要求根据已有的区位优势和现有的产业特色和优势，通过产业集群形成相关产业的网络体系，要求以分工协作、本地结网形成产业集群安排新项目，要求进一步完善官产学研合作机制。官产学研中的产学研是不同分工在功能和资源优势上的协调与集成，是技术创新上中下游的对接与耦合。产学研要形成互动、互补和利益共享，政府要加强对产业集群有重要影响的公共产品或公共产品的投资，促进合作与互动，提高服务职能。

欠发达地区社会创新要求建立促进城市产业集群的区域文化。通过区域文化的传播可以整合信息和资源、降低成本、降低风险。促进产业集群的区域文化包括鼓励敢冒风险、富于进取的企业家精神，提倡信用与合作观念，促进非正式交流。

3. 泛珠三角区域社会创新的路径依赖

社会创新存在路径依赖。所谓路径依赖是具有正反馈机制的体系，一旦在外部偶然性事件的影响下被系统所采纳，便会沿着一定的路径发展演进，而很难为其他潜在的甚至更优的体系所替代。细小的事件和偶然的情况也会把技术发展引入特定的路径，而不同的路径最终会导致完全不同的结果。在社会制度变迁中，同样存在着报酬递增和自我强化的机制。沿着既定的路径，经济和政治制度的变迁可能进入良性循环的轨道，迅速优化；也可能顺着原来的错误路径往下滑；甚至被锁定在某种无效率的状态之下。一旦进入了锁定状态，方向的扭转往往要借助于外部效应，引入外生变量或依靠政权的变化。

欠发达地区融入泛珠三角区域合作与发展中的社会创新应尽力避免坠入"锁定"的陷阱。中国"9 + 2"泛珠三角区域在资源禀赋、产业结构、技术特征、社会文明程度、文化背景、市场化改革等都有着一定的差别，这种社会制度变迁过程具有路径依赖性。珠江三角洲地区表现为区域经济增长与制度创新互为因果、互相促进的良性循环局面。因为其制度创新与原来的制度结构和历史相匹配，即制度变迁极大地调动了人们的积极性，使资源得到充分利用，并产生了协同效应，从而取得了创新成功，促进了市场发展和区域经济的增长，这反过来又推动了制度的进一步变迁（创新）。而欠发达地区的制度创新与原来的制度、历史无法形成协调，而是带来观念的、技术的和政策上的锁定和冲突，在"锁定"的轨迹中，这种制度创新不仅得不到支持，而且加剧了不公平竞争，导致市场秩序混乱和区域经济的衰退。

　　构建泛珠三角区域城市竞争力的关键因素是地方政府创新。社会创新的主体一般包括个人、个人之间自愿组成合作团体和政府机构三种形式，而政府的创新具有较大优越性。在泛珠三角城市竞争力形成及欠发达地区融入泛珠三角区域合作与发展中，地方政府在社会创新中处于非常重要的地位。地方政府创新包括"由上而下"进行的强制性创新和"由下而上"的诱致性创新。地方政府促进技术创新和制度创新，旨在实现本区域的经济增长和民众的福利提高。区域发展中有大量的组织、机构和团体相互发生着关系，地方政府在其中担当着政治、经济、文化和媒介方面的社会代理人，地方政府比国家在处理某些事务时有更多的灵活性和游刃的空间、占有更有利的位置，地方政府能够在促进经济效率和竞争力、推动社会文化整合，以及提供政治参与的舞台等方面做出贡献。

第十章

结论与对策建议

第一节　结　　论

列斐伏尔认为，人类社会已经进入了空间生产和空间革命的时代。[①] 福柯甚至认为，人类已经进入了以空间关系为主的时代。[②] 运用空间生产视角对社会创新和城市竞争力进行研究是一种尝试。城市空间生产是社会创新的生产是城市竞争力的生产，社会创新和城市竞争力又影响着城市空间生产的空间实践、空间表征和表征空间三个方面。城市空间在社会创新和城市竞争力的影响下不断重塑，生产和再生产，社会创新与城市竞争力在空间生产中不断演化。

社会创新与城市竞争力的行动主体在空间实践过程中不同的逻辑产生不同的知识、权力、资本结构，城市空间生产有不同的发展走向。

创新的理论与实践证明，创新是不同主体和机构间复杂的相互作用的结果，是系统内部各要素之间的相互作用和反馈的结果，社会创新包括企业组织层面的社会创新和社会系统的社会创新。城市社会创新是指中观层面的一系列创新。城市社会创新也是城市创新主体、创新网络和创新运行机制相互作用和反馈的结果，它包括知识与技术创新、制度与管理创新、观念与文化创新等。企业的技术创新、组织创新、管理创新和制度创新也是城市社会创新的内容。城市社会创新不是单向的流程，是网状的方式。

从创新来说，技术创新不仅是一种经济行为和过程，而且是一种社会运行和整合过程。城市社会创新要求整体化、系统化、多样化的创新思维，要求把

---

①　亨利·列斐伏尔. 空间的生产 ［M］//张一兵. 社会批判理论纪事：第 1 集. 北京：中央编译出版社，2006：180.

②　M. 福柯. 另类空间 ［J］. 王喆，译. 世界哲学，2006 (6).

社会性因素作为创新的内在因素，要求以创新的整体性、系统性评价社会发展。

从技术创新来说，推动技术创新的不仅有科学技术力量，而且有非科学技术力量。依靠非技术创新因素，可以弥补技术创新能力的不足，加强和扩散创新成果的运用。技术创新、市场创新的累积会推动制度创新、观念创新、文化创新，而制度创新也会为技术创新、市场创新提供有利的制度环境，技术创新、市场创新、制度创新多种创新相互影响相互促进，推动经济增长。

从社会系统方面来说，帕森斯的社会系统理论认为，经济是一种特殊的社会系统。社会系统要取得生存与发展必须满足四个功能性必要条件，即适应功能、目标实现功能、整合功能和模式维持功能。[①] 城市的技术创新是一个经济系统，它作为一种社会系统具有这种系统的全部属性，具有一个共同的价值系统、体制结构：适应、目标实现、统一和模式维持过程。经济承诺、生产—分配、资本筹集和企业家是作为系统的经济分化的四个首要功能基础。因此技术创新的社会系统是否健全，影响着创新运行和扩散的行为、系统、规模和进程，是创新的重要变量。

城市社会创新是一个系统工程，它包括由一个包含社会创新在内的城市竞争力的评价体系、城市社会创新系统和城市社会创新战略三部分组成。

一个包含社会创新的城市竞争力的评价体系是指城市竞争力评价体系，由客观统计指标和主观评价问卷组成。其中，指标体系包括社会发展、社会公平、社会保障、社会关爱、社会安全和生态文明等指标，使城市竞争力由一种理念变成为一系列可操作、可评测的实践主体。

城市社会创新系统是指创新主体、创新客体、创新运行与扩散系统。这些系统涵盖了城市竞争的基本要素，也覆盖了城市社会发展的要素，构成了城市竞争的基本社会覆盖面。

城市社会创新战略是指政府管治模式创新、城市创新环境、城市经营与规划战略定位等。

本研究尝试从管理科学与工程、经济学、社会学跨学科、从城市空间的整体性视角对城市发展和城镇化中的创新与竞争的诸多要素及实践策略以及由此而引发的结构、行为、关系变动问题进行理论和经验研究。

通过城市发展、新型城镇化所引发的空间生产的时空演变及经验研究，希望从经验层面为创新和竞争的跨学科理论范式和整体性理论建构提供经验支撑。

通过吸收和借鉴西方关于社会空间理论、创新理论、竞争力理论的成果，

---

① 帕森斯，斯梅尔瑟. 经济与社会 [M]. 北京：华夏出版社，1998.

希望有助于中国城市竞争和创新研究与社会空间研究的理论发展和政策研究。

研究发现：

（1）在城市创新和竞争力的理论分析框架和方法论基础上，空间提供了一种思路和策略。动态与静态相结合，聚集与极化相结合，时空压缩与时空扩展相结合，网络与现实结合，知识管理与学习结合，空间的社会创新具有建构意义。城市空间生产包括空间实践、空间表征和表征空间。城市空间是竞争的空间，是社会创新的空间。城市竞争和城市创新如同格兰诺维特所认为的，经济行动是社会行动的一种特定类型；经济行动具有社会性的定位；经济制度是一种社会性的建构。城市的创新与竞争有一个社会过程，有一个社会动员的过程，有一个制度建构的过程。

（2）城市发展新型城镇化是在全球化、现代化、市场化、工业化、信息化的宏观背景下和中国社会转型、社会变迁的结构行为关系变动中讨论的相关议题，城市创新和竞争也要超出城市本身的地理空间从高一层次，例如从国家角度、从城市群城市带角度、从历史和文化情境中考察。

（3）城市竞争和创新也应该置于中观层面的制度环境、社区、家庭等层面理解。城市竞争和创新的基础在社区在个人在家庭。智慧城市、网格化社会治理、社区营造、乡村振兴是城镇化、城市技术—社会治理现代化的基础。

（4）不同的城市空间生产策略性行为伴随着不同系统的逻辑行为；国家的逻辑还是市场的逻辑还是社会的逻辑，有不同的社会机制、实践的形式和实践的过程。

（5）社会创新对竞争力具有双重影响：社会创新不仅通过影响产业集群而影响城市化，而且通过影响创新主体、创新客体、创新环境、创新运行和扩散机制影响竞争力，最终影响城市群和经济发展。社会创新对城市竞争力的影响是通过城市的集聚和扩散能力而产生的。

（6）城市社会创新与城市竞争的主体系统是由社会/公众/顾客/个人、政府、社团/协会/社区、企业、大学/研究机构五个主体所构成，这些主体在社会创新与城市竞争中都具有各自不可或缺的地位和作用。

（7）城市社会创新与城市竞争的客体系统包括制度与管理创新、知识与技术创新、观念与文化创新等多个子系统。城市社会创新与城市竞争的过程包括理念—制度—组织—政策—结果。

（8）城市社会创新与城市竞争的动力来自政府、市场、企业和科学技术的突破。城市创新网络发挥重要的作用。

（9）不同区域城市社会创新与竞争有着历史文化的影响，城市竞争力提升要求加强创新主体建设，促进环境创新；有效配置社会创新资源，建立长效创新机制。

总之，城市充满希望，人类未来的生存和发展必须通过社会创新建立一个可持续的社会体制，城市竞争力提升更是如此。

第二节　关于城市社会创新与竞争的政策建议

当代城市社会创新与竞争中知识与技术创新的影响急剧增强，城市空间生产的主体越来越网络化和组织化，创新与竞争的动力越来越表现为结构性和复合性。然而我国城市社会创新与竞争中存在着科技与经济脱节、市场与政府不协调，创新机制不健全、创新主体动力不足、缺乏参与国际竞争的能力等现象。我国城市社会创新与竞争系统建设是一项涉及经济、科技、社会等多方面的系统工程，任重而道远。

一、强化城市社会创新与竞争理念，营造城市社会创新与竞争环境

城市空间生产中国家与市场的关系一直延续。城市社会创新与竞争要运用市场和政府的力量，市场经济是城市创新与竞争的先导。在产业集群、城市集群的形成和发展过程中，政府调整创新和竞争政策，政府的角色应该是作为促进者和中间人，把相关参与者聚集起来，提供支撑性的基础设施，建立动态比较优势和有利于产业集群发展的制度，创造一个有效的激励机制以消除创新系统的系统失效。

社会创新与竞争环境建设中政府有着不可推卸的责任。调整政府职能，加强社会组织的作用。由政府协同行业，组织企业、大学、研究机构及政府等多方面专业人士组成的专门小组或行业协会，加强产学研各方的交流沟通，并制定行之有效的政策促进产学研的合作与互动。另外，发挥政府在联合科研方面的协调作用，政府可以根据产业聚群发展的需要选定重点科研项目，组织大学、科研机构及企业构成一个创新平台，调动并整合各方的人力和资源，进行科研攻关。

二、积极培养创新与竞争的主体，完善城市开放式创新生态系统

开放性创新系统包括了社区、家庭、个人的作用。

企业成为城市社会创新和竞争主体体现为企业是技术创新的决策和投资主

体、研究和开发主体、创新利益的分配主体、科研成果转化的主体。创新资源配置要求集成创新要素，优化创新资源关系。知识与人力资源是城市社会创新的主要资本和财富，自身的资源条件和环境是城市社会创新的起点和基础。人是城市的根本，高素质的人才是提高城市竞力的重要保证。一方面，政府要加大对教育的投入，提高市民的综合素质水平；另一方面，要完善吸引人才的机制，使人力资源得到最有效的使用。同时，加大对科技的投入，促进产业的优化和升级。依托一批具有学科、专业优势的大学，大力发展一批大学科技园，培育一批知识和智力密集、具有市场竞争优势的高技术企业或企业集团。建立一个良好的高科技产业聚群，健全的社会服务体系是必不可少的。为此，城市必须大力培育和规范各种咨询和中介服务机构，如市场调查公司、技术咨询公司、科技成果交易中心、知识产权事务中心、律师事务所、会计师事务所等，为高新技术产业聚群的建设、发展以及产学研联合的高效实施提供服务支撑。通过一定的方式使更多临近大学或研究机构的企业同大学、科研机构之间相关的实验室建立定向联系。企业人员可以通过不定期地访问这些定向联系的实验室，向研究人员就他们所遇到的技术问题进行咨询，并了解到这些机构所从事的研究可能给他们公司带来的机遇与帮助。而大学和科研机构则应鼓励他们的员工及学生到相关的企业去考察，以熟悉企业的情况并了解那里的机会，也可以允许他们到当地的高新区内去兼职或担当技术顾问。大学、科研机构还可以与当地的高新技术企业组建联合实验室或开展合作研究计划。技术创新与制度创新的有机结合是社会创新系统良性运行的根本条件。知识与技术创新是社会创新的核心，制度与管理创新是社会创新的基础。

三、城市创新与竞争的动力源建设

创新不仅是行动和方法，而且是价值观。正如英国历史学家汤因比所说文化发展的过程是对环境的挑战做出应答的过程，文化的生命力在于它内含创新精神。全球化的经济浪潮使得城市不仅面临着国内城市的竞争，同时也面临着国际城市的竞争。城市社会创新要考虑到全球的竞争格局和发展动向，在更大的背景下确立城市的竞争与发展策略。硅谷的成功经验表明，一个成功的产业聚群需要一种合作、融合与开放的文化来支撑，这种文化包括等级观念淡薄、互相信任、专业忠诚和企业忠诚、重视非正式交流等。这种文化的构建将对高技术产业集群的建立和发展具有十分重要的现实意义。

四、构建城市创新与竞争的网络平台

城市产业结构直接反映着城市未来的经济取向，是城市价值活动和价值流的重要支撑。一个城市产业结构是否合理、科学并且符合现代城市的发展趋势，直接关系着城市战略模式及城市竞争力的综合水平。一个现代化城市的产业结构是以第三产业为重心的新城市经济模式。在这个模式中，现代服务业是这个产业结构的核心。现代服务业占第三产业的比重直接反映城市的现代化水平和未来城市价值取向。这个现代服务业包括伴随工业化发展而展开的补充性服务业，即现代金融业、房地产业、中介服务业等，也包括工业化后期大规模发展的新兴服务业，即信息服务业、展会业、物流业、教育产业和国际商务业等。一个城市以相应的平台和条件，吸引区外物资、人力、资本、技术、信息、服务等资源要素向区内集聚，通过各资源要素的重组、整合来促进和带动相关产业升级和扩充，并将形成和扩大的竞争能力向周边和外界扩张和辐射。在资源要素高效、规范、快速、有序的流动中实现价值，在循环往复中不断扩大规模和持续增长，从而提升城市竞争力。优秀的企业家是城市经济的发动机和孵化器，它不仅改变一个城市传统的产业结构和经济模式，更重要的它将改变城市的空间结构和价值取向，并且能够克服传统惯性，引导政府建立新型的适应企业竞争需要的现代思维模式。

城市是由人组成的，有什么样的人就有什么样的城市。一个城市的人力规模、人力结构、人力素质、人力资本投入及人力供求关系直接地影响城市发展。一个有竞争力的城市取决于这个城市中等收入阶层的人数是在快速增长还是下降。竞争的动力来源于创新，而创新能力的大小是与人的素质直接相关的。城市群是城市集群的升级和优化，是以中心城市为龙头，向周边城市辐射，共同建立的城市利益共同体。城市联盟是城市集群反空间的竞争模式。它借助市场空间和资源要素的流动和整合，形成资源关联度和经济一体化的协作系统，以抗衡或超越竞争集团的资源配置机制。集群化和网络化基本上是一个由下至上、市场诱发和市场引导的过程。

城市竞争力管理中，竞争力培养、扩散、整合、发挥、更新构成核心竞争力管理的关键过程。竞争力培养中，通过一系列的方法、规划和工具对过程进行构造和驱动。竞争力扩散中，要创造一种"紧—松"过程，给予实践足够的变化和自由，以使学习得以发生，使共享成为可能。竞争力整合中，竞争力管理中不同层次的整合，产生于基本的技能，它对组织成员所担任的一种特别的子任务产生影响，形成广泛的综合竞争力，从而把这些基本竞争力联合成一个

有效的整体。竞争力发挥中，需要尽可能广泛、有效地发挥竞争力作用，使收益最大化。相关的应用机会会加速竞争力的开发过程，丰富和聚集与新的需要或问题相应的其他竞争力。竞争力更新中，管理层关注核心竞争力的更新工作，竞争力是持续性的结果，然而更引起了不连续，竞争力来自"干中学"和对行为的反思。加速和深化开发，鼓励和促进扩散，发现和探索机会以便发挥作用，以竞争力更新补充竞争力培养。城市竞争力是一个复杂的系统工程，需要进一步研究。城市竞争力提升包括很多因素，应该进行理论和经验研究。

城市社会创新系统包括主体、客体、运行和扩散，本身是一个复杂的系统，城市社会创新作用于城市竞争力包括很多环节和因素发挥作用，进一步研究可以运用系统动力学理论。

人类未来的生存要通过社会创新，即建立一个可持续的社会体制。从这个意义上说，未来有意识的制度创新也许比过去任何一个时期都重要。社会科学，特别是心理学、社会学和政治科学以及应用的社会科学，特别是政策创新，管理以及社会工作，将成为未来发展成就的最基本的力量。人类可以创造新的意识、学习、发展和管理体制来应对面临日益严峻的挑战。推动以人为本的社会政策，不断解决发展过程中出现的社会问题，在发展中不断开展社会创新是实现经济社会协调发展的基本途径和方向。社会的不断创新将缓解人类面对的若干压力，使经济社会协调发展处于积极、合理状态。

参考文献

［1］马克思，恩格斯．马克思恩格斯全集［M］．北京：人民出版社，1960：57.

［2］世界银行．世界发展报告［R/OL］.1983～1996/2000

［3］中国统计年鉴.

［4］丁健．现代城市经济［M］．上海：同济大学出版社，2001.

［5］于涛方．国外城市竞争力研究综述［J］．国外城市规划，2004.

［6］安东尼·吉登斯．社会学［M］．北京：北京大学出版社，2003.

［7］刘林森．城市：未来社会的创新主角［J］．世界科学，2003（3）.

［8］傅家骥．技术创新学［M］．北京：清华大学出版社，1998.

［9］赵黎明，冷晓明．城市创新系统［M］．天津：天津大学出版社，2002.

［10］沃尔夫·查普夫．现代化与社会转型［M］．北京：社会科学文献出版社，1998.

［11］司徒·康格．社会创新［J］．新华文摘，2000（11）：166.

［12］社会技术的开发目标——实现充实感和安全感［N/OR］．朝日新闻，2001－02－02.

［13］金周英．软技术——创新的空间与实质［M］．北京：新华出版社，2002.

［14］金吾伦．社会能力与技术能力的均衡发展［J］．中国社会科学文摘，2000（1）.

［15］科学技术部国际合作司．知识社会—信息技术促进可持续发展［M］．北京：机电工业出版社，1999.

［16］郝寿义，倪鹏飞．中国城市竞争力研究——以若干城市为案例［J］．经济科学，1998（3）.

［17］郝寿义，成起宏．上海等城市的竞争力与城市建设关系的研究［J］．

南开学报（哲学社会科学版），1999（1）．

[18] 黄旭成，唐礼智．城市竞争力理论浅析［J］．福建地理，2001（2）．

[19] 宁越敏，唐礼智．城市竞争力的概念和指标体系［J］．现代城市研究，2001（3）．

[20] 朱腊云．入世后如何提高中国城市竞争力［J］．武汉冶金管理干部学院学报，2002（12）．

[21] 倪鹏飞．中国：城市竞争力与文化观念［J］．开放导报，2002（9）．

[22] 王勇，杨新海．国内城市竞争力问题研究综述［J］．苏州科技学院学报（社会科学版），2004（1）．

[23] 赵修卫．关于发展区域核心竞争力的探讨［J］．中国软科学，2001（10）．

[24] 仇保兴．城市定位理论与城市核心竞争力［J］．城市规划，2002（7）．

[25] 高鸿业．西方经济学［M］．北京：中国人民大学出版社，2000.

[26] 道格拉斯．C．诺思．经济史中的结构与变迁［M］．上海：上海三联书社，上海人民出版社，1991.

[27] 沈原．新经济社会学的市场研究［D］．北京：中国社会科学院，1998.

[28] 刘林森．城市：未来社会的创新主角［J］．世界科学，2003（3）．

[29] 夏永祥，成涛林．长江三角洲构建世界第六大城市群问题研究［J］．中国经济问题，2003（6）．

[30] 马刚．产业集群演进机制和竞争优势研究述评［J］．科学学研究，2005（2）．

[31] 王缉慈．创新的空间——企业集群与区域发展［M］．北京：北京大学出版社，2001.

[32] 盖文启．创新网络——区域经济发展新思维［M］．北京：北京大学出版社，2002.

[33] 波特．国家竞争优势［M］．北京：华夏出版社，2002.

[34] 安立仁，王艾青．中国制度变迁增长理论研究述评［J］．西安邮电学院学报，2004（2）．

[35] 三隅二不二．社会技术入门［M］．大阪：白亚书房，1955.

［36］莱斯特·萨拉蒙，赫尔穆特·安海尔. 公民社会部门［A］. 周红云，译. 公民社会与第三部门［C］. 北京：社会科学文献出版社，2000.

［37］付晓东. 中国城市化与可持续发展［M］. 北京：新华出版社，2005.

［38］冯鹏志. 社会创新：发展哲学研究的一个新生长点［J］. 天津社会科学，2004（3）.

［39］颜晓峰. 创新的制度因素［J］. 杭州师范学院学报，2002（3）.

［40］倪鹏飞. 中国城市竞争力报告 No.3［M］. 北京：社会科学文献出版社，2005（5）.

［41］叶忠海. 创建学习型城市的理论和实践［M］. 上海：上海三联书店，2005.

［42］安德鲁·坎贝尔等. 核心能力管理［M］. 大连：东北财经大学出版社，1999.

［43］李桂平. 城市化过程中的社会经济协调发展［J］. 湖南社会科学，2002（4）.

［44］刘少杰. 制度研究在社会学中的兴衰与重建［J］. 江苏社会科学，2006（3）.

［45］中国城市竞争力第 17 次报告［N］. 经济日报，2019 - 06 - 24.

［46］郝莹莹. 杜德斌. 从"硅谷"到"网谷"：硅谷创新产业集群的演进及其启示［J］. 世界经济与政治论坛，2005（3）.

［47］冯鹏志. 迈向知识经济的路径与力量——社会创新的含义、特征与范式［J］. 自然辩证法研究，2001（4）.

［48］陆军. 城市外部空间运动与区域经济［M］. 北京：中国城市出版社，2001.

［49］中国现代化战略研究课题组. 中国现代化报告［M］. 北京：北京大学出版社，2006.

［50］中国现代化战略研究课题组. 中国现代化报告［M］. 北京：北京大学出版社，2003.

［51］李桂平. 湖南：政府推动融入泛珠三角经济合作［N］. 人民日报，2004 - 10 - 24.

［52］樊纲. 论均衡、非均衡及其可持续性问题［J］. 经济研究，1991（7）.

［53］柳卸林. 市场和技术创新的自组织过程［J］. 经济研究，1993（2）.

[54] 张辉鹏．石嘉兴．面向知识经济时代的城市技术创新体系［M］．北京：中国金融出版社，2004．

[55] 罗森堡，小伯泽尔．西方致富之路［M］．周兴宝，等译．北京：三联书店，1989．

[56] 沃尔夫冈·查普夫．现代化与社会转型［M］．北京：社会科学文献出版社，1998．

[57] 科学技术部国际合作司．知识社会——信息技术促进可持续发展［M］．北京：机械工业出版社，1999，

[58] 德鲁克彼．管理的前沿［M］．许斌，译．上海：上海译文出版社，1999．

[59] 德鲁克彼．后资本主义社会［M］．张星岩，译．上海：上海译文出版社，1999．

[60] 德鲁克彼．大变革时代的管理［M］．周干城，译．上海：上海译文出版社，1999．

[61] 李桂平．我国科技产业化中的市场创新——一种经济社会学的分析［J］．中南大学社会科学学报，2003（5）．

[62] 柳卸林．技术创新经济学［M］．北京：中国经济出版社，1993．

[63] 帕森斯，斯梅尔瑟．经济与社会［M］．北京：华夏出版社，1998．

[64] 王方华，等．企业战略管理［M］．上海：复旦大学出版社，2002．

[65] 罗福特．新产品管理学［M］．成都：四川人民出版社，1988．

[66] 黄恒学．市场创新［M］．北京：清华大学出版社，1998．

[67] 李桂平．技术创新中的创业资本支持［J］．湖南师范大学社会科学学报，2001（2）：47．

[68] 倪正东，等．风险投资浪潮［M］．北京：光明日报出版社，1999．

[69] 李强．推进我国多元城镇化战略模式研究［M］．北京：社会科学文献出版，2013．

[70] 韦伯．新教伦理与资本主义精神［M］．成都：四川人民出版社，1986．

[71] 弗里德曼．资本主义与自由［M］．北京：商务印书馆，1986．

[72] 李桂平．论市场经济秩序的伦理建构［J］．长沙铁道学院学报社会科学版，2002（1）．

[73] 颜晓峰．创新的制度因素［J］．杭州师范学院学报，2002（3）．

[74] 李桂平．提升城市竞争力的社会创新研究［D］．长沙：中南大

学，2006.

　　[75] 鲁道夫·吕贝尔特. 工业化史 [M]. 上海：上海文艺出版社，1983.

　　[76] 韩志伟，等. 社会创新研究 [M]. 北京：人民出版社，2004.

　　[77] 王伟光，等. 创新与中国社会发展 [M]. 北京：中共中央党校出版社，2003.

　　[78] 何雪松. 社会理论的空间转向 [J]. 社会，2006 (2).

　　[79] 李书玲. 组织设计：寻找实现组织价值的规律 [M]. 北京：机械工业出版社，2016 (2).

　　[80] 周雪光. 组织社会学十讲 [M]. 北京：社会科学文献出版社，2003.

　　[81] 文军. 西方社会学理论：经典传统与当代转向 [M]. 上海：上海人民出版社，2006.

　　[82] 景天魁. 中国社会发展的时空结构 [J]. 社会学研究，1999 (6).

　　[83] 潘泽泉. 当代社会学理论的社会空间转向 [J]. 江苏社会科学，2009 (1).

　　[84] 钟晓华. 社会空间和社会变迁：转型期城市研究的"社会—空间"转向 [J]. 国外社会科学，2013 (2).

　　[85] 王辑慈，等. 创新的空间：企业集群与区域发展 [M]. 北京：北京大学出版社，2001.

　　[86] 克罗齐耶，费埃德伯格. 行动者与系统——集体行动的政治学 [M]. 张月，等译. 上海：上海人民出版社，2007 (9).

　　[87] 马克·戈特迪纳，等. 新城市社会学 [M]. 黄怡，译. 上海：上海译文出版社，2011.

　　[88] 戴维·哈维. 后现代的状况 [M]. 阎嘉，译. 北京：商务印书馆，2003.

　　[89] 哈维. 新自由主义简史 [M]. 王钦，译. 上海：上海译文出版社2016.

　　[90] 德雷克·格里高利，等. 社会关系与空间结构 [M]. 谢礼圣，等译. 北京：北京师范大学出版社，2011.

　　[91] 约翰·厄里. 关于时间与空间的社会学 [M]. 李康，译. 上海：上海人民出版社，2003.

　　[92] 周雪光. 组织社会学十讲 [M]. 北京：社会科学文献出版社，2003.

　　[93] 张永宏. 组织社会学的新制度主义学派 [M]. 上海：上海人民出版社，2007.

［94］斯格特.组织理论.4版［M］.北京：华夏出版社，2002.

［95］张鸿雁.全球城市价值链理论建构与实践创新论：加强可持续发展的中国城市化理论重构战略［J］.社会科学，2011（10）.

［96］周韬，基于分工与价值链的城市群空间组织机理研究［J］.财会研究，2018（7）.

［97］傅家骥.技术创新学［M］.北京：清华大学出版社，1998.

［98］波特.国家竞争优势［M］.北京：华夏出版社，2002.

［99］柳卸林.市场和技术创新的自组织过程［M］.经济研究，1993（2）.

［100］吕一博，韩少杰，苏敬勤.大学驱动型开放式创新生态系统的构建研究［J］.管理评论，2017（4）.

［101］王海花，谢富纪，周嵩安.创新生态系统视角下我国实施创新驱动发展战略的"四维"协同框架［J］.科技进步与对策，2014（17）.

［102］阎友兵，王志凡.基于三重螺旋模型的旅游产业集群创新系统研究［J］.科技管理研究，2009（4）.

［103］周常明，王晓宇.西方大学教育功能的拓展：从单一到多元［J］.河北师范大学学报（教育科学版），2007，9（3）.

［104］王成军.官产学三重螺旋创新系统模型研究［J］.科学学研究，2006（2）.

［105］威廉·米勒，玛格丽特·韩柯克，亨利·罗文.硅谷优势—创新与创业精神的栖息地［M］.北京：人民出版社，2002.

［106］沃尔夫，查普夫.现代化与社会转型［M］.北京：社会科学文献出版社，1998：39.

［107］Michael. Dear, The Postmodern Condition［J］. Blackwell, 2000. 4.

［108］Lefebvre, H. Everyday Life in the Modern World［M］. Tran by Sacha Rabinovitch. New Brunswick：Transaction Publishers，1984.

［109］Soja, E. Postmodern Geographies：The Reassertion of Space in Critical Social Theory［J］. London&New York：Verso，1989.

［110］Lefebvre, H. The Production of Space［M］. Trans by Donald Nicholson-Smith Malden, Oxford. Carlton：Blackwell Publishing Ltd，1991.

［111］Scott. A. J. The role of large producers in industrial districts：a case study of high technology system shouses in southern California［J］. Regional Study，1992，26.

［112］ Bergman Edward M, Edward J Feser. Industrial and Regional Clusters ［J］. Concepts and Comparative Applications, 2001.

［113］ Tichy. G. Clusters. Less dispensable and more risky than ever ［A］. M. Steiner. Clusters and Regional Specialization ［C］. London: Pion Limited, 1998.

［114］ Harrison. B. Industrial district: old wine in new bottles ［J］. Regional Studies, 1992, 26.

［115］ Lazerson M. H. G. Lorenzoni. The firms that feed in dustrial districts: A return to the Italian source ［J］. Industrial and Corporate Change, 1999, 8.

［116］ Park. S. O. Markusen. J. K. Generalizing new industrial districts: At heore tical agenda and an application from a non − westerne conomy ［J］. Environment and Planning. A, 1995, 27.

［117］ Porter. M. Clusters and the new economics of competition ［J］. Harvard Business Review, 1998, 76.

［118］ Capello. R. Spatial transfer of knowledge in HiTech milieux: Learn in gversus collective learning progresses ［J］. Regional Studies, 1999, 33.

［119］ Kenney. M. Uvon Burg. Technology entrepreneurship and path depend-ence: industrial clustering in Silicon Valley and Route 128 ［J］. Industrial and Cor-porate Change, 1999, 8.

［120］ Asheim. B. Industrial districts as 'learning Regions': a condition for pros perity ［J］. European Planning Studies, 1996, 14.

［121］ Park. S, Markusen. A. Generalizing new industrial districts: A theoretical a genda and an application from a non − western economy ［J］. Environment and Planning, A. 1995, 27.

［122］ Bair. J, Gereffi. G. Local clusters in global chains: the causes and cones quences of export dynamism in Torreon's blue jeans industry ［J］. World Develop-ment, 2001, 29.

［123］ Catherine Beaudry, Peter Swann. Growth in Industrial Cluster: A Birds Eye View of the United Kingdom ［J］. SIEPR Discussion Paper, 2001.

［124］ Chris Jensen − Butler. Cities in competition ［J］. Urban studies, 1999.

［125］ Douglas Webster, Larissa Muller. Urban competitiveness assessment inde-veloping country urban regions: the road forward ［J］. The World Bank. Washington, D. C, 2000.

［126］ Dunning, John. The Geographical Sources of the Competitiveness of

Firms: Some Results of a New Survey [J]. Department of Economics, University of Reading, Discussion Papers in International Investment and Business Studies, 1996.

[127] Eamonn D'Arcy and Georffrey Keogh. The Property Market and Urban Competitiveness [J]. Urban Studies, 1999.

[128] Edward J. Malecki. Hard and Soft Networks for Urban Competitiveness [J]. Urban Studies, 2002.

[129] Iain Begg. Cities and Competitiveness [J]. Urban Studies, 1999.

[130] Iain Deas, Benito Giordano. Conceptualizing and measuring urban competitiveness in major English cities: an exploratory approach [J]. Environment and Planning, 2001.

[131] Ian Gordon. Internationalization and urban competition [J]. Urban studies, 1999.

[132] James Simmie. Trading Places: Competitive Cities in the Global Economy ESRC CITIES Competitiveness and Cohesion Program [J]. International Research Workshop on "Innovation and Competitive Cities in the Global Economy". Worcester College, Oxford University, 2001 (3).

[133] Jensen – Butler C. 'Competition between cities, urban performance and therole of urban policy: a theoretical framework' in Jensen – Butler C [J]. European Cities in Competition Aldershot: Avebury, 1997.

[134] Leo van den Berg, Erik Braun. Urban competitiveness, Marketing and the need for organizing capacity [J]. Urban studies, 1999 (5 – 6).

[135] Markku Sotarauta, Reija Linnamaa. Urban Competitiveness and Management of Urban Policy Networks: Some Reflections from Tampere and Oulu [J]. Paper presented in Conference Cities at the Millenium, 1998 (12).

[136] Martin Boddy. Geographical Economics and Urban Competitiveness: A Critique [J]. Urban Studies, 1999 (5 – 6).

[137] Mike Raco. Competitions, Collaboration and the New Industrial District: Examining the Institutional Turn in Local Economic Development [J]. Urban Studies, 1999 (6).

[138] Paul Cheshire. Cities in Competition: articulating the gains from integration [J]. Urban Studies, 1999 (5 – 6).

[139] Peter Karl Kresl, Balwant Singh. Competitiveness and urban economy: Twenty – four large US metropolitan areas [J]. Urban studies, 1999 (5 – 6).

［140］Peter Karl Kresl. The determinants of urban competitiveness: a survey in North American cities and the global economy ［M］. Thousand Oaks, CA: Sage publications, 1995.

［141］Robert J. Rogerson. Quality of life and city competitiveness ［J］. Urban studies, 1999 (5−6).

［142］William F. Lever and Ivan Turok Competitive cities: Introduction to the Review ［J］. Urban studies, 1999 (5−6).

［143］William F. Lever. Competitive cities in Europe ［J］. Urban studies, 1999 (5−6).

［144］Piore. M. , Sabel. C. F. The Second Industrial Divide ［J］. NewYork: Basic Books Inc, 1984.

［145］Krugman. P. Development. Geography and Economic Theory ［M］. Cambridge, MA: MIT Press, 1996.

［146］Camagni. R. Innovation Networks: Spatial Perspectives ［J］. London: Beel haven − Pinter, 1991.

附录一　Solidiance 创新生态体系指标[①]

一级指标	具体指标
人才 Human Talent	1.1 General quality of life，总体生活质量
	1.2 City livability，城市宜居程度
	1.3 Migrants as % of total，外来移民占人口的比例
	1.4 Tolerance to LGBT，对同性恋之类群体的宽容程度
	1.5 Occupational structure，职业结构
	1.6 Cost of living，生活成本
	1.7 Ease of starting a business，创办企业的容易程度
	1.8 Ease of doing business，做生意的容易程度
知识创造 Knowledge Creation	2.1 Number of universities in that city per capita，本市人均大学数
	2.2 Total R&D expenditure per capita，人均研发支出
	2.3 Total R&D expenditure，研发支出总量
	2.4 Total R&D expenditure as of GDP，研发支出占 GDP 份额
	2.5 Total patent registrations $ (per 100,000 inhabitants – country level)，每 10 万人专利申请量
	2.6 Total trademark registrations $ (per 100,000 inhabitants – country level)，每 10 万人商标申请量
	2.7 Expenditure on education as of GDP，教育支出占 GDP 比例
	2.8 Gross enrolment ratio in tertiary education，高等教育毛入学率

[①] 上海市软科学研究计划项目《深化上海创新型城市建设研究》，作者为尤建新、卢超和宋燕飞。

续表

一级指标	具体指标
技术 Technology	3.1 Broadband penetration，宽带普及率
	3.2 Number of mobile lines per capita，人均移动电话线路数
	3.3 Tertiary sector importance（services added value % of GDP），服务业增加值占 GDP 份额
	3.4 Access to capital，获取资金能力
	3.5 Population coverage（1/density of population），技术应用的人口覆盖面（人口密度的倒数）
	3.6 Digital Economy ranking（e – readiness & beyond），数字经济的排名
社会 Society	4.1 Degree of censorship（freedom of expression），言论管制程度（表达自由程度）
	4.2 Prominence of social media（proportion of Facebook users）社交媒体的重要性（Facebook 用户所占比例）
	4.3 Tolerance for failure（# suicide for 100，000 inhabitants），容忍失败的程度（用每 10 万居民的自杀人数作为替代指标）
	4.4 City influence，城市影响力
政府 Government	5.1 Business freedom，经济自由
	5.2 Trade openness/freedom，贸易开发度
	5.3 Fiscal management，财政管理
	5.4 Political stability，政治稳定性
	5.5 Monetary freedom（debt levels），货币自由（负债程度）
	5.6 Investment freedom，投资自由
	5.7 Financial freedom，金融自由
	5.8 Property rights framework，产权框架
	5.9 Level of corruption，腐败程度
	5.10 Labor freedom，劳动自由权
	5.11 FDI，吸引到的外资
	5.12 Piracy rates，盗版率
	5.13 Income to property price ratio，收入房价比

续表

一级指标	具体指标
融入全球化的进程 Global	6.1 Global competitiveness，全球竞争力
	6.2 Level of English literacy，英语掌握程度
	6.3 Brands/fame/presence of innovative corporations，是否拥有知名创新型企业
	6.4 Environmental sustainability，环境可持续性
	6.5 Brain drain/gain（net migration），人才引进与流失的净差

来源：The Most Creative Cities in Asia – Pacific2013

重视由创新主体、创新条件、创新资源、创新文化、政府等构建的城市创新生态系统，认为一个城市是否具有创新力，关键在于是否建立了有效的创新生态体系。

国际公认的创新型国家衡量标准：

第一，创新综合指数明显高于其他国家，科技进步贡献率在70%以上；

第二，研发投入占 GDP 的比例一般在2%以上；

第三，对外技术依存度指标一般在30%以下；

第四，获得的三方专利数占世界专利总量的绝大多数。

附录二　二十国（G20）国家创新竞争力指标体系^①

一级指标	二级指标	三级指标	主要数据来源
国家创新竞争力	创新基础竞争力	GDP	WB
		人均 GDP	WB
		财政收入	IMF
		人均财政收入	IMF
		外国直接投资净值	WB
		受高等教育人员比重	UNESCO
		全社会劳动生产率	WB
	创新环境竞争力	每千人因特网用户数	WB
		每千人手机用户数	WB
		企业开业程序	WB
		企业平均税负水平	WB
		在线公共服务指数	UNESCO
		ISO9001 质量体系认证数	ISO
	创新投入竞争力	R&D 经费支出总额	UNESCO
		R&D 经费支出占 GDP 比重	UNESCO
		人均 R&D 经费支出	UNESCO
		R&D 人员数	UNESCO
		研究人员占从业人数比重	UNESCO
		企业研发投入比重	UNESCO
		风险资本交易占 GDP 比重	TOB

----

① 李建平，李闽榕，等．二十国集团（G20）国家创新竞争力发展报告（2015－2016）．

续表

一级指标	二级指标	三级指标	主要数据来源
国家创新竞争力	创新产出竞争力	专利授权数	WIPO
		科技论文发表数	WB
		专利和许可收入	WB
		高技术产品净出口额	WB
		高技术产品净出口比重	WB
		注册商标数	WIPO
		创意产品出口比重	UNCTAD
	创新持续竞争力	公共教育经费支出总额	WB
		公共教育经费支出占 GDP 比重	WB
		人均公共教育经费支出额	WB
		高等教育毛入学率	UNESCO
		科技人员增长率	UNESCO
		科技经费增长率	UNESCO

附录三 欧洲创新计分牌[①]

一级指标	具体指标
创新驱动	1.1 科学与工程类毕业生/20–29 岁人口（%）
	1.2 受过高等教育人口/25–64 岁人口（%）
	1.3 宽带普及率（%）
	1.4 参加终身学习人口/25–64 岁人口（%）
	1.5 青年受高中以上教育程度/20–24 岁人口（%）
知识创造	2.1 公共 R&D 支出/GDP（%）
	2.2 企业 R&D 支出/GDP（%）
	2.3 中、高技术 R&D/制造业 R&D 支出（%）
	2.4 企业 R&D 支出中来自公共基金的投入比例
	2.5 高校 R&D 支出中来自企业的投入比例
企业创新	3.1 开展内部创新的中小企业/中小企业总数（%）
	3.2 参与合作创新的中小企业/中小企业总数（%）
	3.3 创新支出/销售总额（%）
	3.4 早期阶段的风险资本投资/GDP（%）
	3.5 信息通信技术支出/GDP（%）
	3.6 采用非技术变革的中小企业/中小企业总数（%）

[①] 上海市软科学研究计划项目《深化上海创新型城市建设研究》，作者为尤建新、卢超和宋燕飞。

一级指标	具体指标
技术应用	4.1 高新技术服务行业的就业人口比重
	4.2 高技术产品出口/总出口额（%）
	4.3 市场新产品销售额/销售总额（%）
	4.4 企业新产品销售额/销售总额（%）
	4.5 受雇于中/高技术制造业的就业人口比重
知识产权	5.1 百万人口拥有的欧洲发明专利数
	5.2 百万人口拥有的美国发明专利数
	5.3 百万人口拥有的其他第三方专利数
	5.4 百万人口新注册区域性商标数
	5.5 百万人口新注册的设计数

（来源：《2006 年欧洲创新计分牌》）

　　欧洲理事会自 2001 年开始发布欧洲创新记分牌（EIS），其指标体系从投入产出的角度出发，涵盖人力资源、创新产量、企业投资、创业与合作以及经济效应等内容，体现了投入和产出的平衡，并采用相关效率指标对创新绩效予以重点关注。

后 记

时间与空间令人迷惑。

本书是在博士论文基础上增加修改而成的。博士论文写完已经 14 年，虽然物是人非世界有太多变化，但是一直想着有一件事没有完成，没有想到这次真的要完成了。

论文选题时感慨生活的流动产生美，城市一直在变化，我们的生活跟城市的变化息息相关。经常与朋友同事描述城市并一致认可，新到一个地方应该去看看它的城市规划馆和博物馆，你会对这个城市的前世今生有个了解，迅速亲近一个城市。也会想起一种经历，休息时在城市漫无目的走走，喝一杯咖啡，感受店铺主人的人生，或坐上一辆不知到哪里的公交车，到城市的角角落落，未知就是一种吸引力。还会听到喜欢环球旅游的同学感言，到各国旅游要规划很久，甚至学习所到国家的语言，一出门就很兴奋，每一天的经历都是值得的。没有刻意留下什么，有的是饱了眼福享受了当时，一旦电视放了某个地方熟悉的视频或者某人提起，就会想到我去过这个地方。生活的意义或者生命更加丰富有宽度就是如此。怀着对城市的情结及理想，一直在追寻城市的故事。

城市意味着美好和希望，也包含着困境和失落。城市装载着很多人的追求和理想，也容纳着很多人的忧愁和抑郁。向好或向坏？城市自有其成长和发展的轨迹，其中自有它的规律和规则。城市竞争与创新在每一个价值点发生，城市也在发展它的产业链和创新链。城市何去何从，自然生长、亦或是人为选择还是有人指点江山，一切变得神奇。用什么去解读它，科技非常有力量，经济学有吸引力，社会学、管理学……经济学的思维想选择宏观、资源市场配置；社会学的思维想选择中层理论、微观理论；管理学只想找一个切入点，战略管理、组织化、制度化、规则化、流程化，科技哪里有灵感，哪里产生火花。

学习是终身的过程，兴趣太多，享受其中。可是论文却要求赶紧完成，但是包涵太多因素和过程，一下子无法完成。一个人知识有限无法达到，思考只能是一个阶段的总结。终究应了 80：20 规则，与 14 年相比花了 20% 的时间完成论文，写了本书的 80%，花了 80% 的时间修改增加了本书 20% 的内容。现有的只是在已有主题上修改补充。

本书包含了 2019 年国家社会科学基金项目《积极老龄化视域下的老年人力资源再动员及社会政策研究》部分研究成果。

修改的过程很折腾很痛苦，向哪个方向发展呢？继续还是放弃？选题城市以后，当然是从管理科学与工程来写，曾经苦苦寻找社会学想象力，所以社会创新、社会空间；也希望发挥经济学想象力，讨论国家与市场，制度主义。也罢，是什么就是什么。

原来博士论文建立在已经发表的四篇论文基础上。博士期间发表了十篇论文，主持与主题相关的省级课题三项。读博士期间主持了相关课题例如主持课题"湖南城市化进程中城乡居民的社会冲突与融合"（0403045），湖南省社会科学成果评审委员会课题，2004～2005 年。主持课题"科技产业化与湖南企业的市场创新"（201124B），湖南省社会科学成果评审委员会课题，2001～2002 年。主持 课题"政府、银行、企业的投融资博弈与投融资体制改革深化"（02ZC45）湖南省社会科学基金课题，2002 年课题。

博士毕业后想了想到底要什么，还是想到处逛逛，所以也到了很多高校参加学习调研。

博士毕业后主持和参加国家及省部级课题多项。2013 年主持完成了国家社会科学基金课题"城镇化进程中区域社会组织创新路径研究"（13BSH070）；2019 年主持国家社会科学基金课题"积极老龄化视域下的老年人力资源再动员及社会政策研究"（19BSH107）；2019 年主持湖南省社会科学成果评审委员会重大课题"湖南老龄化社会面临的问题与风险及对策研究"；2020 年主持湖南省民政厅课题"我国农村留守儿童的监护干预机制研究"等。主持完成了湖南省社会科学基金课题、湖南省社会科学成果评审委员会课题、湖南省教育科学规划课题一般课题及重大课题等六项。

参加社会服务和学术活动令人沉醉。最激动莫过于每年参加中国社会学年会，我们社会学系全体出动。当然我与同事和学生也进行了非常丰富的城市调研活动。2015 年和 2017 年我两次参加民政部"全国社区治理和服务创新实验区"的中期评估。2015 年我和博士生游玉佩、硕士生刘思远参加了遵义十三五规划的旅游发展规划调研；完成国家社会科学基金课题"城镇化进程中区域社会组织创新路径研究"和"城市网格化社会治理"课题时 5 年内我们调研了深圳、广州、佛山等地的社会组织和网格化治理，博士研究生易玲组织了深圳广州的调研，硕士研究生刘思远、张卉丹、陈玉琛、符雯雯参加了社会组织调研，我们也得到了中山大学的部分老师支持。2018 年我又调研了香港的社会组织。后来我和研究生胡洲荣、陈玉琛、符雯雯、唐玉君、彭双双还进行了广东佛山及深圳的网格化社会治理调研。符雯雯及黄梓晴深入地市调研了湖南省的网格化社会治理。2019 年我和研究生刘宇婷、李昆蔓参加了湖南省乡镇社工站业务实地督导。部分硕士研究生还有博士生参加了相关调研及调研报告写作。

城市的体验与变化日积月累，我们天天经历着在场与不在场的时代空间，理论方面也在不断思考。

修改过程中看完了"城读"、"创新型城市研究院"的所有内容，看完了系里老师的部分课题和论文，更新了知识，看了近几年的最新文献。把修改两年没有发表的三篇论文放在其中，终于论文长成了这个样子。

有很多老师提供过帮助，感谢我的博士生导师李明生教授，选题及完成论文给予了肯定和支持，论文修改和答辩中也得到了陈晓红教授、李自如教授和游达明教授的宝贵意见。感谢我的同事和学生为本文完成提供了帮助。潘泽泉老师主持的 2014 年教育部哲学社会科学重大课题攻关项目"有序推进农业转移人口市民化的理论与政策研究"，2019 年国家社会科学基金重点项目"中国城市社区转型与体制机制创新研究"及李斌老师 2015 年主持的国家社会科学基金重大项目"新型城镇化背景下的城乡关系研究"，这些研究的过程、资料及对学生的培养有着强大的知识溢出效应。出版过程中感谢社会学系的李斌老师、潘泽泉老师、谷中原老师彭远春老师都提供了非常好的修改意见和帮助。从优秀的团队和同事中获益良多。感谢本文引用资料的作者，是他们启发和完善了我的思考。感谢所有支持和帮助我的人。

感谢我的家人给了我充分的自由，让我悠闲自得的做自己的事。

彼得·德鲁克在其《创新与企业家精神》中指出："当今的社会由管理的社会变革为创新的社会。当今社会最具价值的活动无疑是寻找创新的来源。"

跨越十四年，不记得做过一些什么。为了忘却的纪念，为了疫情以来的云会议云复试云开题云课堂，聊作纪念。